VERBORGENES
DUBLIN

Pól Ó Conghaile

JONGLEZ VERLAG

Reiseführer

Pól Ó Conghaile ist ein Reiseschriftsteller mit Sitz in Dublin. Er ist Reiseredakteur bei *The Irish Independent* und independent.ie und schreibt regelmäßig für *National Geographic Traveller* sowie für nationale Fernseh- und Radiosender in Irland und im Vereinigten Königreich. Er wurde mehrmals zum irischen Reisejournalisten des Jahres und von der *British Guild of Travel Writers* zum „Travel Writer of the Year" ernannt. Pól reist um die ganze Welt, aber seine Lieblingsstadt – und sein bevorzugtes Reiseziel – ist immer noch dieselbe: Dublin. Folgen Sie Pól auf Twitter unter @poloconghaile, oder besuchen Sie poloconghaile.com

Die Arbeit an dem Reiseführer *Verborgenes Dublin* hat uns großen Spaß gemacht und wir hoffen, dass Sie damit ungewöhnliche, verborgene und zuvor unbeachtete Ecken und Plätze der Stadt entdecken, genau wie wir. An einigen Stellen haben wir Zusatzinformationen in gesonderten Feldern hervorgehoben. Diese dienen dazu, über historische Hintergründe oder Anekdoten zu informieren und sollen zum besseren Verständnis der Stadt in ihrer ganzen Komplexität beitragen.

Verborgenes Dublin hebt die zahlreichen kleinen Details der Orte hervor, an denen wir oftmals tagtäglich vorübergehen, ohne sie wahrzunehmen. Der Reiseführer soll als Einladung dienen, die städtische Umgebung noch aufmerksamer zu betrachten und die eigene Stadt mit der Neugier und Aufmerksamkeit eines Reisenden zu durchwandern ...

Anmerkungen zu diesem Reiseführer und seinem Inhalt sowie Informationen über Orte, die wir an dieser Stelle nicht aufgegriffen haben, sind uns immer willkommen und helfen uns, zukünftige Ausgaben zu verbessern.

Schreiben Sie uns an:
info@jonglezverlag.com

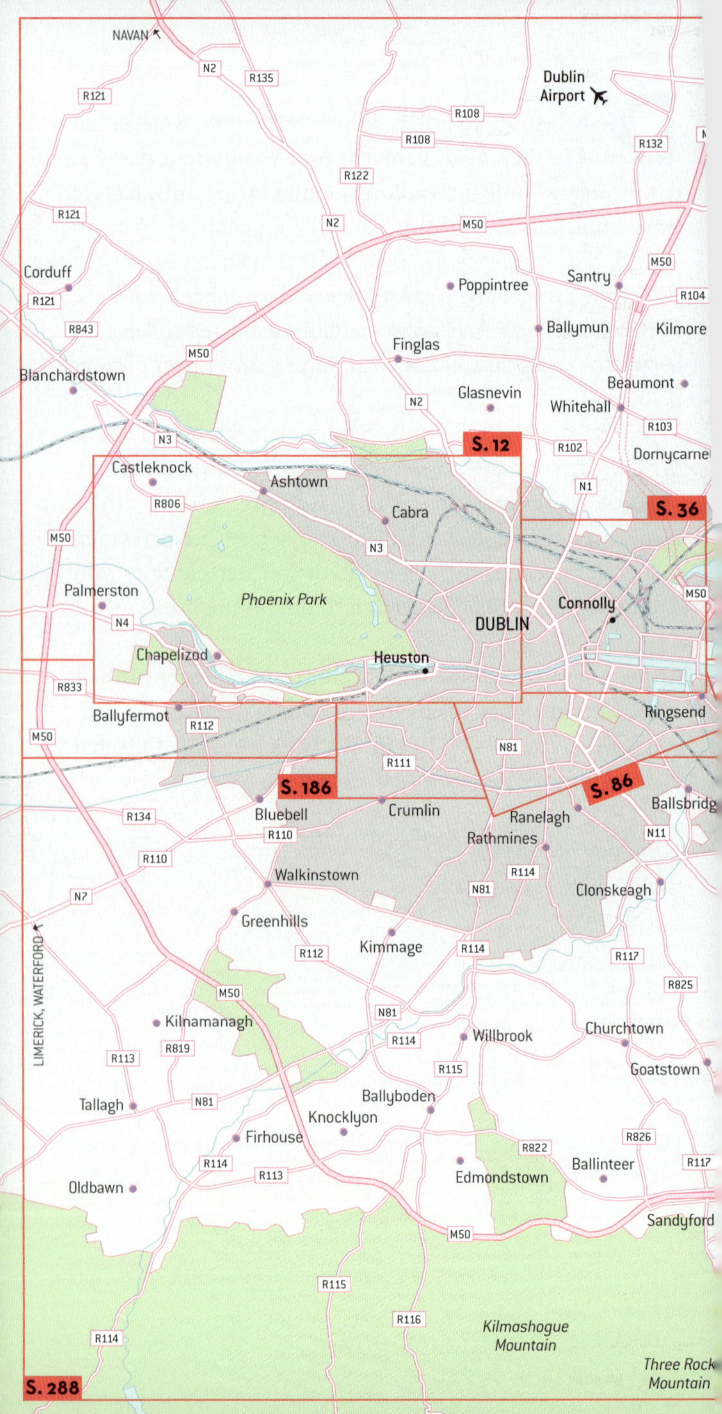

NAVAN
N2
R135
R121
Dublin Airport
R108
R108
R132
R122
R121
N2
M50
Corduff
R121
M50
Santry
R104
Poppintree
R843
Ballymun
Kilmore
Finglas
M50
Blanchardstown
Beaumont
Glasnevin
N2
Whitehall
R103
N3
S. 12
R102
Dornycarne
Castleknock
Ashtown
N1
R806
Cabra
S. 36
M50
N3
Palmerston
Phoenix Park
Connolly
M50
N4
DUBLIN
Chapelizod
Heuston
R833
Ballyfermot
Ringsend
R112
M50
N81
R111
S. 86
S. 186
Ballsbridg
Bluebell
Crumlin
Ranelagh
R134
R110
Rathmines
N11
R110
R114
Walkinstown
N81
Clonskeagh
N7
Greenhills
LIMERICK, WATERFORD
R112
Kimmage
R114
R117
R825
M50
N81
Kilnamanagh
Willbrook
Churchtown
R819
R114
R113
R115
Goatstown
Tallagh
N81
Ballyboden
Knocklyon
Firhouse
R826
R822
Ballinteer
R117
R114
R113
Oldbawn
Edmondstown
Sandyford
M50
R115
R116
Kilmashogue Mountain
R114
Three Rock Mountain
S. 288

DROGHEDA
S. 252
R107
Kinsaley
Portmarnock
R106
R124
R123
N32
R106
Ireland's Eye
R809
Donaghmede
Baldoyle
Darndale
R107
Edenmore
R104
Kilbarrick
R105
Sutton
Howth
Coolock
R105
Artane
Raheny
R107
R105
Saint Anne's Park
R105
Clontarf
Dollymount
R807
Sandymount
Merrion
R118
Booterstown
Blackrock
N31
N31
Dun Laoghaire
Mount Merrion
Monkstown
N11
R119
Kilmacud
Deansgrange
Sallynoggin
Dalkey
R113
R827
R828
R118
Dalkey Island
Cornelscourt
Killiney
M50
N
N11
R119
R118
R117
Carrickmines
Ballybrack
0
500
1 000 m
WICKLOW, WEXFORD

INHALT

Phoenix Park & die Kais

Nördliches Zentrum

Südliches Zentrum

INHALT

Nördlich des Zentrums

Südlich des Zentrums

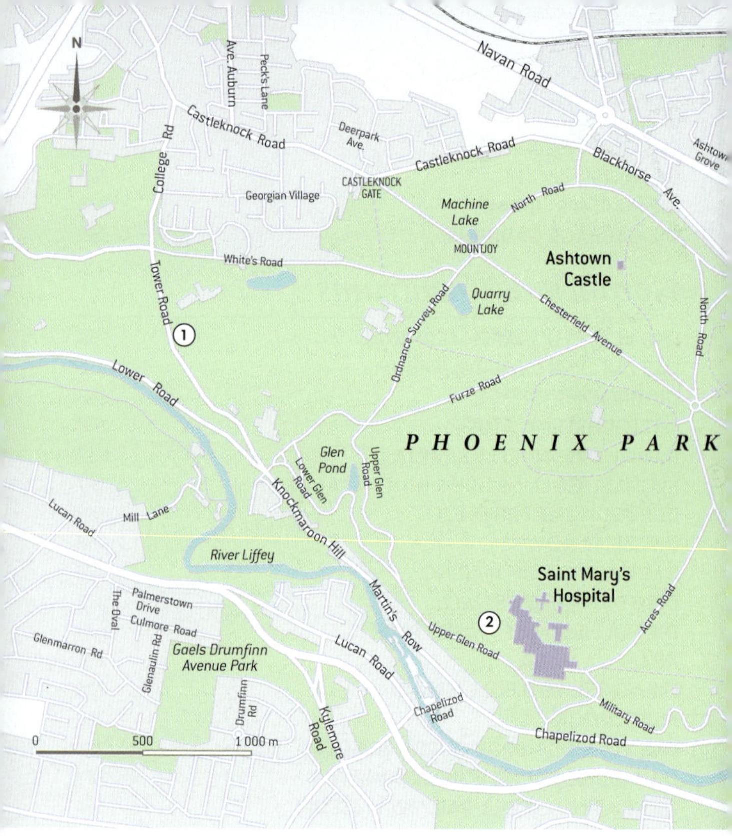

Phoenix Park & die Kais

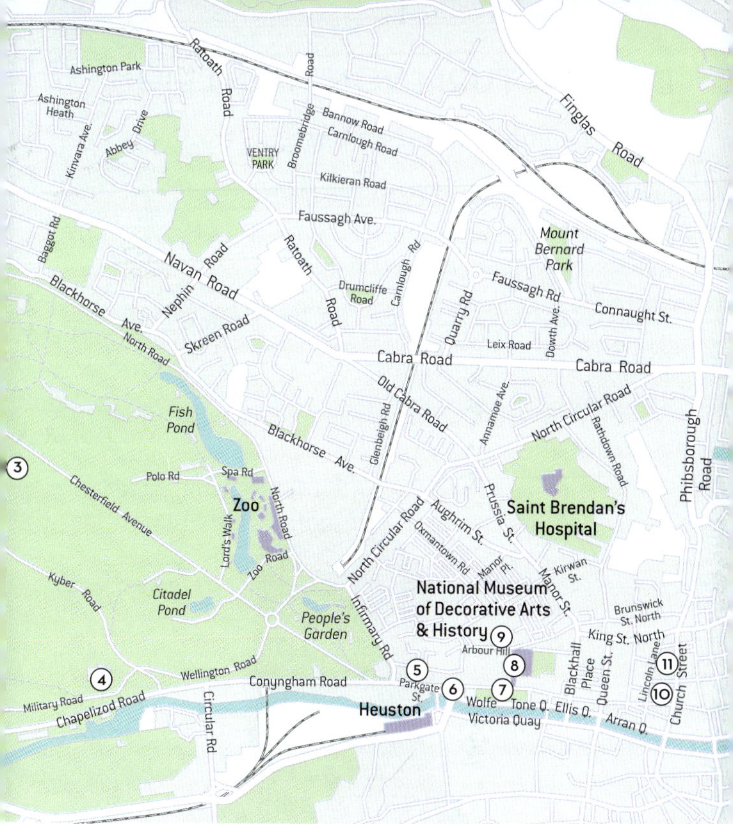

Ashington Park
Ashington Heath
Kinvara Ave.
Abbey Drive
Ratoath Road
Broomebridge Road
Bannow Road
Carnlough Road
VENTRY PARK
Kilkieran Road
Finglas Road
Faussagh Ave.
Mount Bernard Park
Baggot Rd
Navan Road
Nephin Road
Ratoath Road
Carnlough Rd
Drumcliffe Road
Faussagh Rd
Connaught St.
Blackhorse Ave.
North Road
Skreen Road
Quarry Rd
Dowth Ave.
Leix Road
Cabra Road
Cabra Road
Old Cabra Road
Glenbeigh Rd
Annamoe Ave.
North Circular Road
Rathdown Road
Fish Pond
Blackhorse Ave.
Phibsborough Road
3
Polo Rd
Spa Rd
Chesterfield Avenue
Zoo
North Road
Lord's Walk
Saint Brendan's Hospital
Prussia St.
Aughrim St.
Oxmantown Rd
North Circular Road
Zoo Road
Manor Pl.
Kirwan St.
Kyber Road
Citadel Pond
National Museum of Decorative Arts & History
Manor St.
Infirmary Rd
People's Garden
Brunswick St. North
9
King St. North
Arbour Hill
8
Lincoln Lane
11
Church Street
Blackhall Place
Queen St.
4
Wellington Road
5
Conyngham Road
Parkgate St.
6
7
10
Military Road
Chapelizod Road
Circular Rd
Heuston
Wolfe Tone Q.
Ellis Q.
Victoria Quay
Arran Q.

DER UHRTURM VON FARMLEIGH ①

Mister Guinness und seine Uhr

Farmleigh House & Gardens, Phoenix Park, Dublin 8
01-815-5914
farmleigh.ie
Täglich 10–18 Uhr (letzter Einlass: 17 Uhr)
Eintritt: frei
Anfahrt: Die Dublin-Bus-Haltestelle Nr. 1670 liegt am Eingang Castleknock Gate des Phoenix Park. Die Buslinie 37 von der Baggott Street (über die Suffolk Street) hält hier (15 Min. Fußmarsch)

Farmleigh ist ein 51 Hektar großes Anwesen, das innerhalb des Phoenix Park liegt. Das im Laufe mehrerer Jahrzehnte von Cecil Guinness (Lord Iveagh, 1847–1927) angelegte Haus und der Garten gingen 1999 in den Besitz der irischen Regierung über und durften bereits Queen Elizabeth II. und Kaiser Akihito von Japan zu ihren offiziellen Besuchern zählen. Das eklektische Interieur, ein Senkgarten im holländischen Stil, ein Bootshaus-Café und eine Kunstgalerie sind für die Öffentlichkeit zugänglich. Doch das vielleicht außergewöhnlichste Element ist der viktorianische Uhrturm.

Mister Guinness has a clock	*(Mister Guinness hat eine Uhr)*
And on its top a weathercock	*(Und auf der Spitze einen Wetterhahn)*
To show the people Castleknock	*(Um den Leuten Castleknock zu zeigen)*

lautet ein Volkslied zu Ehren des 37 Meter hohen Wahrzeichens, das aufmerksame Autofahrer beim Überqueren der West-Link-Mautbrücke entdecken können. Der Turm ist angeblich das Werk der Entwicklungsabteilung der Guinness-Brauerei. Auf seiner Ost- sowie Westfassade prangt je eine Uhr mit einem gusseisernen Ziffernblatt und Zeigern aus Kupfer. Überraschenderweise enthält der „Uhr"-Turm auch einen 8183 Liter fassenden Wassertank.

Auf Balkonhöhe versteckt, bot der Tank einst eine private Wasserversorgung für das Anwesen. Befüllt wurde er über ein in der Gegend der Strawberry Beds in den Fluss Liffey eingebautes Wehr, einen 1,6 Kilometer langen Mühlbach und eine Turbine, die Farmleigh sowohl mit Wasser versorgte als auch Strom erzeugte. Die Brücke, die gebaut wurde, um mit den Leitungen den Fluss überqueren zu können, gibt es noch immer, wenn auch in sehr baufälligem Zustand, in der Nähe des Pubs Angler's Rest.

Den Uhrturm erreicht man über die Pfade, die Richtung Südosten vom Haus wegführen. Über kurze, steile Stufen und durch prächtigen, alten Baumbestand gelangt man zum Fuße des Turms und zu einem Durchgang, auf dem ein Granitstein mit der Jahreszahl 1880 thront. Die Aussicht vom Balkon aus soll fantastisch sein, im Norden bis Malahide und im Süden bis zu den Dublin Mountains. Leider war der Turm bei unserem Besuch geschlossen. Seit die Uhr hier vom berühmten Sir Howard Grubb montiert wurde, der auch die instrumentelle Ausstattung für die Dachkuppel des Dunsink-Observatoriums stiftete, ist sie voll funktionstüchtig. Heute werden ihre Gewichte allerdings elektrisch angehoben.

DER KNOCKMAREE-DOLMEN ②

Ein prähistorisches Grab im Phoenix Park

Phoenix Park, Dublin 8
phoenixpark.ie
Das ganze Jahr rund um die Uhr geöffnet
Die Dublin-Bus-Haltestellen Nr. 2195 und Nr. 2247 liegen am Eingang Chapelizod Gate beim St. Mary's Hospital: Die Buslinien 25, c5 und c6 halten hier. Folgt man der Upper Glen Road etwa 500 Meter, gelangt man zum Knockmaree Dolmen (10 Min. Fußmarsch)

Von allen Sehenswürdigkeiten, über die man in dieser vielseitigen Stadt stolpert, ist ein kleiner Dolmen vermutlich die überraschendste. Auf jeden Fall steht er hier. Westlich des St. Mary's Hospital, neben einem kleinen Haus auf dem Hügel Knockmaree, liegt eine niedrige, prähistorische Grabkammer, die zwischen 4500 und 5500 Jahre alt sein soll.

Das ist absolut außergewöhnlich. Wenn sein Alter am unteren Ende dieser Zeitspanne liegt, wie auf der Website des Phoenix Park behauptet wird, ist dieses Bauwerk ähnlich alt wie die Ganggräber von Newgrange und Knowth und könnte sogar älter als Stonehenge sein. Es ist auf jeden Fall tausende Jahre älter als der Park, in dem es liegt und bietet so einen gänzlich neuen Blickwinkel. Dieses riesige Areal scheint es schon immer gegeben zu haben, doch was die Zeitrechnung betrifft, befindet sich der Park sozusagen noch in den Windeln. Und das gilt natürlich auch für Dublin.

Trotz allem ist der Dolmen von Dublin (genauer gesagt, das Steinkistengrab) eine recht bescheidene Erscheinung. Folgt man den Pfaden nach dem Schild Richtung Cara Cheshire House den Hügel hinauf, findet man kleine Steine, die einen sargförmigen Deckstein von knapp zwei Metern Länge tragen, der aus dem nahegelegenen Fluss Liffey stammen soll. Die Kammer ist nicht einsehbar, doch laut den Unterlagen ist sie etwa 1,2 Meter lang und 0,6 Meter breit. Das Grab wurde 1838 von Arbeitern entdeckt, die einen alten Tumulus (Grabhügel) abtrugen, in dem Skelette, Töpferware und andere Relikte wie Schmuck aus Muscheln gefunden wurden (die jetzt im National Museum zu bewundern sind). „Die Skelette waren mit den Köpfen nach Norden ausgerichtet und da die Nische nicht groß genug war, um die Körper ausgestreckt hineinzulegen, wurden sie an der Wirbelsäule oder tieferliegenden Gelenken abgewinkelt", erklärt ein Bericht der Royal Irish Academy, die den Standort untersuchte.

Es gibt keine schützende Barriere rund um die Steine, die oft mit Müll bedeckt sind. Auch dieser Laissez-faire-Ansatz ist nichts Neues. Etwa ein Jahrzehnt nach der Entdeckung nahm sich William F. Wakeman in seinem Buch *Handbook of Irish Antiquities* heraus, Passanten, die den Stein beschmierten, sanft zu rügen. In seinem Werk stellt er die Frage, wie lange das Grab noch Opfer von Spaziergängern sein solle, die es darauf abgesehen hätten „ein Stück des Grabes" mit nach Hause zu nehmen und es als Reliquie anzubeten.

DAS DENKMAL FÜR DIE MORDOPFER IM PHOENIX PARK

③

Dublins unscheinbarste Gedenkstätte

Phoenix Park, Dublin 8
01-677-0095
phoenixpark.ie
Der Phoenix Park ist das ganze Jahr rund um die Uhr geöffnet
Eintritt: frei
Heuston (Luas, Rote Linie; 25 Min. Fußmarsch); Die Buslinien 25 und 26 halten in der Nähe der Parkgate Street (Haupteingang), bei der Islandbridge und am Chapelizod Gate

Die Morde erschütterten die Gesellschaft, doch der Ort selbst wurde sehr unscheinbar markiert. So unscheinbar, dass der Autor drei Anläufe nehmen musste, um ihn zu finden. Und sogar dann war das bescheidene, in das Gras geschnittene und mit weißen Kieselsteinen gefüllte Kreuz, das auch noch unter Herbstlaub versteckt war, nur mit Hilfe eines sehr zuvorkommenden Parkangestellten zu finden.

Doch die Beharrlichkeit lohnt sich. Das nicht einmal einen Meter lange Kreuz befindet sich auf der Chesterfield Avenue, fast direkt gegenüber des Áras an Uachtaráin, der offiziellen Präsidentenresidenz. Sucht man den Grünstreifen zwischen Straße und Radweg ab, wird man etwa zwölf Meter nordwestlich einer ramponierten alten Entfernungsmarkierung fündig. Was zuerst auffällt, sind die kleinen, weißen Steine. Das Denkmal ist zwar nicht leicht zu finden, aber es wird gepflegt und signalisiert, fast 150 Jahre nach den tragischen Ereignissen, die historische Bedeutung dieses Orts.

Was war hier geschehen? Am 6. Mai 1882 spazierte der Chief Secretary von Irland, Lord Frederick Cavendish mit dem ständigen Staatssekretär Thomas Henry Burke durch den Park. Es war Cavendishs erster Tag in dieser Position. Als sie an der damaligen Viceregal Lodge vorbeikamen, wurden die beiden von Mitgliedern der nationalistischen Rebellengruppe The Invincibles überfallen und mit chirurgischen Messern erstochen. Das Ziel war Burke (Irlands höchster Beamter wurde mit der Zwangspolitik gegenüber Pächtern unter dem vorherigen Staatssekretär „Buckshot“ Forster in Verbindung gebracht und deshalb angefeindet), Cavendish war der Kollateralschaden.

Die Mörder entkamen in einer Pferdedroschke, doch ihr Verbrechen war für die Geschichte Irlands durchaus folgenreich. Großbritannien und Irland waren schockiert, für die Presse war es ein gefundenes Fressen und trotz der landesweiten Ächtung (auch durch Charles Stewart Parnell, den Anführer der nationalistischen Irish Home Rule Party im britischen House of Commons) führten die Morde zum Zerfall der British Liberal Party und warfen die Nationalisten um Jahrzehnte zurück. Letztendlich wurden für dieses Verbrechen fünf Männer am Kilmainham Gaol gehängt und weitere als Komplizen verurteilt.

Das unscheinbare Kreuz – eher Ehrenmal für die Opfer, als Mahnmal für die Morde – war im Laufe der Jahre Gegenstand heißer Debatten, wurde aber langfristig unter die Obhut des Office of Public Works (Denkmalschutzbehörde) gestellt, die die Stätte unauffällig und ohne Markierung oder Informationsschild pflegt.

DAS MAGAZINE FORT

④

Dublins einziges noch vorhandenes Fort

Phoenix Park, Dublin – phoenixpark.ie
Das ganze Jahr rund um die Uhr geöffnet – Eintritt: frei
Die Buslinien 25 und 26 halten am Chapelizod Gate, an der Parkgate Street und an der Islandbridge, die dem Fort am nächsten liegen

Der Phoenix Park ist eine der größten innerstädtischen Parkanlagen Europas: Auf dem knapp 710 Hektar großen Areal befinden sich viele Sehenswürdigkeiten, wie der Dublin Zoo, das Anwesen Farmleigh House, der Áras an Uachtaráin und das Ashtown Castle. Im Südosten des Parks versteckt sich jedoch eine außergewöhnlichere Attraktion. Hier, eingelassen in die Hügelkuppe, auf der Sir Edward Fisher 1611 ursprünglich die Phoenix Lodge erbaute, findet man die verfallenen Überreste einer Befestigungsanlage. Sie stammt aus dem Jahr 1734, als der Duke von Dorset befahl, ein Pulvermagazin für Dublin zu bauen. Die Lodge wurde abgerissen und der sternförmige Bau an ihrer Stelle errichtet.

Die zweifelhaften Vorzüge des Forts veranlassten Dekan Jonathan Swift zu einer bissigen Reaktion. Als er den Bau sah, zückte er sein Notizbuch und schrieb: „Seht her, ein Beweis für die irische Vernunft. Hier zeigt sich Irlands Scharfsinn. Wenn es nichts mehr gibt, das zu verteidigen sich lohnt, bauen

wir ein Pulvermagazin". Angeblich waren das die letzten Worte, die Swift je schrieb, sie konnten die Entwicklung jedoch nicht aufhalten. 1801 erhielt das Fort einen weiteren Anbau zur Unterbringung von Truppen.

Im Fort ist schon einiges passiert, was nicht seinem ursprünglichen Zweck entsprach. Die Irish Volunteers (irische Unabhängigkeitsbewegung) besetzten es während des Osteraufstandes 1916 und die IRA plünderte hier am 23. Dezember 1939 die Bestände der irischen Armee. Bei der „Weihnachtsplünderung" wurden über eine Million Patronen auf mehreren LKWs entwendet – allerdings endete der dreiste Coup verhängnisvoll (zumindest für die IRA). Personen wurden verhaftet, der Großteil der Munition sichergestellt und ein empörter Dáil (irisches Unterhaus) stimmte für einen neuen Emergency Powers Act, der die Inhaftierung irischer Bürger im Gefangenenlager Curragh ermöglichte.

In den letzten Jahren war der Zutritt zum Fort aufgrund seiner Baufälligkeit verboten, doch die Office of Public Works plant, das Fort zu sanieren und bald als spannende interaktive Besucherattraktion zu eröffnen – Rundgänge auf der Befestigungsmauer und im Wallgraben inklusive. Bis dahin können die Besucher einem Pfad entlang des sternförmigen Walls folgen. An ihren spitzen Ecken ähneln die Außenmauern fast einem Schiffsbug, und die hohen Backsteinschornsteine scheinen dem Wellington Monument im Hintergrund nachzueifern.

„BONGO“ RYANS SEPAREE 5

Ein viktorianisches Kleinod

Ryan's, 28 Parkgate Street, Dublin 8
01-677-6097
thebuckleycollection.ie
Montag bis Donnerstag: 12–23.30 Uhr, Freitag & Samstag: 12–00.30 Uhr, Sonntag 12.30–00 Uhr
Heuston (Luas, Rote Linie; 5 Min. Fußmarsch); die Dublin-Bus-Haltestellen Nr. 1474 und Nr. 7078 liegen ganz in der Nähe an der Parkgate Street

In Dublin gibt es einige Pubs im viktorianischen Stil, doch nur in wenigen sind noch so viele Details erhalten wie im Ryan's in der Parkgate Street. Der Tresen aus Eiche und Mahagoni, die mit Schnitzereien verzierten Spiegel und einladenden Separees, die hinter verspiegelten Trennwänden versteckt im hinteren Bereich des Lokals liegen, sind in dem 1886 gegründeten Pub nur der augenscheinlichste Teil.

Sehen Sie sich die alten Gaslampen auf den Theken an, die ihre Lichtkugeln mit künstlerischer Eleganz festhalten. Oder die kleinen Messingfeuerzeuge, die im ganzen Pub an den Theken und auf den Fensterbänken befestigt sind. Früher ließen sich daran Streichhölzer so mühelos entzünden wie Gespräche hier in Gang kamen. Und man kann nur erahnen, wie die Rauchschwaden hier an den Spiegeln und dem Mahagoniholz vorbei waberten. Es gibt Fußstützen aus Messing, Tabakschubladen, Whiskey-Fässer und in den Separees sogar kleine Glocken, um den Barkeeper zu rufen. Diese lauschigen kleinen Nebenräume stammen aus der Zeit, als es für Damen unschicklich war, einen Pub zu betreten. Doch ihre ungestörte Privatsphäre kam auch dem einen oder anderen Pfarrer oder Polizisten gelegen. Heute stehen sie dank des Dublin City Council unter Denkmalschutz und wurden im Laufe der Jahre oft gebucht, unter anderem auch von U2.

Am beeindruckendsten ist das mitten in die Mahagoni-Bar gebaute Separee, in dem einst Willie „Bongo" Ryan saß. Dort nahm der Mann aus Limerick Geld von den Barkeepern entgegen und retournierte Wechselgeld. Ein wirklich wunderbares Plätzchen, an dem er über die zahllosen Spiegel alle Ecken und Winkel in seiner Bar im Auge behalten konnte. Über dem Separee ist eine mechanische Uhr direkt in die Holztäfelung eingelassen. Die in Deutschland hergestellte Uhr soll die älteste doppelseitige Innenuhr des Landes sein, und „Bongo" pflegte sie fünf Minuten vorzustellen, um seinen Gästen eine Galgenfrist zu gewähren, bevor sie am Heuston Bahnhof in ihre Züge stiegen.

Heute sind diese Gäste vermutlich Anwälte aus dem nahegelegenen Strafgericht, Gaelic-Football-Fans, die ihre Kehlen vor einem Match im Croke-Park-Stadion befeuchten, Restaurantgäste, die einen schnellen Aperitif nehmen, bevor sie Richtung Steakhouse im Obergeschoss verschwinden, oder ein paar Touristen, die sich freuen, in diese viktorianische Zeitschleife gestolpert zu sein. Treten Sie ein, erfreuen Sie sich an den schönen Details und bedauern Sie die Tatsache, dass alle Separees besetzt sind. Man fühlt sich wie im Dublin des Jahres 1886. Das Einzige, was fehlt, ist „Bongo" selbst.

ANNA LIVIA

⑥

Das Flittchen im Whirlpool

Croppies Memorial Park, Wolfe Tone Quay, Dublin 8
dublincity.ie
Dezember & Januar 10–17 Uhr, Februar & November 10–17.30 Uhr, März & Oktober 10–18.30 Uhr, April & September 10–20.30 Uhr, Mai & August 10–21.30 Uhr, Juni & Juli 10–22 Uhr
Heuston (Luas, Rote Linie; 5 Min. Fußmarsch); die Dublin-Bus-Haltestellen Nr. 1474 und Nr. 7078 liegen ganz in der Nähe an der Parkgate Street

Dublin besitzt eine ganze Reihe umstrittener öffentlicher Kunstwerke, doch Éamonn O'Dohertys *Anna Livia* war wahrscheinlich das umstrittenste von allen. Von Michael Smurfit für die 1000-Jahr-Feier Dublins 1988 in Auftrag gegeben, wurde die Statue mitten auf einem stark frequentierten Fußgängerstreifen auf der O'Connell Street aufgestellt und zog rasch in gleichem Maße Lob, Spott und Unfug an.

Die 5,5 Meter große *Anna Livia*, die sich in einem Springbrunnen nach hinten lehnt, stellt den Fluss Liffey dar (ihr Name erinnert an Anna Livia Plurabelle, ein Charakter, der in Joyces Finnegans Wake eine ähnliche Funktion erfüllt). Der künstlerische Wert der Bronzefigur war nicht für alle ersichtlich und wie hier üblich, holten sie die Dubliner mit dem Spitznamen „das Flittchen im Whirlpool" auf den Boden der Tatsachen zurück. Mitarbeiter der Gardaí (Polizei) und der Stadtverwaltung verzweifelten mit der Zeit aufgrund der vielen Menschen, die sich am Brunnenrand tummelten, des Mülls der im Wasser landete, der Nutzung als Planschbecken an sonnigen Tagen und der Schaumpartys, die gestartet wurden, sobald jemand eine Flasche Spülmittel in den Brunnen leerte. Im Zuge der Umgestaltung der O'Connell Street wurde *Anna Livia* 2001 schließlich entfernt, durch den maskulineren *Dublin Spire* („Stiletto in the Ghetto") ersetzt und in einem Lager im St. Anne's Park in Raheny verstaut.

Was viele nicht wissen: Die Skulptur wurde wieder zum Leben erweckt. 2011 holte man *Anna Livia* wieder hervor und ließ sie auf einer Barke zu ihrem neuen Zuhause im Croppies Memorial Park die Liffey hinunterschippern. Dieses kleine, mit Blumen bepflanzte Dreieck an der Kreuzung Benburb Street und Wolfe Tone Quay gehörte früher zum Freizeitgelände der Kaserne Collins Barracks und umfasst als öffentlicher Park eine Fläche von kaum 0,25 Hektar. O'Dohertys Skulptur wurde in einen geschwungenen Zierteich gesetzt und erfreut sich in Gesellschaft einiger Enten eines entspannten Ruhestandes.

DER CROPPIES ACRE

7

Letzte Ruhestädte der Rebellen

Benburb Street, Dublin 7
heritageireland.ie
National Museum (Luas, Rote Linie); die Dublin Bus-Linien 37, 38 und 39 halten in der Nähe

Bebaubare Flächen sind im Zentrum Dublins rar gesät und viel wert, doch es gibt einen halben Hektar Land in bester Lage, der sicherlich niemals verbaut werden wird. Zwischen der ehemaligen Kaserne Collins Barracks und dem Ellis Quay gelegen, bildet dieses stille Refugium die letzte Ruhestätte Hunderter Rebellen des Aufstands von 1798.

Der Croppies Acre verdankt seinen Namen den Croppy Boys, die 1798 am Aufstand beteiligt waren. „Croppy" bezieht sich auf die kurz geschorenen Haare, die viele von ihnen trugen. Ein Merkmal, das sie sich von den französischen Revolutionären abgeschaut hatten, die sich durch den Haarschnitt von den Perücken-tragenden Aristokraten abheben wollten. Nach der Rebellion wurden knapp 300 jener Männer, die man gefangen nahm, hängte und köpfte, hier, an der Croppy Pit, in ein Massengrab geworfen. (Damals war das Gebiet zwischen Collins Barracks und dem Fluss Liffey großteils marschiges Ödland.) Die Rebellion selbst, von den United Irishmen gegen die britische Herrschaft angezettelt, führte zu zehntausenden Toten und unzähligen Gräueltaten. Durch die Frisur, die den Croppy Boys eine Identität verschaffte, konnte man sie danach aber auch leicht erkennen und festnehmen. 1985 wurde von der irischen Armee eine Granitplatte mit der simplen Aufschrift „1798" errichtet und das Grundstück 1998 zum 200. Jahrestag der Rebellion als Gedenkpark eröffnet.

Der Croppies Acre war auch Standort einer der bekanntesten Suppenküchen Dublins während der Hungersnot. Die Suppenküche, die von dem berühmten französischen Koch Alexis Soyer (der von der britischen Regierung beauftragt wurde, zu niedrigen Kosten für die Staatskasse Mahlzeiten auszugeben) ins Leben gerufen wurde, nahm 1847 ihren Betrieb auf und hatte innerhalb von fünf Monaten etwa eine Million Mahlzeiten ausgegeben, wie Frank Hopkins in *Hidden Dublin: Deadbeats, Dossers and Decent Skins* (Mercier Press, 2007) schreibt. Die Suppe wurde in der Mitte eines Holzgebäudes aus einem 300-Gallonen-Kessel (1364 Liter) an zahlreiche Menschen ausgegeben, die, nach einem Glockenzeichen, eintreten durften. Obwohl Soyer ein angesehener Koch war, gab es Beschwerden, dass seine Suppe bei einigen Ruhr verursacht hätte …

„WHAT'S IN STORE?“ ⑧

Einblick in die Archive

National Museum of Ireland – Decorative Arts & History, Collins Barracks, Benburb Street, Dublin 7
01-677-7444 – museum.ie
Dienstag, Mittwoch, Freitag und Samstag 10–17 Uhr, Donnerstag 10–20 Uhr, Sonntag und Montag 13–17 Uhr
Geschlossen am 25. und 26. Dezember sowie am Karfreitag
Eintritt: frei
Museum (Luas, Rote Linie); die Dublin-Bus-Haltestelle Nr. 1475 befindet sich in der Nähe am Wolfe Tone Quay

Zum ersten Mal in der Geschichte des irischen Nationalmuseums sind im Archiv gelagerte Ausstellungsstücke für die Öffentlichkeit zugänglich. Natürlich nicht alle Ausstellungsstücke, aber genug, um sich einen Nachmittag lang wie ein Kurator fühlen zu können.

„What's in Store?" („Was wir noch auf Lager haben") ist eine Ausstellung zur „sichtbaren Lagerung", bei der einige der wertvollsten Glas-, Silber-, Zinn-, Messing- und Emaille-Sammlungen des Museums sowie eine Sammlung angewandter asiatischer Kunst gezeigt werden. Die asiatische Sammlung, zu der wertvolle Lack-, Jade-, Elfenbein-, Bildhauer- und Metallarbeiten zählen, war seit der Eröffnung des Museums in den Collins Barracks 1997 nicht zu sehen. Es werden auch einige der Keramiksammlungen ausgestellt, darunter Delfter Blau aus dem 18. Jahrhundert, Belleek- und Carrigaline-Geschirr sowie eine herrliche Glassammlung aus Dublin, Cork, Belfast und Waterford aus dem 18. und 19. Jahrhundert. Viele der Glasobjekte aus der zweiten Hälfte des 19. Jahrhunderts stammen von den Pugh Glassworks. Pugh verlieh seinen Produkten eine seltene handwerkliche Kunstfertigkeit, was hochtalentierten Graveuren wie Franz Tieze und Joseph Eisert zu verdanken war. Tatsächlich wurde von der Schließung des Betriebs 1890 bis zur Eröffnung von Waterford Crystal (ehemals Glass) 1947 in Irland kein Flintglas mehr hergestellt.

Ansonsten sollten Sie nach den japanischen Samurai-Rüstungen mit Elfenbein- und Emaille-Arbeiten Ausschau halten, darunter Kampfrüstungen aus der Edo-Zeit (1600–1868). In dem einen oder anderen Gang stoßen Sie vielleicht auf archäologisches Glas, darunter römische Schätze aus dem 2. Jahrhundert v. Chr. Oder auf alte wissenschaftliche Instrumente: zum Beispiel Uhren, Oktanten, Sextanten, Teleskope und andere Geräte aus dem 18. und 19. Jahrhundert. Ein wirklich ganz neues Museumserlebnis und eine fantastische Ergänzung zu den klassischeren Ausstellungen.

DER ARBOUR-HILL-FRIEDHOF

⑨

Ein Wallfahrtsort mit Geschichte

Arbour Hill, Dublin 7
heritageireland.ie
Montag bis Freitag 8–16 Uhr, Samstag, 11–16 Uhr, Sonntag 9.30–16 Uhr
Die Dublin-Bus-Haltestellen Nr. 1713 und Nr. 1649 an der Manor Street liegen nur einen kurzen Fußmarsch entfernt; unter anderem halten hier die Buslinien 37 und 39

Glasnevin ist Dublins bekanntester Friedhof. Im Kilmainham Gaol wurden viele der Anführer des Aufstandes von 1916 hingerichtet. Doch in dieser kleinen grünen Lunge über den Kais von Stoneybatter wurden 14 der hingerichteten Anführer begraben, „während auf der anderen Seite der Mauer die Kinder spielten“, wie ein Hinweis lautet.

Das Erste, was einem an diesem Ort auffällt, ist die Stille. Trotz der bedrohlich hohen Mauern des Arbour-Hill-Gefängnisses gleich daneben, verleihen ihm die gepflegten Gräber, die alten Bäume und die liebevollen Details (ein Vogelhaus hier, eine Wasserschale für Hunde da) eine einladende Atmosphäre, die sich eigentlich nicht mit den Ereignissen, derer hier gedacht wird, verträgt. Nachdem die Anführer von 1916 hingerichtet worden waren, brachte man ihre Leichen nach Arbour Hill und verscharrte sie in einer nicht gekennzeichneten Grube mit Branntkalk. 1955 verschmolzen der Exerzierplatz des Gefängnisses, der Schulhof und der alte Friedhof zu einem Gedenkpark. Heute ragt hinter der „Grube“, die so gut gepflegt wird wie ein Golfplatz, eine Mauer aus Wicklow-Kalkstein empor, auf der ein von der irischen Unabhängigkeitserklärung umgebenes goldenes Kreuz prangt. Michael Biggs benötigte vier Jahre, um die Schrift einzumeißeln (seine Arbeit können Sie auch auf der Gedenktafel des Hauptpostamts (GPO) und der Inschrift auf der Thomas-Davis-Statue in Stephen's Green bewundern). Daneben weht auf einem weißen Fahnenmast die irische Trikolore. Jedes Jahr zu Ostern wird hier auf dem Friedhof eine Gedenkveranstaltung abgehalten.

Arbour Hill ist auch die letzte Ruhestätte von etwa 4000 britischen Militärangehörigen und deren Familien, die zwischen 1840 und 1876 in Irland stationiert waren. Anhand der Grabsteine, die entlang der Einfassungsmauer stehen, bekommt man einen Eindruck davon, wie sie hießen und wo die Soldaten dienten.

Ein geheimes Tor am hinteren Friedhofsende führt durch die Mauer in den Garten der Irish United Nations Veterans' Association (IUNVA) führt. Er ist von Montag bis Freitag zwischen 10 und 14 Uhr und Samstag 10 bis 12.30 Uhr geöffnet.

DIE GRABKAMMERN

10

Die Mumien von St. Michan's

St Michan's Church, Church Street, D7
01-872-4154 – facebook.com/stmichan
März bis Oktober: Montag bis Freitag 10–12.30 und 14–16.30 Uhr, Samstag 10–12.30 Uhr; November bis Februar: Montag bis Freitag 12.30–15.30 Uhr, Samstag: 10–12.30 Uhr
Die Dublin-Bus-Haltestellen Nr. 1615 und 1616 befinden sich direkt vor St. Michan's; Four Courts (Luas, Rote Linie; 5 Min. Fußmarsch)

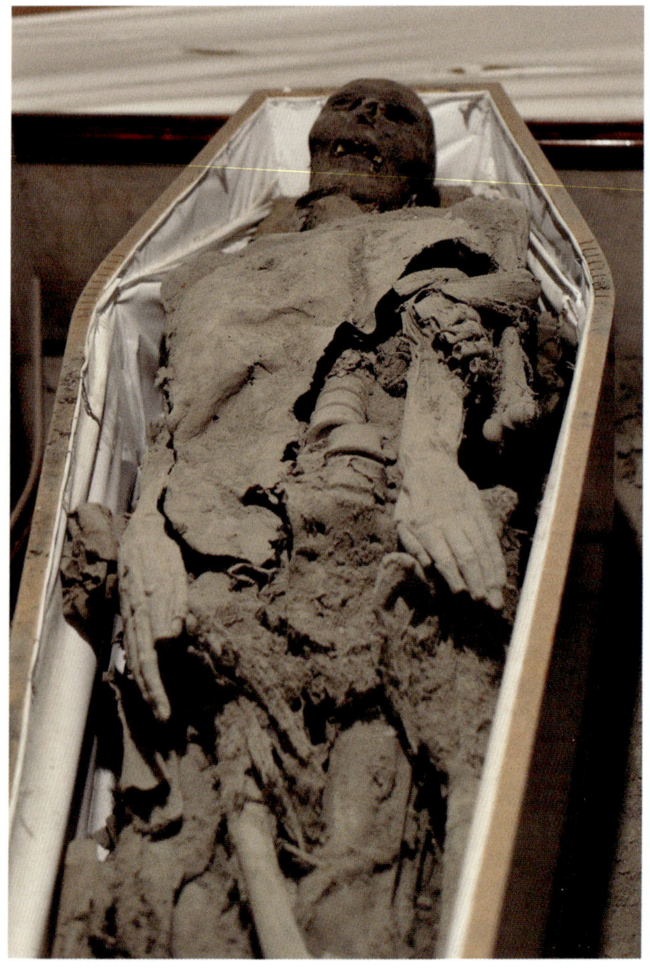

Haben Sie Lust, einen zwei Meter großen Kreuzritter zu sehen? Das ist nur eine der Erfahrungen, die einen auf der kurzen, aber gruseligen Tour in den Grabkammern der St. Michan's Church erwarten. Die Trockenheit in den Kalksteingewölben ließ Dutzende Leichen mumifizieren. Schon in viktorianischer Zeit stiegen Besucher durch die Eisentüren in die Grabkammer hinab, um sie zu sehen. Am berühmtesten ist der Kreuzritter, ein beängstigend gut erhaltenes Exemplar, dessen Hände und Finger von den zahlreichen „Streicheleinheiten" vergangener Besucher ledrig glänzen – eine schaurige Geste der Verbundenheit, die angeblich Glück brachte. St. Michan's, 1685 errichtet, ist angeblich die älteste Pfarrkirche nördlich der Liffey. Ihre Fassade und das Kircheninnere sind einfach gehalten. Doch es gibt einige schöne Holzgalerien und interessante Elemente, wie eine Orgel, auf der Händel geübt haben soll, bevor er zum ersten Mal seinen *Messias* zum Besten gab sowie die Altarfront der königlichen Kapelle im Dublin Castle, die man von einem Marktstand in The Liberties rettete. Doch machen wir uns nichts vor: Die Hauptattraktion liegt unter der Kirche. „Wer will die Gruft sehen?", fragt der schwarzhumorige Guide.

Er lotst die Besucher durch die Eisentüren in die Unterwelt, wo er Mythen und Legenden näher ausführt. Zum Beispiel, warum einer Mumie eine Hand und beide Füße fehlen. Und wie alt der Kreuzritter wirklich ist. (Bei früheren Besuchen meinte jemand, die Mumie sei 650 Jahre alt – etwas jung für die Kreuzzüge. Doch letztes Mal hieß es, er sei 800 Jahre alt). Man findet hier aber auch jede Menge belegte Geschichte. Eine der Kammern enthält die modrigen Särge der Sheares-Brüder – gehängt, ausgeweidet und gevierteilt für ihre Teilnahme am Aufstand von 1798. In einer weiteren befinden sich die Earls of Leitrim. Alle Särge sind kunstvoll verziert, bis auf einen: der des 3. Earl, William Sydney Clements, ein skrupelloser Gutsherr, der 1878 in Milford, im County Donegal, ermordet wurde.

Leider wurden die Kammern 2019 geschändet, als ein Mann mehrere Särge und Mumien demolierte und den Kopf des Kreuzritters stahl. Der Vorfall machte auf der ganzen Welt Schlagzeilen. Doch die Gardaí konnte den Mann anhand der Videoüberwachung bald identifizieren und den gestohlenen Schädel sicherstellen. Der Einbrecher wurde zu 28 Monaten Haft verurteilt.

DENKMAL FÜR DIE KATASTROPHE ⑪ IN DER CHURCH STREET

Eine Tafel, eine Straßenkarte der Umgebung von 1913, Fische und Gemüse aus Messing, die vom Laternenpfahl hängen ...

Father Matthew Square, Church Street, Dublin 7
Die Dublin-Bus-Haltestellen Nr. 1615 und 1616 an der Church Street befinden sich in der Nähe; Four Courts (Luas, Rote Linie; 5 Min. Fußmarsch)

Am 2. September 1913 fielen zwei Mietshäuser auf der Church Street aus heiterem Himmel in sich zusammen. In Nr. 66 und 67 lebten mehrere Familien und die Folgen waren verheerend. Laut damaligen Zeitungsberichten starben sieben Bewohner, während andere unter den Trümmern verletzt oder verstümmelt wurden. Das jüngste Todesopfer, Elizabeth Salmon, war erst viereinhalb Jahre alt. Ihr Bruder Eugene (17) eilte zurück in das Gebäude, um sie zu retten, wie ihr verzweifelter Vater am nächsten Tag dem *Evening Telegraph* berichtete.

„Eugene ergriff das jüngste Kind (Josephine), das ein Jahr und acht Monate alt war, und brachte es sicher nach draußen. Dann lief er wieder hinein, um die anderen Kinder zu holen und brachte sie unbeschadet aus dem Haus. Doch als er gerade Elizabeth herausholen wollte, wurden sie von herabfallenden Trümmern getroffen und getötet."

Auf dem heutigen Father Matthew Square erinnert ein faszinierendes Denkmal an die Tragödie. Es beinhaltet drei Elemente, die man leicht übersieht, wenn man nicht nach ihnen sucht. Das erste ist ein dekorativer Laternenpfahl. Sieht man nach oben, erkennt man, dass direkt unter der Lampe Fische und Gemüse aus Messing hängen, vermutlich ein Hinweis auf die Straßenstände und viktorianischen Obst- und Gemüsemärkte in der Nähe. Daneben befindet sich eine Tafel mit den Namen der Toten und ein Verteilerkasten, auf den eine Straßenkarte der Umgebung von 1913 gemalt ist. Die Nummern 66 und 67 sind rot markiert – ein Element, das aufgrund seiner Schlichtheit umso intensiver wirkt.

„Es war eine vorprogrammierte Katastrophe", sagt Dr. Jacinta Prunty, ehemalige Leiterin der historischen Fakultät am Maynooth College, in einem Video der Online-Zeitung *Century Ireland*, ein Projekt, das im Zuge der irischen „Decade of Centenaries" (das Jahrzehnt der Hundertjahrfeiern) 2012 bis 2023 entstanden ist. „Es hätte jedes von mehreren hundert Häusern in Dublin sein können. Doch es waren diese beiden." Die Tragödie war ein Wendepunkt, erklärt sie, und brachte das leidige Thema der Slums in Dublin aufs Tapet. Es gab einen öffentlichen Aufschrei, viele waren bei den Begräbnissen dabei und Hilfsfonds sowie ein Untersuchungsausschuss zur Wohnsituation in Dublin wurden eingerichtet (letzterer berichtete, dass fast ein Viertel aller Familien in Dublin damals in Einzimmerwohnungen lebte).

„An diesem Punkt konnte man nicht einfach nur darüber reden. Man musste etwas tun", erzählt Dr. Prunty. Bis 1917 wurden auf der Church und der Beresford Street neue Wohnbauten errichtet, auch wenn das für diejenigen, derer hier gedacht wird, zu spät kam.

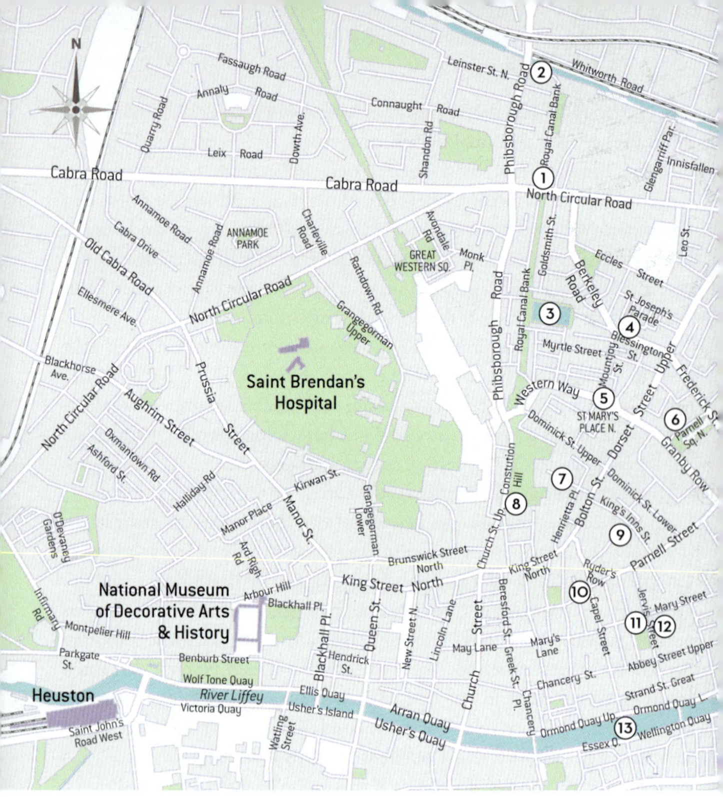

Nördliches Zentrum

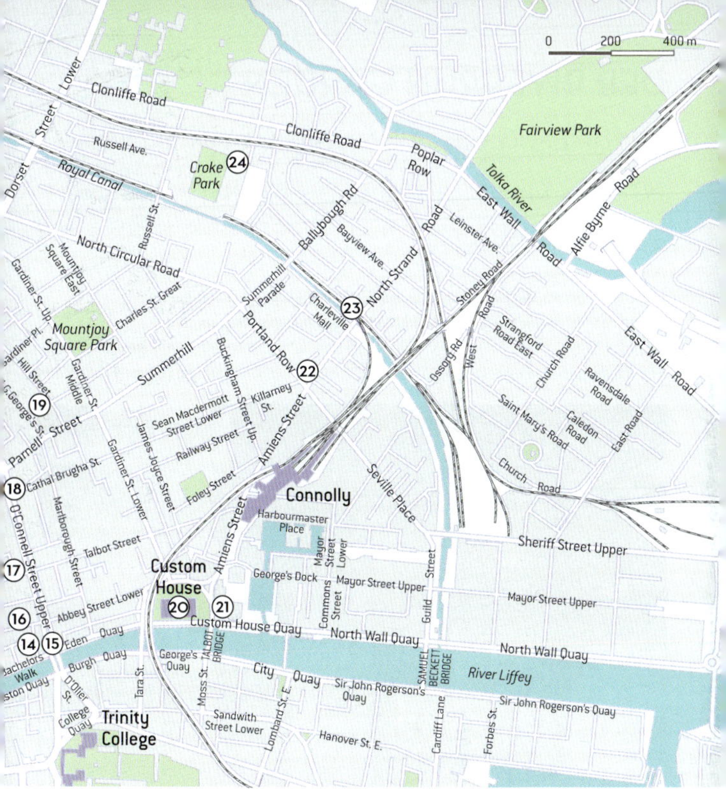
0
200
400 m
Clonliffe Road
Clonliffe Road
Fairview Park
Lower
Dorset Street
Russell Ave.
Royal Canal
Croke Park
24
Poplar Row
Tolka River
East Wall Road
Alfie Byrne Road
Russell St.
North Circular Road
Mountjoy Square East
Ballybough Rd
Bayview Ave.
Road
Leinster Ave.
Gardiner St. Up.
Summerhill Parade
Charleville Mall
23
North Strand
Stoney Road
Charles St. Great
Mountjoy Square Park
Gardiner Pl.
Portland Row
22
Strangford Road East
Road
East Wall Road
Hill Street
Summerhill
Buckingham Street Up.
Ossory Rd
West
Church Road
Ravensdale Road
G.George's St.
19
Gardiner St. Middle
Killarney St.
Sean Macdermott Street Lower
James Joyce Street
Amiens Street
Saint Mary's Road
Caledon Road
East Road
Parnell Street
Railway Street
Church Road
18
Cathal Brugha St.
Gardiner St. Lower
Foley Street
Connolly
Seville Place
O'Connell Street Upper
Marlborough Street
Amiens Street
Harbourmaster Place
Sheriff Street Upper
17
Talbot Street
Custom House
Mayor Street Lower
George's Dock
Mayor Street Upper
Guild Street
Mayor Street Upper
Commons Street
16
Abbey Street Lower
20
21
Custom House Quay
North Wall Quay
North Wall Quay
14
15
Eden Quay
Burgh Quay
George's Quay
TALBOT BRIDGE
SAMUEL BECKETT BRIDGE
River Liffey
Bachelors Walk
D'Olier St.
Tara St.
Moss St.
City Quay
Sir John Rogerson's Quay
Sir John Rogerson's Quay
College Quay
Trinity College
Sandwith Street Lower
Lombard St. E.
Hanover St. E.
Cardiff Lane
Forbes St.

DER RIVERRUN GARDEN ①

Der UNESCO City of Literature Garden in Dublin

Phibsborough Library, Blacquiere Bridge, abseits der North Circular Road, Dublin 7
01-830-4341 – dublincity.ie
Montag bis Mittwoch 12.45–16 Uhr & 16.45–20 Uhr; Dienstag, Donnerstag, Freitag & Samstag 10–13 Uhr & 14–17 Uhr; Sonntag geschlossen
Durch die Eingangstore ist der Garten jederzeit einsehbar.
Eintritt: frei
Die Dublin-Bus-Haltestellen Nr. 81, 82 und 796 befinden sich ganz in der Nähe

James Joyce war sicher viel in Dublin unterwegs. Und langsam aber sicher entstehen ihm zu Ehren hier auch Denkmäler. Eines der neuesten ist der UNESCO City of Literature Garden („Literaturstadtgarten"), der einen bescheidenen Rasenabschnitt vor der Phibsborough Library einnimmt.

Trotz seines schönen Namens ist der Riverrun Garden noch relativ unbekannt. Angelegt anlässlich der Feierlichkeiten, dass Dublin 2011 zu einer der wenigen UNESCO-Weltliteraturstädte gewählt wurde, eröffnete man ihn noch im selben Jahr im Zuge des Bloom Festivals im Phoenix Park. Die irische Lebensmittelbehörde Bord Bia lud die Stadtverwaltung als Aussteller ein und das, was die Parks & Landscape Services Division der Stadt (für die Stadtgärten verantwortliche Abteilung) präsentierte, gewann in der Folge zwei Preise – eine Silbermedaille und den Festivaltitel Best Overall Small Garden. Während des Bloom Festivals hielten Dichter wie Gabriel Rosenstock und Anne Leahy in dem kleinen Garten Lesungen ab, und nachdem die Feierlichkeiten im Phoenix Park beendet waren, wurde der Garten an seinen heutigen und permanenten Standort in Phibsborough verpflanzt.

Auf den ersten Blick scheint der Riverrun eine recht offensichtliche Hommage an Joyces *Finnegans Wake* zu sein. Durch das dicht bepflanzte Areal fließt ein kleiner „Fluss" (wenn er fließt) mit verschiedenen Inschriften, die den Eröffnungssatz des Buches mit der unvollendeten Schlusszeile verbinden: „A way a lone a last a loved a long the riverrun, past Eve and Adam's, from swerve of shore to bend of bay, brings us by a commodius vicus of recirculation back to Howth Castle and Environs." („Ein Weg, ein einsamer, ein letzter, ein geliebter, ein langer, der Flusslauf, vorbei an Eva und Adam, von u-förmigen Ufern zur Biegung der Bucht, bringt uns durch eine weitläufige Stadt der Umwälzung zurück nach Howth Castle und Umgebung.") Aber es steckt noch mehr dahinter: Die Steine stammen von alten Stadtstraßen und -gebäuden; der Baum erinnert an den typischen Versammlungsort der Geschichtenerzähler von einst, und eine Skulptur von Leo Higgins spiegelt sich im Brunnen wider – so wie Gesellschaften sich in den Geschichten, die sie erzählen, widerspiegeln.

In den Worten seines Schöpfers: „Der Garten steht für die Fähigkeit Dublins, sich immer wieder neu zu erfinden."

DER HUNGERWEG

②

Auf den Spuren der 1490

Royal Canal, Phibsborough, Dublin 1
nationalfamineway.ie
Conolly (DART; 5–10 Gehminuten vom Royal Canal an der Newcomen Bridge entfernt); die Dublin-Bus-Haltestellen Nr. 15 und Nr. 49 befinden sich an der Dorset Street

Im Mai 1847 verließen 1490 Personen Strokestown im County Roscommon, um rund 165 Kilometer bis zu den Docks von Dublin zurückzulegen. Black '47 war eines der schlimmsten Jahre während der großen Hungersnot (1845–1849), und die Wanderer waren alle Pächter des Landbesitzers Major Denis Mahon. Er stellte sie vor die schwere Wahl, entweder auszuwandern (mit finanzieller Hilfe), auf ihren verdorbenen Kartoffelfarmen zu verhungern oder ins örtliche Armenhaus überzusiedeln. Die 1490, wie man sie noch immer nennt, beschlossen auszuwandern und schafften es zu Fuß bis zu einem Postdampfer, der sie von Dublin nach Liverpool brachte, von wo aus sie auf Schiffen Richtung Kanada fuhren. Nur die Hälfte von ihnen überlebte.

Gedenkstätten und Interpretationen zur Hungersnot existieren im ganzen Land, nicht zuletzt im umgebauten National Famine Museum in Strokestown. Doch dieser 165 Kilometer lange Wanderweg, der auf den Spuren der Emigranten die meiste Zeit den Leinpfaden des Royal Canal Greenway folgt, ist einzigartig. Entlang der Route findet man auf Sockeln 30 Paar Kinderschuhe aus Bronze, und Wanderer oder Radfahrer haben die Möglichkeit, auf dem Weg Stempel in einem „Pass" zu sammeln. Ähnlich wie beim Camino de Santiago de Compostela können sie nach Absolvierung des Weges ein Zertifikat beim EPIC, The Irish Emigration Museum, abholen, wo die Route, gleich neben dem Hungerschiff *Jeanie Johnston*, endet.

Man kann dem Royal Canal durch das County Dublin folgen und sich die Markierungen entlang des Weges ansehen. Darunter auch ein Paar Bronzeschuhe in der Nähe des Croke-Park-Stadions. Einige Abschnitte, vor allem zwischen dem Hafen und der Dorset Street, wirken vielleicht etwas abschreckend, mit all dem Müll im und entlang des Kanals. Andere, wie das Stück postindustrieller Landschaft zwischen Dorset Street und Phibsborough Road (mit den Schleusen 3 und 4) sind überraschend hübsch, mit Schwänen und Reihern im Schilf und Einheimischen, die bei schönem Wetter hier die Sonne genießen. Halten Sie nach der Skulptur von Brendan Behan an der Binn's Bridge Ausschau. John Colls Kunstwerk hat dem Autor als Gesellschaft eine Amsel verpasst. Die Titel von Behans Arbeiten sind hier eingraviert, darunter auch das irische Gedicht *Uaigneas* (*Einsamkeit*).

Was Major Denis Mahon betrifft, so wurde der Landbesitzer, der die tragische Reise der 1490 veranlasste, im November 1847 ermordet, nachdem bekannt wurde, dass so viele der Pächter, die er weggeschickt hatte, auf der Reise gestorben waren.

BLESSINGTON STREET BASIN

③

Dublins geheimer Garten

Blessington Street, Phibsborough, Dublin 7
01-830-0833 – 01-222-5278 – dublincity.ie
Nur bei Tageslicht geöffnet – Eintritt: frei
Conolly (DART; 15–20 Min. Fußmarsch); Dublin-Bus-Haltestellen Nr. 189 und 196 (Phibsborough Road)
Das Speicherbecken liegt zehn Gehminuten von der O'Connell Street entfernt

Suchen Sie einen ruhigen Park in Dublin? Insider verweisen Sie vielleicht auf die Iveagh Gardens, doch der wirkliche Geheimtipp ist diese Wasseroase hier. Das Blessington Street Basin mit seinen gerade einmal 0,75 Hektar liegt ganz in der Nähe der O'Connell Street, versteckt am Ende einer verschlafenen Gasse und ist bei den Dublinern kaum bekannt. 1810 eröffnet, mit dem Ziel, Dublins Norden mit sauberem Wasser zu versorgen, bezieht der Park sein Wasser aus dem Royal Canal. Obwohl der offizielle Name zu Ehren von König George III. Royal George Reservoir lautet, nennen es die Einheimischen lieber „The Basin". Es dient allerdings nicht mehr als Wasserspeicher, sondern bietet Besuchern und heimischen Tieren eine versteckte kleine Oase.

Nach dem düsteren Ambiente der Blessington Street sind die Bäume,

das Wasser und die bewachsene Insel in der Mitte eine wahre Wohltat.

Die Wege rund um das Becken, in dem sich Vögel, Schmetterlinge, Fledermäuse und Fische tummeln, säumen Bänke, viktorianische Laternen und ein Brunnen, der sporadisch Wasser speit. Durch Steinmauern abgeschirmt und umgeben von den Reihenhäusern, Schornsteinen und Turmspitzen von Phibsborough, entpuppt sich dieser Ort als wahre Wundertüte.

Obwohl man hier 15.000 Kubikmeter Wasser speichern konnte, war es nur eine Frage der Zeit, bis das für eine boomende Stadt zu wenig war. Das Blessington Street Basin erhielt nach der Eröffnung des Vartry-Stausees 1868 eine andere Funktion. Für die nächsten hundert Jahre versorgte es die Whiskey-Destillerien Jameson and Powers, und 1891 wurde es offiziell zum Park erklärt.

Der Park verdankt sein heutiges Aussehen einer engagierten Sanierung in den frühen 1990ern, als der Brunnen, Einzäunungen und Bänke dazukamen und die künstliche Insel verstärkt zu einem Lebensraum für Tiere wurde. Auch die Lodge des Parkwächters, gleich nach dem Haupteingang lohnt einen Abstecher. Die Dachgiebel im Tudor-Stil, die bunten Blumenkästen und kecken Kamine der 1811 erbauten Unterkunft heitern einen nach dem deprimierenden Weg über die Blessington Street wieder auf.

DIE KOHLENSCHÄCHTE VON DUBLIN

④

Geschichtsträchtige Abdeckungen unter unseren Füßen

Blessington Street, Phibsborough, Dublin 7
Connolly (DART; 15–20 Min. Fußmarsch); Dublin-Bus-Haltestellen Nr. 189 und 196 (Phibsborough Road). Die Blessington Street liegt zehn Gehminuten von der O'Connell Street entfernt

Leserinnen und Leser, die alt genug sind, um Dublin vor dem September 1990 zu kennen, erinnern sich vielleicht an den Smog in der Stadt. In diesem Monat trat das berühmte Verkaufsverbot für Steinkohle oder „rauchige" Kohle in Kraft, das den Auswirkungen, die der Smog auf die Hauptstadt (und die leidgeprüften Lungen der Bewohner) hatte, entgegenwirken sollte. Einigen Berichten zufolge hat sich die Luftverschmutzung durch das Verbot um 70 Prozent reduziert.

Kohle wurde damals natürlich schon seit Jahrhunderten verwendet. Oft sprechen wir über die Geschichte, die unter unseren Füßen liegt und in georgianischen Häuserreihen wie der Blessington Street muss man nur nach unten sehen, um zu erkennen, wie fest diese im Alltag verankert war. Die dunklen, gusseisernen Deckel in der Straße sind tatsächlich Abdeckungen für „Kohlelöcher", schmale Schächte, durch die tonnenweise schwarze, staubige fossile Brennstoffe in georgianische und viktorianische Häuser geschaufelt wurden. In den Stadtvierteln Merion und Fitzwilliam oder auf den steil abfallenden Straßen North Great George's Street und Henrietta Street finden sich weitere dieser Abdeckungen. Sie sind ein visuelles Bindeglied zu einer Zeit, in der die gesamte Stadt mit dem Zeug betrieben wurde und Kohleläden die Kais säumten.

Die Abdeckungen der Kohlelöcher sind nicht alle gleich. Sieht man genauer hin, erkennt man viele verschiedene Muster, Firmennamen, Verzierungen und Belüftungslöcher, die in sie gestanzt wurden. Manche sind gut erhalten und die Details klar erkennbar, andere wiederum von den Fußgängern abgetreten und völlig abgenutzt. Einige der Designs sind streng geometrisch, während andere fast florale Muster aufweisen. Einige sind mit hypnotischen Kreisen versehen oder von schmalen, sorgfältig gemeißelten Ablaufrinnen umgeben. Die Motive hatten dekorative Zwecke, sollten aber auch verhindern, dass die Leute ausrutschten. Die geisterhaften Namen der Gießereien wie Sharkey oder Tonge & Taggart sind ebenfalls zu sehen. Die Abdeckungen haben einen Durchmesser von einigen Zentimetern, gerade groß genug für die Kohle, aber klein genug, damit sich unerwünschte Eindringlinge nicht in die Keller schleichen konnten.

„Wenn man diese alten Eisendeckel einmal entdeckt hat, kann man fast nicht mehr aufhören, nach ihnen Ausschau zu halten", schreibt Arran Henderson vom Reiseveranstalter Dublin Decoded in einem fesselnd geschriebenen Blogbeitrag auf seiner Website arranqhenderson.com. „Wenn ein Kohlendeckel verschwindet, er herausgerissen und das Loch aufgefüllt wird, fühlt es sich an, als würde ein Stück Dublin sterben."

ST. MARY'S CHAPEL OF EASE

5

Die Schwarze Kirche

St Mary's Place, Broadstone, Dublin 7
Offiziell nicht öffentlich zugänglich, da das Gebäude von mehreren Unternehmen genutzt wird
Potenzielle Kunden können jedoch einen Termin vereinbaren.
Connolly (DART; 20–25 Min. Fußmarsch); die Dublin-Bus-Haltestellen Nr. 191 und 194 am Western Way sind nur einen kurzen Fußmarsch vom St. Mary's Place entfernt

Handelt es sich hier vielleicht um die gruseligste Kirche Dublins? Die 1830 erbaute „Schwarze Kirche" erhielt ihren Spitznamen vom dunkelgrauen irischen Kalkstein, aus dem sie besteht. An Regentagen hat sie eine finstere und bedrohliche Ausstrahlung. Die düstere Stimmung wird noch durch die spitzen Türme, die wie Nadeln aussehen, und die schlitzartigen Fenster von John Semple im neugotischen Stil verstärkt. Doch das ist nicht alles. Der Legende nach erscheint, wenn man mutig (oder dumm) genug ist, um Mitternacht gegen den Uhrzeigersinn dreimal um St. Mary's herumzugehen, der Teufel selbst, um die Seele des- oder derjenigen mitzunehmen.

Austin Clarke, der in der Nähe aufwuchs, benannte einen Band seiner Memoiren nach St. Mary's – der Titel, *Twice Round the Black Church* (Zweimal um die Schwarze Kirche) verfehlt nur knapp die erforderlichen Umrundungen, um den Leibhaftigen herbeizurufen. „Meine Kindheitsjahre verbrachte ich unter dem Schatten eines Gebäudes, das wir die schwarze Kirche nannten", schrieb der Dichter. „Diese protestantische Kirche im Norden von Dublin sah düster und abweisend aus. Der im Stadtviertel gebräuchliche Name, mit all seinen theologischen Implikationen, passte zu ihr. Noch bevor ich es wirklich begreifen konnte, war ich mir des *Odium Theologicum* vage bewusst, und wenn am Sonntag der leise Gesang von den Spitzbogenfenstern hinter dem Eisengeländer herüberwehte, wartete ich darauf, den Teufel drohend dahinter emporsteigen zu sehen."

In *Ulysses* von James Joyce gibt es einen ähnlichen Moment, in dem sich die begangenen Sünden des Leopold Bloom (ob real oder imaginär) in einem Stimmengewirr gegen ihn erheben, darunter auch „eine Art heimliche Heirat mit zumindest einer Frau im Schatten der Schwarzen Kirche".

St. Mary's wurde in den 1960ern entweiht, angeblich wegen der sinkenden Zahl der Gläubigen bei den Gottesdiensten (eine „Chapel of Ease" ist in einer Pfarre eine Nebenkirche für Gemeindemitglieder, die von der Hauptkirche weiter entfernt wohnen). Heute beherbergt sie mehrere Unternehmen und, auch wenn sie offiziell nicht für Besucher geöffnet ist, können potenzielle Kunden einen Blick ins Innere werfen, wenn sie einen Termin mit einer der Firmen vereinbaren. Das bemerkenswerteste Element ist der Parabelbogen von Semple, ein fließendes Design, das die Abgrenzung zwischen Wänden und Decke verschwimmen lässt und so noch mehr zur Faszination der Schwarzen Kirche beiträgt.

DAS BUNTGLASZIMMER

⑥

Die Galerie in der Galerie

Dublin City Gallery, The Hugh Lane, Parnell Square North, Dublin 1
01-222-5550 – hughlane.ie
Dienstag bis Donnerstag 10–18 Uhr; Freitag & Samstag 10–17 Uhr; Sonntag 11–17 Uhr; montags geschlossen
Eintritt: frei
Tara/Connolly Street (DART; 15 Min. Fußmarsch). Abbey Street (Luas; 10 Min. Fußmarsch)
Die Dublin-Bus-Haltestellen Nr. 8, 10, 461 und 4726 befinden sich ganz in der Nähe am Parnell Square

Es ist die Galerie-in-der-Galerie in der Hugh Lane. Betritt man das Buntglaszimmer der Dublin City Gallery, fühlt man sich sofort wie in einer anderen Dimension – ein sakrale Ruhe ausstrahlender, kirchenähnlicher, unglaublich schöner Raum, der wie eine himmlische Diskokugel funkelt.

Der Raum ist auf dem Weg zu berühmteren Exponaten, wie dem überladenen Atelier von Francis Bacon oder dem beeindruckenden Gemälde *There is No Night* von Jack B. Yeats, leicht zu übersehen. Doch sein Inneres ist unbeschreiblich. Die Buntglassammlung der Galerie umfasst kaleidoskopartige Werke von Künstlern wie Harry Clarke, Evie Hone, James Scanlon, Wilhelmina Geddes und Paul Bony. Alle so genial hinterleuchtet, dass einem das Herz vor Freude hüpft. Buntglas war in irischen Kunstkreisen im Laufe der Jahre mal in und dann wieder aus der Mode, doch wenn eine Sammlung wie diese an einem Ort zusammengefasst ist, wenn man in den strahlenden Farben, den blumigen Geschichten und der kunstvollen Handarbeit schwelgen kann, ist der Zauber offensichtlich.

Das Highlight ist *The Eve of St. Agnes* von Harry Clarke aus dem Jahr 1924. Das Werk besteht aus 22 kleinen Tafeln, die jeweils eine Strophe aus dem Gedicht von Keats mit demselben Titel darstellen. Die auf zwei Fenster verteilten Tafeln erzählen die Geschichte von Madeline, einer jungen Heldin, die ihren Liebsten nicht treffen darf, weil er der Erzfeind ihrer Familie ist. Doch einem alten Aberglauben zufolge können jungfräuliche Mädchen, die am Vorabend des Feiertags der Hl. Agnes (20. Januar) bestimmte Rituale durchführen, ihren Liebsten zu sich rufen. Und das gelingt Madeline, von Clarke auf verschiedenen Tafeln inszeniert, wie sie „blütenweiß" in ihrem Bett liegt, bewacht von ihrem Liebhaber und in kaum verschleierter erotischer Vereinigung („wie ein pulsierender Stern … in ihren Traum schmolz er hinein …"), bevor sie gemeinsam in den Sturm entfliehen. Puh!

Für viele ist es das Meisterwerk Clarkes (1889–1931), eine schöne und romantische Arbeit, so sinnlich wie das Gedicht, auf dem es basiert. Es ist das Glanzlicht eines verborgenen Raums, der förmlich danach schreit, besucht zu werden: bei einem ersten Date, am Valentinstag oder wenn jemand vorhat die Frage aller Fragen zu stellen …

Weitere Fenster von Harry Clarke kann man an einem anderen ungewöhnlichen Ort bewundern: Im Bewley's Café in der Grafton Street, wo sechs herrliche Beispiele von Ernest Bewley in Auftrag gegeben und noch knapp vor Clarkes Tod 1931 fertiggestellt wurden. Man findet sie im Teesalon im Erdgeschoss.

HENRIETTA STREET NR. 14

7

Die angesagteste Adresse im georgianischen Dublin

Nähe Bolton Street, Dublin 1
14henriettastreet.ie
Mittwoch bis Sonntag 10–16 Uhr; Führungen jede volle Stunde (Besucher werden dazu angehalten, online zu buchen); Stadtrundgänge können ebenfalls gebucht werden
Tara Street oder Conolly (DART; 20 Min. Fußmarsch); Jervis (Luas, Rote Linie; 10 Min. Fußmarsch); die Dublin-Bus-Haltestellen Nr. 8 und 10 befinden sich ganz in der Nähe an der Granby Row

Es ist eines der großen Rätsel Dublins: Wie ist es möglich, dass seine georgianische Architektur überall auf der Welt gefeiert wird; dass man seine majestätischen Backsteinhäuser und eleganten Plätze in den Reiseführern hochlobt, während die Henrietta Street dem Verfall preisgegeben wird. Schließlich heißt es im Denkmalschutzplan der Stadt Dublin, als Straße sei sie „die architektonisch wertvollste intakte Ansammlung von Einzelhäusern in der Stadt". Als Architekturdenkmal ist die kopfsteingepflasterte Straße aus dem 18. Jahrhundert „für die Besiedlungsgeschichte dieser Inseln so bedeutend wie … Clonmacnoise oder Wood Quay". Und trotzdem verfiel die Henrietta Street im Laufe der Zeit immer mehr. Ihre baufälligen Häuser überleben nur dank des Engagements einiger Bewohner und anderer Akteure. Sie liegt nicht weit von der O'Connell Street entfernt, bildet aber eine Sackgasse. Eine Ansammlung verfallener Pracht, die wie eine Galeone wirkt, die hilflos im innerstädtischen Meer treibt.

Henrietta Street Nr. 14 gibt hier Grund zur Hoffnung. Nach einer 4,5 Millionen Euro teuren Sanierung ist das Stadthaus nun ein kleines, feines Museum, das die Geschichte des Gebäudes als Herren- und später als Mietshaus dokumentiert. Die Tour führt zurück in die Blütezeit der Henrietta Street (benannt nach der Herzogin von Grafton), als diese zwischen 1720 und 1740 angelegt wurde. Über viele Jahrzehnte galt sie als die angesagteste Adresse Dublins, und die Nr. 14 bewohnten Lord Viscount Molesworth und seine Familie. Das nächste Kapitel war weniger glamourös. Nach der Vereinigung mit Großbritannien verlagerte sich die Macht nach London und in Dublin begann eine Zeit des wirtschaftlichen Niedergangs. Die Henrietta Street Nr. 14 beherbergte Anwälte, Gerichte und sogar eine Kaserne. 1877 wurde die Prunktreppe entfernt und das Haus in 19 Wohnungen aufgeteilt. Bis 1911 lebten hier 100 Personen. Ein Rundgang erweckt diese Zeit mit nachgebildeten Zimmern und Details wie der rostroten Farbe im Eingangsbereich, einem über das Bett gebreiteten Mantel, der Wärme spenden sollte, zum Leben.

Durch die Einbeziehung mündlich überlieferter Geschichten und Straßenlieder, eröffnet sich hinter dieser unscheinbaren Tür eine fesselnde sozialgeschichtliche Zeitreise. Bei unserem Besuch erzählte ein Guide, dass ein Mann sein Pferd mit in die Wohnung nahm: „Doch eines Nachts brach das Pferd durch den Boden hindurch und landete direkt auf der darunter wohnenden Familie."

DER HUNGRIGE BAUM

⑧

Eine botanische Kuriosität

Temple Gardens, King's Inns, Dublin 7
kingsinns.ie – treecouncil.ie
7–19.30 Uhr (oder auch später)
Die Dublin-Bus-Haltestellen Nr. 1613, 1614 und 1619 befinden sich ganz in der Nähe auf dem Constitution Hill. Die Buslinien 83 und 83a, die zwischen Kimmage und Harristown verkehren, halten hier

Die Rache der Natur. Der Lauf der Zeit. Menschliche Torheit. Es ist verlockend, diesem karikaturhaften Phänomen nahe den Temple Gardens alle möglichen symbolischen Interpretationen zuzuschreiben.

Der „Hungry Tree" begrüßt Spaziergänger, Anwälte und „Bencher" der nahegelegenen juristischen Fakultät, wenn sie den King's Inns Park durch das Südtor betreten. Es ist ein spektakulärer Anblick: eine unglückselige Bank, die anscheinend bei lebendigem Leib von einer Londoner Platane aufgefressen wird. Die Bank stammt wie alle anderen in diesem hübschen Park aus dem frühen 19. Jahrhundert. Die in Zeitlupe stattfindenden gastronomischen Heldentaten der Platane haben den Tree Council of Ireland dazu veranlasst, sie unter Denkmalschutz zu stellen, gemeinsam mit Exemplaren wie dem 400 Jahre alten Maulbeerbaum am Teacher Training College in Rathmines – Dublins angeblich ältester Baum – und dem Autogrammbaum im Coole Park in Galway, einer Rotbuche, die unter anderem die Initialen von Besuchern wie W.B. Yeats und George Bernard Shaw trägt. Der „hungrige Baum" mit einer Höhe von 21 Metern und einem Umfang von 3,5 Metern wird in der Baumdenkmal-Datenbank als botanische Kuriosität gelistet.

Anwaltsinnungen kümmerten sich schon immer um die Unterbringung, Versorgung und die Ausbildung der Jurastudenten. Die Gebäude der King's Inns wurden von James Gandon entworfen und im frühen 19. Jahrhundert erbaut. Die Honorable Society of King's Inns (die Standesvertretung der Anwälte in Irland) reicht allerdings bis zur Herrschaft Heinrichs des VIII. zurück. Sie wurde 1541 gegründet. Die Temple Gardens wurden im späten 19. Jahrhundert für die Öffentlichkeit geöffnet, was nicht nur für den Arbeitervorort, in dem sie liegen, eine willkommene Annehmlichkeit darstellte, sondern auch eine Abkürzung zwischen der Broadstone und der Henrietta Street ergab. Die Abkürzung ist eine weitere Überraschung: ein kopfsteingepflasterter Innenhof, der von einem Triumphbogen des Architekten Francis Johnson abgeschlossen wird, in dem jeder Schritt widerhallt.

ESTD
WILLIAMS & WOODS LTD

DAS WILLIAMS & WOODS BUILDING

Ein hippes Refugium in Dublins erstem Gebäude aus Gussbeton

26 King's Inn Street, Dublin 1 – chocolatefactory.ie
8–16 Uhr (Café)
Eintritt frei für Cafégäste
Jervis Street (Luas, Rote Linie; 5–10 Min. Fußmarsch)

Es ist eine der erfreulichsten Überraschungen im Stadtzentrum. Man schlendert durch ein urbanes Konglomerat aus modernen Apartmenthäusern, Tiefgaragen und Gewerbebauten und plötzlich – steht da ein prächtiges, etwas eigenwilliges Eckgebäude.

Williams & Woods war Dublins erstes Gebäude aus Gussbeton, eine ehemalige Marmeladen- und Konfitürenfabrik, betrieben von einem Unternehmen, das die Stadt einst mit Marken wie Toblerone, Silvermints, „Buttercup" Toffees und Irish Coffee Bar versorgte.

Das Originalschild des 1910 erbauten Hauses ist an der spitzen Gebäudeecke noch wunderbar erhalten – was man vom alten Firmensitz von Williams & Woods, einem Krankenhaus aus dem 18. Jahrhundert, nicht behaupten kann. Nach dem Verkauf 1978 wurde es abgerissen (heute befindet sich an dieser Stelle ein Kino).

Erst kürzlich, nachdem es viele Jahre als Lagerhalle gedient hatte, wurde das Gebäude unter dem Namen Chocolate Factory wieder zum Leben erweckt. In verschiedenen Ateliers und Studios beherbergt es Fotografen, Designer, Tänzer, Architekten, Up-Cycler und Urban Farmer. Sogar eine Kung-Fu-Schule gab es hier einmal.

Es ist ein inspirierender Ort, und der Besucher fragt sich beim Verlassen vielleicht, warum nicht mehr von Dublins verwahrlostem architektonischen Erbe auf dieselbe Weise neues Leben eingehaucht wird. So viele ausdrucksstarke alte Gebäude, mit jeder Menge Geschichten, die es zu erzählen gibt, sind verbarrikadiert, von Unkraut überwuchert und dem Verfall preisgegeben, während die Politik, rechtliche Probleme oder einfach mutwillig verursachter Schaden ihren Tribut fordern.

Als Besucher kann man die Studios der Chocolate Factory nicht besichtigen, doch im coolen Blas Café, das sich im weitläufigen Erdgeschoß befindet, sind alle willkommen. Schlichtes Holz, große alte Eisenrahmen-Fenster, Lampen aus Becken und Trommeln und wechselnde Kunstausstellungen dienen als Setting für legere und schmackhafte Gerichte (probieren Sie das Frühstücks-Bap mit Speck und Ei oder das Chipotle vom Freilandhuhn auf Sauerteigbrot). Ein hipper Ort, der einen dazu anregt noch einmal über Dublins Gesellschaftsgeschichte nachzudenken.

DIE CAPEL PAWNBROKERS

Drei Messingbälle ...

108 Capel Street, Dublin 1 – capelpawnbrokers.ie
Montag, Dienstag, Donnerstag und Freitag 9–17.30 Uhr; Samstag 9–19 Uhr; Mittwochs geschlossen
Tara (DART; 20 Min. Fußmarsch); Jervis (Luas, Rote Linie; 5–10 Min. Fußmarsch); die Dublin-Bus-Haltestellen Nr. 312 und 1479 befinden sich ganz in der Nähe an den Ormond- und Wellington-Kais

„Der Laden ächzte unter der Sorgenlast anderer Menschen." So beschreibt es E.L. Wallant in seinem Roman *Der Pfandleiher* (*The*

Pawnbroker, HBJ, 1978). Das Zitat wiederholt sich in Jim Fitzpatricks *Three Brass Balls: The Story of the Irish Pawnshop* (Collins Press, 2001; dt.: *Drei Messingbälle: Die Geschichte des irischen Pfandleihers*) und die Worte klingen nach, wenn man in den Keller der Capel Street Nr. 108 hinabsteigt.

Das ist die Adresse des Juwelierladens Brereton. Doch wie die drei alten Kugeln, die über dem Vordach hängen, vermuten lassen, ist es auch einer von Dublins letzten Pfandleihern. Goldene Kugeln als Symbol für das Pfandgeschäft hatten ihren Ursprung bei der Familie Medici in Florenz, deren Bank im 15. Jahrhundert die größte Europas war. Sie erinnern auch an den Patron der Pfandleiher, den Heiligen Nikolaus von Myra, der einst einem alten Mann mit drei Töchtern geholfen haben soll, indem er drei Beutel mit Gold in sein Haus warf und somit jede der Töchter mit einer Mitgift versah. Hoffen Sie allerdings nicht darauf, bei Capel Pawnbrokers den Weihnachtsmann zu finden. Es erwartet Sie lediglich das fluoreszierende Ambiente eines modernen Pfandhauses mit Sicherheitsglas und schlichten Theken, die von einem großen alten Pfandbuch, einigen eingerahmten Pfandscheinen, die bis 1904 zurückreichen und natürlich einer Vitrine mit traurigem Schmuck und Plunder kompensiert werden. Bei unserem Besuch zählten eine goldene Bulldogge mit einem juwelenbesetzten Halsband und eine Goldkette mit dem Schriftzug „Mum“ dazu.

Ein Pfandhaus gibt es hier seit den 1850er-Jahren. John Brereton übernahm das Geschäft 1916, zu einer Zeit als es in Dublin vor Pfandleihern nur so wimmelte und 50 „Volksbanken“ existierten, die bis in die 1930er überlebten. Kunden beschafften sich Geld, indem sie wirklich alles verkauften – von der Prothese bis zum Sonntagskleid („der Pfandleiher akzeptierte sogar die lächerlichsten Pfandgegenstände, wenn er seine Kunden kannte“, schreibt Fitzpatrick). Heute gibt es lediglich noch drei. Auch bei Carthy's in der Marlborough Street und bei Kearns in der Queen Street finden sich die obligaten Messingkugeln.

Die Capel Street war einst eine vornehme Adresse, und schon bei einem kurzen Spaziergang stößt man auf alle möglichen Schätze. Der ehemalige Taoiseach (Premierminister) Seán Lemass wurde in der Nr. 2 geboren, es gibt ein paar schöne georgianische Stadthäuser und eine der viktorianischen Ladenfronten gehört zu John McNeill's (Nr. 140) – heute ein Pub, doch früher die Musikalienhandlung, die die Trompete herstellte, die zur Attacke der leichten Brigade (Charge of the Light Brigade) 1854 rief. Die Straße scheint immer zwischen Verfall und Wiederauferstehung zu schwanken, erlebte aber in letzter Zeit durch den Bau einer neuen Fußgängerzone einen Aufschwung.

DIE GRABSTEINE IM WOLFE TONE PARK

11

Grabsteine und ein skrupelloser Richter …

Jervis Street, Dublin 1
Tara Street und Connolly (DART; 15 Min. Fußmarsch); Jervis (Luas, Rote Linie); die Dublin-Bus-Haltestellen Nr. 312 und 1479 befinden sich ganz in der Nähe an den Kais

Dieser kleine Park, benannt nach dem irischen Revolutionär Theobald Wolfe Tone (1763–1798) hat eine kontroverse Vergangenheit. Laut Aufzeichnungen war er im 18. Jahrhundert ursprünglich ein Marktplatz innerhalb des Jervis Estate, wurde später aber zum Friedhof der St. Mary's Church umgewandelt, in der Wolfe Tone getauft wurde. Heute befinden sich in der Kirche eine Bar und ein Restaurant. 1798 wurde hier unter anderem Lord Nurbury, besser bekannt als der „Hanging Judge", begraben. Auch Robert Emmet zählte zu jenen, die der skrupellose Richter an den Galgen brachte. Nach seinem Tod 1831 soll Norbury angeblich als schwarzer Hund durch die Straßen Dublins gegeistert sein.

Ein weiteres Problem, das die Stadt in georgianischen Zeiten und auch danach plagte, waren die katastrophalen sanitären Zustände und die Überbevölkerung. Als Reverend James Whitelaw von 1798 bis 1805 seine Volkszählung vornahm, stellte er fest, dass die Pfarre von St. Mary's „etwa 16.654 Seelen" zählte und der Friedhof „etwa 3000 m^2 maß. Was 0,2 m^2 für jeden Einwohner ergibt und ich kann bezeugen, dass, um Platz für andere zu machen, auf diesem Friedhof Leichname in üblem Verwesungszustand ausgegraben wurden, zum großen Ärger der Nachbarschaft."

Glücklicherweise hatte sich die Lage, lange bevor die Kirche 1966 entweiht wurde, verbessert. Danach wurde der Friedhof in einen traditionellen Gartenpark umgestaltet, seine Grabsteine wurden schlicht an den Mauern gestapelt. Der Dublin City Council beaufsichtigte die Umgestaltung 2001, und laut excavations.ie, der Datenbank für Ausgrabungsberichte, „wurden elf Museumsboxen mit menschlichem Skelettmaterial" freigelegt. Doch die meisten Grünflächen mussten dem neuen Stadtplatz weichen. Einige der Grabsteine wurden in den Boden gesetzt. In dem ursprünglich als sozialen Raum konzipierten Park liefen oder fuhren die Leute allerdings oft recht unsozial über die Grabsteine, weshalb sich eine örtliche Bürgerinitiative (wolftonepark.com) dafür einsetzte, dass man zu einem Parkkonzept zurückkehren sollte. Mittlerweile hat die Stadtverwaltung selbst eingestanden, dass dort abgehaltene Veranstaltungen „rückblickend wahrscheinlich auf einem früheren Friedhof nicht angemessen waren".

2022 wurde der Park neu angelegt, mit frischem Rasen, Bäumen und Pflanzen, um hier, wie die Stadt beschreibt „eine grüne Oase" zu schaffen. Besucher können sich selbst ein Bild davon machen, ob es geklappt hat. Zumindest wurden aber die Grabsteine von den Stadtarchäologen erfasst und inventarisiert. Daher die Nummerierung. Aber halten Sie auf jeden Fall Ausschau nach einem verdächtig aussehenden schwarzen Hund …

DIE ORGEL DES RENATUS HARRIS (12)

Wo Dublins Vergangenheit auf moderne DJs trifft

The Church, Jervis Street, Dublin 1
thechurch.ie
Tara Street und Connolly (DART; 15 Min. Fußmarsch); Jervis (Luas, Rote Linie); die Dublin-Bus-Haltestellen Nr. 312 und 1479 befinden sich in der Nähe an den Kais

Fairerweise muss man wohl sagen, dass die meisten Besucher in The Church DJs und traditionelle Livemusik erwarten und nicht unbedingt eine Orgel von Renatus Harris, die einst von Georg Friedrich Händel gespielt wurde. Doch dieses liebevoll restaurierte Instrument ist nicht das einzige überraschende Element im Inneren dieses beliebten Pubs und Restaurants in der ehemaligen St. Mary's Church auf der Jervis Street.

In seinem früheren Leben war dieses riesige Pub eine protestantische Kirche. Das 1702 erbaute Gebäude erhielt seinen Namen von dem einst nördlich der Liffey gelegenen mittelalterlichen Kloster und scheint vor allem das Werk William Robinsons zu sein, des Architekten, der auch das Kilmainham's Royal Hospital baute. St. Mary's war die erste Kirche Dublins mit einer Empore, auf der heute Restauranttische stehen, von denen man auf die lange Bar im Erdgeschoss und das Herzstück des Gebäudes, die Orgel aus dem 18. Jahrhundert, blickt. Abgesehen von ein paar abgesplitterten Tasten ist das Instrument weitgehend unverändert, seit Händel darauf gespielt hat. Der Komponist führte in Dublin seinen Messias zum ersten Mal auf und lebte einige Zeit in der nahegelegenen Abbey Street. Heute bilden die goldenen Pfeifen der vom englischen Meisterorgelbauer Renatus Harris (1652–1724) entworfenen Orgel den außergewöhnlichen Hintergrund für eine der größten Trinkhallen der Stadt. Restaurantgäste können direkt neben den Elfenbeintasten und Registerzügen sitzen, die Händel einst selbst bearbeitete („man weiß, dass er regelmäßig auf der Orgel geübt hat", heißt es auf der heutigen Website).

Die Kirche, die in den 2000er-Jahren renoviert wurde, enthält auch einige andere Kunstwerke. Da wäre eine Büste von Arthur Guinness, zur Feier seiner Vermählung hier im Jahr 1761 oder ein mit Portland-Stein umrahmtes Buntglasfenster. In die Taufbrunnen tropfte vielleicht das Wasser von den Augenbrauen Seán O'Caseys and Wolfe Tones, die zu den 25.000 Personen zählten, die in St. Mary's getauft wurden. Die Cellar Bar, eine Cocktail-Bar und eine Event-Location befinden sich heute in den ehemaligen Krypten. Holzdielen, die von der Empore in einen verglasten Turm führen, der mit dem Gebäude verbunden ist, wurden aus dem Adelphi Cinema gerettet. Vor seinem Abriss 1995 traten im Adelphi unzählige Legenden wie die Beatles, Johnny Cash und Roy Orbison auf. Ihre Namen sind hier aufgelistet.

DIE HIPPOKAMP-LAMPEN

13

Henry Grattans Hippokampi

Grattan Bridge, Dublin 2
Tara Street (DART; 15 Min. Fußmarsch); Jervis Street (Luas, Rote Linie; 5–10 Min. Fußmarsch); die Dublin-Bus-Haltestellen Nr. 312 und 1479 befinden sich ganz in der Nähe an den Kais

Die Dubliner nennen sie im Allgemeinen Capel Street Bridge, doch die Konstruktion aus Stein und Gusseisen, die sich zwischen der Capel Street und der Parliament Street über die Liffey spannt, ist eigentlich nach Henry Grattan (1746–1820) benannt. Sie stammt aus den 1870er-Jahren, als ihre Vorgängerin mit gusseisernen Stützen, Fußwegen auf beiden Seiten der Straße und hübschem Straßenmobiliar ausgestattet wurde, darunter einige der faszinierendsten gusseisernen Straßenlaternen der Stadt.

Die hellgrünen Lampen, in gleichmäßigen Abständen entlang des Geländers angebracht, werden jeweils von einem Paar gewundener Seepferde oder besser gesagt Hippokampi gestützt. Diese mächtigen Kreaturen mit dem Kopf und Vorderbeinen eines Pferdes sowie einem Fischschwanz kennt man aus der griechischen und römischen Mythologie, wo sie Poseidons und Neptuns Streitwagen ziehen. Der Name „Capel" weist aber auch eine auffällige Ähnlichkeit mit dem irischen Wort für Pferd (*capall*) auf. Wasserpferde gibt es auch in der keltischen Mythologie, wo formwandelnden Tieren wie dem Each-Uisce und dem Kelpie nachgesagt wird, Menschen in den Seen und Flüssen, in denen sie umhergeistern, in den Tod zu locken.

So eindrucksvoll die gusseisernen Hippokampi auch sein mögen, wahrscheinlich sind sie schlichtweg Symbole für Dublins Status als Hafenstadt. Einen Großteil des 18. Jahrhunderts war die Capel Street (benannt nach Arthur Capel, dem ersten Earl von Essex) Hauptverkehrsader und eine der angesagtesten Adressen. Damals lag das Zollhaus am Essey Quay, dort wo heute das Clarence Hotel steht und das Viertel, so schwer es heute auch vorstellbar ist, war voll mit Schiffen und Segeln. Einige Elemente der Brücke sind im Laufe der Jahre verschwunden, zum Beispiel eine Reiterstatue von George I. oder Kioske im kontinentalen Stil, errichtet in den 2000er-Jahren. Doch die Hippokampi haben überlebt.

Zwei ähnliche gusseiserne Hippokampi findet man rechts und links neben der Statue von Henry Grattan am College Green. Die von John Henry Foley gestaltete und 1874 errichtete Statue wurde ursprünglich von vier solchen Lampen flankiert, die jedoch vor einigen Jahrzehnten wieder entfernt wurden.

DIE KAPP-&-PETERSON-TAFELN 

Einfach in die Pfeife stopfen und rauchen

34a Bachelors Walk,
Dublin 2
Die grüne und rote Luas-Linie halten in der nahegelegenen O'Connell Street und Abbey Street; die DART-Haltestelle Tara liegt in der Nähe, und unzählige Buslinien verkehren in diesem Bezirk

Auch Dublin hat seine Geister. Und für diejenigen, die die visuellen Kleinigkeiten und Details des Stadtbildes faszinieren, gibt es glücklicherweise sogenannte Ghost Signs. Wie den schwarz-orangen Schriftzug „Bolands Flour Mills“, der über dem Grand Canal Dock thront und zwischen den modernen Bürotürmen irgendwie überlebt. Oder der geheimnisvolle Mosaik-Torbogen und der Schriftzug des Finn's Hotel an der Leinster Street South (siehe Seite 154). Diese kleinen Hinweise, ob zufällig oder absichtlich hinterlassen, zeigen das sich verändernde Stadtbild Dublins, die Unternehmen, Trends und Persönlichkeiten, die kamen und gingen, in einer Stadt, die beharrlich sie selbst bleibt und sich doch ständig verändert.

Betrachtet man die kleine Ladenfront am Bachelors Walk Nr. 34 etwas genauer, findet man einen weiteren Hinweis. Dort, unterhalb der modernen Schilder für das Dublin Cultural Institute, neben Starbucks, trägt ein Paar alter Holztafeln das Relief der Buchstaben „KP“. Was bedeuten sie? Woher stammen sie?

KP steht für Kapp & Peterson. Ältere Dubliner erinnern sich sicher an die berühmten Pfeifenmacher, eine echt viktorianische Marke, die einst zum Stadtinventar zu gehören schien und von den deutschen Brüdern George und Frederick Kapp, die 1865 einen Pfeifenladen in London eröffneten, gegründet wurde. Kurz danach zog Frederick alleine los und machte ein Geschäft in der Grafton Street auf, wo er sich mit Charles Peterson, einem jungen Letten, zusammentat. Charles war der Handwerksmeister, der einige der patentierten Designs entwarf und dessen Name bis heute überlebt. Es gibt einen Peterson-Pfeifenladen in der Nassau Street Nr. 48-49 („Charles verwandelte einen Pfeifentraum in eine Traumpfeife“, wie es in einem Werbevideo auf der Webseite heißt).

Kapp & Peterson zogen nach dem Aufstand von 1916 am Bachelors Walk ein: in einem Artikel von damals wird das Gebäude auf der Pipedia-Seite von Peterson (pipedia.org/wiki/Peterson) als „eines der Häuser in Dublin bezeichnet, das die meisten Einschusslöcher aufweist“. Blickt man von der O'Connell-Street-Seite nach oben, kann man einen größeren aufgemalten Kapp-&-Peterson-Schriftzug auf dem Dachvorsprung des Eckhauses erkennen. Bis vor kurzem war ein weiterer Schriftzug von der O'Connell Bridge und den südlichen Kais aus sichtbar – dieser scheint aber komplett verblasst oder entfernt worden zu sein.

Vielleicht macht es das Wesen der Ghost Signs aus. Selten geschützt, oft abhängig von den Launen der Unternehmen, der Mode oder der Zeit, weiß man nie, wo sie auftauchen – oder wieder verschwinden. In Dublin ist die Instagram-Seite @dublinghostsigns ein guter Ausgangspunkt für die Suche nach jenen, die noch da sind.

EINSCHUSSLÖCHER IM O'CONNELL MONUMENT

15

Ein Vermächtnis des Aufstands von 1916

O'Connell Street, Dublin 1
Tara Street oder Connolly Street (DART); Abbey Street (Luas, Rote Linie); die Dublin-Bus-Haltestellen Nr. 271, 273 und andere liegen in der Nähe an der O'Connell Street

Taubenkot und der Lauf der Zeit sind nicht das Einzige, was dem O'Connell-Denkmal zu schaffen macht. Sehen Sie sich die Statue von Daniel O'Connell auf seinem Granitsockel genauer an, die Bronzefiguren, die sich auf dem Fries darunter tummeln und die vier geflügelten Siegesgöttinnen rund um das Standbild. Sie sind mit dutzenden kleinen Löchern übersät, die von durch die Luft pfeifenden Kugeln verursacht wurden.

Die Einschusslöcher sind ein Erbe des Aufstandes von 1916 und den darauffolgenden Turbulenzen, wie dem Irischen Unabhängigkeitskrieg und dem Bürgerkrieg, der nach der Gründung des Freistaats 1922 ausbrach. Dort, wo die O'Connell Street und die Stadt-Kais aufeinandertreffen, war nicht nur verkehrstechnisch schon immer viel los. Während der letzten Restaurierungsarbeiten wurden allein in der zwölf Meter hohen Figur von O'Connell nicht weniger als zehn Einschusslöcher gezählt. Zwei davon in seinem Kopf. Insgesamt findet man in dem gesamten Denkmal etwa 30 Einschusslöcher.

Daniel O'Connell war eine von Irlands überragenden historischen Figuren. Nach seinem Tod 1847 beschloss das zuständige Komitee, dass das Denkmal „O'Connells Charakter und Werdegang in seiner Ganzheit abbilden sollte, von der Wiege bis ins Grab, gewissermaßen, um die gesamte Nation zu vereinen". Obwohl schon bald nach seinem Begräbnis ein Fonds eingerichtet worden war, wurde die Statue nach einem Entwurf von John Henry Foley erst 1882 offiziell enthüllt. O'Connell, der ganz oben auf dem Sockel steht, wird unten von vier geflügelten Siegesgöttinnen flankiert, die Patriotismus, Mut, Eloquenz und Treue darstellen. Dazwischen befindet sich ein Fries mit etwa 30 Figuren, darunter die *Maid of Erin*, auf deren Brust sich wohl die sichtbarsten Kugeleintritte befinden.

Was würde der „Große Befreier" wohl dazu sagen, dass sich seine Statue im Zentrum eines Kugelhagels befand? Tatsächlich waren Waffen nichts Neues für O'Connell. 1815 wurde er sogar von John D'Esterre, einem Mitglied der Dublin Corporation, zum Duell herausgefordert, bei dem D'Esterre durch einen Schuss in die Hüfte tödlich verwundet wurde. Es heißt, dass dieses Erlebnis O'Connell für den Rest seines Lebens verfolgte. Und zwar so sehr, dass er beim Empfangen der Heiligen Kommunion an seiner rechten Hand einen schwarzen Handschuh trug.

Natürlich trägt nicht nur Dublins prachtvollstes Denkmal O'Connells Namen. Die O'Connell Street selbst ist Dublins größte Prachtstraße und die Einschusslöcher sind nur eines ihrer vielen Geheimnisse.

DIE FASSADENUHR DES INDEPENDENT

16

Ein Zeitzeuge in der Middle Abbey Street

Independent House – Middle Abbey Street, Dublin 1
Tara Street und Connolly (DART; 5 bis 10 Min. Fußmarsch); Abbey Street (Luas, Rote Linie); die Dublin-Bus-Haltestellen Nr. 271, 310 und 4496 befinden sich ganz in der Nähe an der O'Connell Street

Obwohl die Postadresse des *Irish Independent* an der Talbot Street liegt, ist das Gebäude, das historisch mit der Zeitung assoziiert wird, das Independent House.

Das 1924 erbaute Gebäude war fast 80 Jahre lang die Zentrale des *Irish Independent*, des *Evening Herald* und des *Sunday Independent*, bevor die Gruppe übersiedelte. Es wurde 2003 verkauft und sollte einem Bericht der Irish Times zufolge Teil eines Einkaufsviertels namens Northern Quarter werden.

Doch wie so viele Pläne des „Keltischen Tigers" fiel auch dieser der Rezession zum Opfer. Heute gehört das Independent House dem Handelskonzern Primark, steht jedoch, trotz seiner gut erhaltenen Fassade, leider leer.

Obwohl die Zeitungen und ihre Mitarbeiter in die Talbot Street umgezogen sind (die Medien gehören heute dem Mediahuis Ireland, Teil eines in Belgien ansässigen europäischen Medienunternehmens), findet man noch einige nostalgische Elemente. So kann man zum Beispiel noch immer die Namen der Zeitungen auf der Fassade lesen. Bis vor kurzem waren auf Straßenhöhe noch kleine Briefkästen mit überstehenden Dächern angebracht. Diese wurden für Korrespondenzen, Kleinanzeigen und Gewinnspiele verwendet. Eine Reminiszenz an eine Ära, in der die Briefpost und nicht die sozialen Medien vorherrschte. Sieht man nach oben, kann man auch eine Uhr im Kupferrahmen erkennen, die mittig zwischen vier Halbsäulen hervorlugt und mit dem 3. Obergeschoß über eine gefährlich aussehende Zugangsbrücke verbunden ist. Scharfsichtige Beobachter (oder jene mit einem Fernglas) können vielleicht den Schriftzug „Stokes Cork" erkennen – die Firma, die sie herstellte. Heute steht die Uhr still, doch sie erinnert nostalgisch an die Zeit, als Telefone oder sogar Uhren noch nicht für jedermann erschwinglich waren. Weitere berühmte Uhren in Dublin findet man am Pen Corner in der Dame Street, am Happy Ring House in der O'Connell Street und natürlich in der Tara Street, wobei die Uhr der *Irish Times* im Gegensatz zu jener des Independent House mit der Zeitung von ihrem historischen Standort an der D'Olier Street zur aktuellen Adresse umgezogen ist.

The *Irish Independent* war nicht die erste Zeitung, die in der Middle Abbey Street erschien. Eine Bronzetafel an der Fassade desselben Gebäudes erinnert daran, dass dieser Häuserblock bereits *The Nation*, eine von Thomas Davis, Charles Gavan Duffy und John Blake Dillon 1842 gegründete nationalistische Zeitung, beherbergte. Was aus dem Independent House und seiner Uhr wird, bleibt abzuwarten. Sie ist auf jeden Fall denkmalgeschützt.

DAS GPO-MUSEUM UND SEIN INNENHOF

⑰

Das spirituelle Zentrum Dublins

GPO, O'Connell Street, Dublin 1
01-872-1916 – anpost.com/Witness-history
Dienstag bis Samstag 10–17 Uhr
An Feiertagen geschlossen (jedoch nicht an Brückentagen); geführte Touren möglich
Tara Street oder Connolly (DART; 10 Min. Fußmarsch); Abbey Street (Luas, Rote Linie; 2 Min. Fußmarsch); die Dublin-Bus-Haltestellen Nr. 4496 und 6059 befinden sich ganz in der Nähe an der O'Connell Street

Alle Dubliner kennen die legendäre Fassade des GPO. An diesem Ort verlas Padraig Pearse am 24. April 1916 die Proklamation der Republik Irland. Der Säulengang mit seinem Portikus aus Portland-Stein war das Einzige, was nach dem Osteraufstand vom Hauptpostamt (General Post Office) noch stand und spielte daher auch 100 Jahre später bei den Gedenkfeierlichkeiten Irlands eine zentrale Rolle.

Aber was ist mit dem weniger bekannten Innenhof des GPO? Um diesen zu besichtigen müssen Besucher ein Ticket für eines der neueren Besuchererlebnisse der Stadt, GPO Wittness History, erwerben. Doch die Investition lohnt sich.

Im Kellergeschoss des historischen Gebäudes taucht man mithilfe interaktiver Ausstellungselemente schnell in die Geschichten dieses kontroversen Aufstandes ein: angefangen bei seinem sozialen und politischen Kontext bis hin zu seinen bedeutsamen Folgen, seinen großen Namen und kleinen Momenten (zu den persönlichen Gegenständen zählen der Rasierer von Éamonn Ceannt und das ledergebundene Gebetbuch der Gräfin Markievicz). Ein 15-minütiger audiovisueller Erlebnisbericht erweckt die Umstände, die zum Aufstand führten, zum Leben, darunter auch die kulturelle Wiedergeburt und den Kampf um Autonomie. Die Ausstellung umfasst außerdem viele Touchscreens und Videokabinen.

In den anlässlich der Gedenkfeierlichkeiten von 2016 wunderschön umgestalteten Innenhof gelangt man, sobald man wieder im Erdgeschoss angekommen ist. Er beeindruckt mit seinen klaren Backsteinmauern und den aufwändig gestalteten, oben abgerundeten Schiebefenstern. Es scheint fast, als würde das Dach des GPO von der Edelstahlnadel „The Spire", die draußen 120 Meter über der O'Connell Street emporragt, aufgespießt werden.

Man kann sich die Pferde und Postkutschen, die einst diesen Hof passierten, lebhaft vorstellen. Eine sehr dezente Kunstinstallation von Barbara Knezevic umfasst 40 Steinbrocken, die sich in einer Edelstahlplatte spiegeln: *They Are of Us All* soll an die 40 Kinder erinnern, die während des Osteraufstands getötet wurden. Für einen flüchtigen Moment fühlt es sich inmitten eines so symbolischen Ortes an, als ob man im spirituellen Zentrum der Stadt angekommen wäre.

Diesen verlässt man natürlich durch einen Gift-Shop. Was die Anführer von 1916 zu den T-Shirts, Schlüsselanhängern und Geschirrtüchern gesagt hätten, die an ihren Kampf erinnern, werden wir nie erfahren. Punkten kann allerdings das helle und schöne Café. Trinken Sie einen Kaffee mit Blick auf den Innenhof, während die Menschenmengen die O'Connell Street auf und ab laufen und nichts von seiner Existenz mitbekommen.

DER SCHREIN DER TAXIFAHRER ⑱

Von ganz gewöhnlichen Dublinern errichtet

Cathal Bruga Street, Dublin 2
Abbey Street (Luas, Rote Linie; 5 Min. Fußmarsch) oder O'Connell Street (Luas, Grüne Linie; 5 Min. Fußmarsch); Tara Street oder Connolly (DART; 5–10 Min. Fußmarsch); Dublin-Bus-Haltestellen Nr. 4496 und 6059

Die Taxifahrer am nördlichen Ende der O'Connell Street gehören genauso unumstößlich zu Dublins Prachtstraße wie das GPO oder das O'Connell Monument. Zu jeder Tages- und Nachtzeit findet man hier eine Gruppe von Taxifahrern, die in einer Schlange gegenüber dem Savoy Cinema stehen, den letzten Tratsch austauschen, rauchen, Zeitung lesen oder hupen, um die Schlange dazu zu bringen, sich vorwärts zu bewegen.

Ein ebensolcher Fixpunkt, wenngleich weniger beachtet, ist die Jesusstatue, die bis vor kurzem den Beginn der Taxischlange kennzeichnete. (Nach Gleisarbeiten steht sie jetzt ganz in der Nähe auf der Cathal Brugha Street.) Auf einem Granitsockel, in einem PVC-Kasten, steht Christus mit ausgebreiteten Armen und dem Heiligen Herzen, das wie eine Blume in seiner Brustmitte erblüht. Er steht auf einem mit Sternen bemalten Stein. Sieht man genau hin, fallen einem nicht nur die Blutflecken auf seinen Handflächen auf, sondern auch die in einem hellen Pfirsichton bemalten Fußnägel.

Trotz des modernen Gehäuses steht die Christusfigur schon seit dem Bürgerkrieg hier, als die Kutscher der Pferdewagen dabei halfen, Waren und Möbel der in Brand gesteckten Geschäfte auf der O'Connell Street zu retten. Man erzählt sich, dass die geretteten Gegenstände in der Mitte der Straße gelagert wurden, damit sie die Ladenbesitzer dort abholen konnten. Doch niemand wollte das Heilige Herz zurückhaben. Die Fahrer holten einige Kisten aus der Moore Street und bauten einen temporären Schrein. Bis heute ist es das einzige Andenken an die Kämpfe in der O'Connell Street.

„May God bless the taxi driver's [sic], keep them safe and watch over them on there [sic] journey's [sic]" (Gott segne die Taxifahrer, und beschütze sie auf ihren Fahrten) steht auf der momentanen Gedenktafel geschrieben. „In Erinnerung an Eugene Lawlor, Standleiter, RIP."

Die Farben und die fragwürdige Grammatik brachten dem Schrein im Laufe der Jahre einige recht bissige Kommentare ein. Auch wenn er nie in der Saatchi Gallery stehen wird – je länger man ihn betrachtet, umso berührender wird er. Die Rechtschreibung ist so schlecht, dass sie die liebenswerte Ehrlichkeit des Ganzen noch unterstreicht. Es hat nichts Poetisches, nichts Heuchlerisches und die Christusstatue selbst ist bescheiden, im Gegensatz zu den Bronzefiguren von O'Connell, Parnell und anderen in der Umgebung – ganz zu schweigen vom 120 Meter hohen Dublin Spire.

„Ich dachte immer, es sei Teil einer affektierten modernen Kunstausstellung", postete ein Passant auf Yelp. „Eines Tages sah ich genauer hin. Es ist eigentlich ein sehr berührendes Denkmal … außerdem ist es schön, zu wissen, dass eine Gemeinschaft, wie die der Taxifahrer, ihre Werte im Herzen der Stadt vertreten sieht."

7

DIE TÜR AN DER ECCLE STREET NR. 7

Die berühmteste Tür der irischen Literatur

James Joyce Centre, 35 North Great George's Street, Dublin 1
01-878-8547 – jamesjoyce.ie
Dienstag bis Samstag 10–17 Uhr, Sonntag 12–17 Uhr
Tara Street und Connolly (DART; 10 Min. Fußmarsch); die Dublin Busse 120, 4, 40b, 40d, 7, 7d und 8 halten an der Haltestelle Nr. 4725

Hinter der Pforte der North Great George's Street Nr. 35 findet man einen lokalen literarischen Schatz: das James Joyce Centre. Doch eine noch interessantere Türe befindet sich im Hinterhof.

Eccles Street Nr. 7 war der fiktive Wohnort von Leopold Bloom, dem Hauptprotagonisten in James Joyce' *Ulysses*. Obwohl Joyce selbst 1909 nur eine Nacht an dieser Adresse verbrachte, spielt sie im Roman eine wichtige Rolle. Hier lernen wir Bloom kennen, wie er für seine Frau Molly ein Frühstück im Bett vorbereitet. Von hier aus nimmt er seine Streifzüge durch die Stadt in Angriff und hierher kehrt er in den frühen Morgenstunden zurück und vergisst bekanntermaßen seinen Hausschlüssel.

1909 war Joyce Zeuge, wie sein Freund John Francis Byrne, der in der Nr. 7 wohnte, ganz ähnlich über das Geländer kletterte, weil er seinen Schlüssel vergessen hatte. Dieses Ereignis beeindruckte Joyce offensichtlich: Byrne und Bloom sind gleich groß und gleich schwer.

Heute steht die Tür zur Nr. 7 unter einem Vordach. Die Kulisse ist nicht gerade berauschend, doch zumindest gibt es eine Kulisse. In den 1960er-Jahren wurde die Häuserreihe, zu der Eccles Street Nr. 7 gehörte, abgerissen, um Platz für einen Anbau des Mater Private Hospital zu schaffen. Die Tür wurde von Patrick Kavanagh, Flann O'Brien und John Francis Ryan, dem Besitzer des Bailey Pubs gerettet. Es heißt, die Verhandlungen rund um den Kauf der Tür scheiterten beinahe, als die Nonnen, denen das Grundstück gehörte, von ihrer Verbindung zu „diesem heidnischen Autor" hörten. Doch die Transaktion wurde durchgeführt, und die Tür wurde ins Bailey gebracht, wo sie blieb, bis sie dem James Joyce Centre gespendet wurde. Heute gibt die wieder in ihren Steinrahmen eingebettete Tür ein eher trauriges Bild ab. Türklopfer und -knauf sind rostig, die Farbe abgesplittert, das Holz teilweise rissig – kaum angemessen für die berühmteste Eingangstür der irischen Literatur. Doch es gibt in seiner Heimatstadt kein berührenderes Andenken an „die Mummy und den Daddy" der irischen Literatur (so nennt Frank McGuinness Joyce in einem Video im Obergeschoss).

DER SCHREIBTISCH VON JAMES GANDON ⑳

Wo die Wahrzeichen Dublins entworfen wurden

Besucherzentrum des Custom House, Custom House Quay, Dublin 1
heritageireland.ie
Täglich 10–17.30 Uhr
Die DART-Stationen Connolly und Tara Street liegen weniger als 5 Min. zu Fuß entfernt; die Dublin-Bus-Haltestelle Nr. 407 befindet sich gleich davor

Gandon (1742–1823), ein in England geborener Architekt, entwarf mehrere von Dublins berühmten Gebäuden – darunter das Four Courts, das King's Inns, die O'Connell Bridge (später Carlisle Bridge) und das Custom House. Hier geht es um die Geschichte Dublins ab dem späten 18. Jahrhundert und jene des Gebäudes selbst – sicherlich die größte der an

diesem Schreibtisch in Angriff genommenen Herausforderungen.

Das Zollhaus sollte die Schiffsstaus weiter oben auf der Liffey verringern. Davor lag Dublins „Stadtzentrum" flussaufwärts nahe der Grattan Bridge, die die Capel mit der Parliament Street verbindet. Zu dieser Zeit war sie die letzte Brücke vor der Irischen See, und das Zollhaus lag parallel dazu am Fluss. Für Gandons neues Gebäude gab es zahlreiche Herausforderungen. Es sollte auf sumpfigem Boden gebaut werden und die Kaufleute, die eine Verlagerung der Stadtachse fürchteten, leisteten Widerstand. „Beim Graben der Fundamente erschien am Himmel über Dublin ein Komet", heißt es an einer Stelle. „Man sah ihn nachts fast zwei Wochen lang und viele hielten ihn für ein schlechtes Omen."

Trotz alledem wurde das Gebäude bis 1791 fertiggestellt, mit Details wie in die Fassade gehauenen Flussgöttern von Edward Smyth, einem Bildhauer, den Gandon auf eine Stufe mit Michelangelo stellte. Die Erfolge von Gandon selbst, der sich in der ersten Zeit nach seiner Ankunft bedeckt halten musste (und der Irland während des Aufstandes 1798 eine Zeitlang verließ), wurden über die Zeit wertgeschätzt. Eine Inschrift auf seinem Grab in Drumcondra lautet: „Gandon wurde von Nachbarn und Freunden in und um seine Heimatstadt Lucan so sehr geachtet, dass sie am Tage seines Begräbnisses auf Kutschen verzichteten und die 26 Kilometer nach und von Drumcondra zu Fuß zurücklegten."

130 Jahre nach Fertigstellung des Custom House geschah etwas, was dieser Komet womöglich andeuten wollte. 1921, während des Unabhängigkeitskrieges, setzte ein Freiwilligen-Korps der IRA das Gebäude (das laut dem Republikaner Oscar Traynor „das administrative Herz des britischen Beamtenapparats" war) in Brand. Es war ein Propaganda-Coup, der aber auch neun Todesopfer forderte und das Gebäude und alle Aufzeichnungen zerstörte. Außerdem wurden viele Freiwillige festgenommen. Nachdem es bis 1930 wieder restauriert worden war, beherbergt es heute das Ministerium für Wohnungswesen, Kommunalverwaltung und Kulturerbe.

CUSTOM HOUSE QUAY

FREE FLOW

Eine heimliche Annäherung an das Meer

North Wall Quay, Docklands von Dublin
Tara Street (DART; 10 Min. Fußmarsch); George's Dock (Luas, Rote Linie; 5–10 Min. Fußmarsch); die Dublin-Bus-Haltestellen Nr. 6252 und 2499 befinden sich ganz in der Nähe auf der Sean O'Casey Bridge

Die Docklands von Dublin sind nicht unbedingt der Ort, den man in dieser Stadt mit Kunst in Verbindung bringt. Doch findet man entlang der Kais überraschend viele öffentliche Kunstwerke.

Ein Hafenarbeiter aus Bronze zieht am City Quay an einem Seil. Lichtreflektierende Pailletten umhüllen eine Installation des Energielieferanten Bord Gáis in der Nähe der 3Arena, die an die bunten Frachtcontainer, die einst typisch für den Fluss Liffey waren, erinnert. Und Rowan Gillespies *Famine* beherrscht den Custom House Quay.

Doch am meisten überrascht Rachel Joynts *Free Flow* (2005), eine Installation aus hunderten kleinen, von innen beleuchteten Glasbausteinen, die auf den nördlichen Kais, zwischen dem Custom House und North Wall, angebracht wurden. Zu weiteren öffentlichen Werken von Joint in Dublin zählen *People's Island* (1988), eine Sammlung von in Bronze gegossenen Fuß- und Vogelspuren auf einer geschäftigen Verkehrsinsel auf der O'Connell Bridge und *Arc Hive* (2003), mehrere wabenartige Gitter, die in den Boden der Pearse Street Library eingelassen sind. *Free Flow* vermittelt denselben Entdeckergeist und dieselbe Liebe zum Detail. Es ist eine Skulptur, über die man zufällig stolpert, die Passanten dazu anhält, sich zuerst mit dem Gehweg und dann mit dem gesamten Ort zu beschäftigen. Über den gesamten North Wall Quay verteilt verbergen die Leuchtkörper hunderte Silber- und Kupferfische, die in einem Lichtkegel aus Edelstahl ausharren. Die Lampen selbst leuchten in blassen Grün- und Blautönen, die „eine beinahe heimliche Annäherung an das Meer" suggerieren sollen, wie die Künstlerin es ausdrückt. Sie erinnern an *Starboard* (2001), Joynts durchscheinenden Schiffs-Querschnitt auf dem Gregg's Quay in Belfast sowie an *Mothership* (1999), ihren aus Bronze gegossenen Seeigel in Sandycove.

Bei ihren öffentlichen Werken steht der Entdeckergeist „im Vordergrund", erklärt Joynt. „Ich möchte nicht, dass die Leute auf einem Schild lesen, was sie tun sollen", erklärt sie in einem Artikel in der *Irish Arts Review*. Und genau deshalb ist *Free Flow* ein solch herrlich unerwartetes Erlebnis.

DIE FIVE LAMPS

Hang yer bollix off it!

An der Kreuzung Portland Row & Strand Street, Dublin Connolly (DART; 5 Min. Fußmarsch); Connolly (Luas, Rote Linie; 5 Min. Fußmarsch); die Dublin-Bus-Haltestellen 516 und 619 befinden sich ganz in der Nähe

Auf den ersten Blick besteht kaum ein Zweifel daran, wie die Five Lamps zu ihrem Namen kamen. Die Sehenswürdigkeit steht an einer geschäftigen Kreuzung im Norden des Stadtzentrums, und die fünf Lampen, die aus ihrer gusseisernen Säule wachsen, spiegeln die fünf Straßen Portland Row, North Strand Road, Seville Place, Amiens Street und Killarney Street wider, die hier zusammen-laufen.

Es ist ein wichtiger Referenzpunkt für Richtungsangaben hier in der Gegend. „Gehen Sie an den Five Lamps vorbei", hört man häufig. Oder: „Es ist nicht weit von den Five Lamps entfernt."

Freunde, Sportmannschaften, Laufgruppen und viele andere haben dieses Wahrzeichen als Treffpunkt gewählt. Ein Kunstfestival in der Stadt und eine Brauerei wurden danach benannt, und es heißt, dass niemand, der nördlich der Five Lamps geboren wurde, sich als echter Dubliner bezeichnen darf. Andere weisen gerne auf den schwarz-goldenen Laternenpfahl hin, bevor sie einen der bekanntesten Kraftausdrücke der Stadt loswerden: „Hang yer bollix off it" (in etwa: „Verpiss dich auf die Five Lamps").

Doch die im späten 19. Jahrhundert errichteten Five Lamps sind mehr als ein Hinweis auf die fünf Abzweigungen der Kreuzung. Ursprünglich dienten sie als Denkmal für General Henry Hall, einen gefeierten Veteranen der Indienfeldzüge der britischen Armee. Wie Christine Casey in *Dublin* (Yale University Press, 2005) schreibt, soll Hall „unter dem wilden Stammesvolk der Imhairs ein Regiment rekrutiert haben, das er zivilisierte, indem er sie dazu veranlasste, ihre Gewohnheit des Mordens und der Kindstötung aufzugeben." Später ließ er sich in Galway nieder, und das Denkmal soll an die fünf entscheidenden Schlachten erinnern, die er auf dem Subkontinent geschlagen hatte. Die Five Lamps überlebten die Auswirkungen einer weiteren großen Schlacht im Jahr 1941, als die deutsche Luftwaffe Dublins North Strand bombardierte. Einen kleinen Gedenkpark für die 28 Toten und 90 Verletzten dieses schicksalshaften Vorfalls findet man gemeinsam mit einem bunten Wandgemälde auf der nahen Amiens Street.

Werfen Sie einen genaueren Blick auf die Löwenköpfe am Laternenpfahl. Diese stammen aus einer Zeit, als zur ursprünglich mit Gas beleuchteten Laterne noch ein Brunnen gehörte. Wasser sprudelte aus den Löwenmäulern in vier Becken rund um den Sockel. Trinkbecher waren an die Konstruktion gekettet und sowohl Menschen als auch Pferde freuten sich über einen kühlen Schluck im Vorbeigehen. Obwohl der elegante Laternenpfahl noch immer hier steht, wirkt er heute, umgeben von einem hässlichen Wirrwarr aus Videoüberwachungsmasten, Ampeln und Straßenschildern, etwas verloren. Ganz zu schweigen von der Mischung aus verfallenen Gebäuden und reizlosen modernen Wohn- und Geschäftshäusern, die ihn umgibt.

DER ROYAL CANAL UND DAS COTTAGE DES SCHLEUSENWÄRTERS

23

„The Auld Triangle went jingle jangle"

Newcomen Bridge, North Strand Road, Dublin 1
Connolly (DART; 10–15 Min. Fußmarsch); Connolly (Luas, Rote Linie; 10–15 Min. Fußmarsch); die Dublin-Bus-Haltestellen Nr. 516 und 618 befinden sich an der North Strand Road

Früher einmal waren die Kanäle die Autobahnen Irlands. In ihrer Glanzzeit wurden auf dem Royal Canal und dem Grand Canal jedes Jahr zehntausende Passagiere und hunderttausende Tonnen Fracht mit von Pferden gezogenen Kähnen transportiert. Mit der Zeit wurden diese wasserreichen Verkehrsadern von Schienen und Straßen verdrängt, und heute haben sie unterschiedliche Bestimmungen. Der Grand Canal ist in Dublin auf seinem Abschnitt bis zur Liffey eine idyllische Grünfläche, mit Skulpturen und Radwegen, doch der Royal Canal ist wie ein vergessenes Kind. Seit seiner Schließung geht die Restaurierung nur schleppend voran.

Der Royal Canal entstand 1789, doch aufgrund einer Fehlplanung erreichte er den Fluss Shannon erst 27 Jahre (und 47 Schleusen) später. Am Spencer Dock, das von der Midland Great Western Railway Company gebaut wurde, mündet er in den Fluss Liffey. An der ersten Schleuse findet man jedoch ein weiteres historisches Bauwerk. Direkt unter der Newcomen Bridge auf der North Strand Road, ein paar Meter vom riesigen Croke-Park-Stadion entfernt, steht das Zwei-Zimmer-Cottage des Schleusenwärters aus den 1790er-Jahren. Vor nicht allzu langer Zeit mietete eine Familie das Cottage, das seitdem mit viel Liebe instandgehalten wird. Saubere weiße Farbe, bunte Blumen und Fensterläden aus Holz erfreuten die Passanten. Als wir kürzlich dort Halt machten, war es unbewohnt und Waterways Ireland erwog Optionen für eine zukünftige Nutzung. Aber wenn man das umliegende Wirrwarr an Werbetafeln, Schienen und Wohnbauten ausblendet, sieht es hier wahrscheinlich fast genauso aus, wie vor 200 Jahren, als die Wärter, die im Cottage lebten, die Tore, Balken und die Kammer der Doppelschleuse betreuten.

Ab der Newcomen Bridge kann man dem Kanal Richtung Westen nach Ashtown folgen. Die Landschaft entlang der Route ist manchmal üppig grün und dann wieder öde und unwirtlich, insbesondere wenn man an den Mauern des Mountjoy Gefängnisses vorbeikommt. Das ist auch der Ort der Handlung von Brendan Behans berühmten Lied *Auld Triangle* (*die alte Triangel*) „going jingle jangle / All along the banks of the Royal Canal" (tönt, bimmel, bammel, entlang des Ufers des Royal Canal). Spaziert man an den Tribünen des Croke-Park-Stadions vorbei, kann man sich die mitreißende Darbietung von Bono und The Edge bei der 360°-Tour von U2 gut vorstellen, die die Ballade ihrem vielleicht besten Interpreten, Ronnie Drew von den Dubliners, widmeten.

EIN MORD UND DAS GAA MUSEUM ㉔

Von einem Mord beim Hurling bis zu Muhammad Alis Shorts

Croke-Park-Stadion, Eingang Cusack Stand (an der St Joseph's Ave.)
01-819-2323 –crokepark.ie
Montag bis Samstag 9.30–17 Uhr, Sonntag 10–17 Uhr
Connolly (DART; 15–20 Min. Fußmarsch); die Dublin-Bus-Haltestellen Nr. 499 und 500 befinden sich ganz in der Nähe an der Summerhill Parade

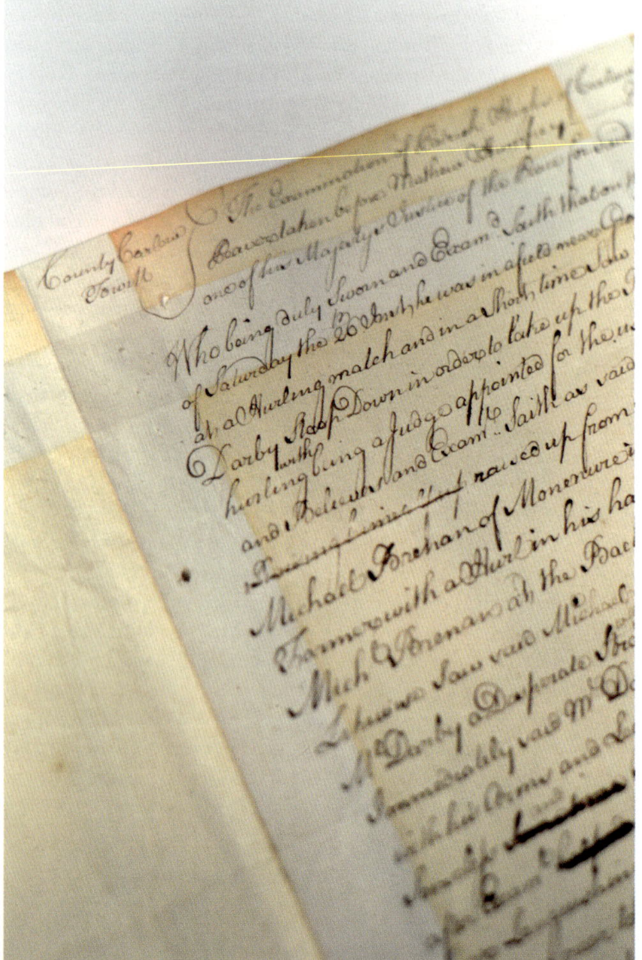

County Carlow
Town

Who being duly Sworn and Exam. Saith that on
of Saturday the 26
at a Hurling match and in a short time
Darby
Down in order to take up the
hurling being a judge appointed for the
and Believes and Exam. Saith as said
raised up from
Michael Brehan of
Farmer with a Hurl in his ha
Mich Brenan at the
Saw said Michael
a Desperate
Immediately said

„Es sieht irgendwie aus, als gäbe es eine ordentliche Schlägerei auf dem Spielfeld“, witzelte einst Hurling-Kommentator Micheál Ó hEithir – auch wenn dabei meistens niemand ums Leben kommt.

Meistens. Croke Park ist Irlands Kathedrale des Sports und fasst 82.300 Personen, und obwohl Meisterschaftsspiele hier zu den Highlights gehören, dreht sich hier nicht alles um das Live-Geschehen.

Die genialen Stadionführungen und Rundgänge auf dem Dach machen jenen im Nou Camp (Barcelona) oder Old Trafford (Manchester) durchaus Konkurrenz. Und tief unter der Cusack-Tribüne versteckt befindet sich das GAA-Museum, das wirklich einen größeren Bekanntheitsgrad verdient hätte. Die Ausstellung umfasst historische Gegenstände (zum Beispiel Michael Cusacks Schläger aus Schwarzdorn oder die Pfeife des Schiedsrichters vom Tag des Bloody-Sunday-Massakers 1920) sowie berühmte Trikots und Medaillen. Es gibt eine Hall of Fame und interaktive Sportwettbewerbe und die echten Liam-McCarthy- und Sam-Maguire-Pokale. Im Croke Park werden auch andere Sportarten ausgetragen, wie die Shorts und Handschuhe von Muhammad Ali beweisen, die er 1972 bei einem Kampf gegen Al „Blue“ Lewis trug.

Inmitten von alledem ist ein gelbes Dokument ausgestellt, eine handgeschriebene Zeugenaussage zu einem Prozess von 1785. Es gibt die Handlungen eines gewissen Michael Brennan bei einem Hurling Match in der Provinz Laois in eben diesem Jahr wieder. Brennan „tauchte hinter dem Rücken von Patrick McDarby auf, und mit der flachen Seite seines Schlägers ... schlug er ihm in einem Verzweiflungsakt auf den Kopf,“ heißt es in der Aussage. „McDarby fiel mit dem Gesicht und mit ausgestreckten Armen und Beinen nach vorne auf den Boden … Nach ein paar Minuten waren Leute bei ihm und drehten ihn auf den Rücken. Er war blutüberströmt und ich hörte, wie einige sagten, dass er tot sei und nicht wieder aufstehen würde.“ Glücklicherweise tragen die Athleten heute Helme.

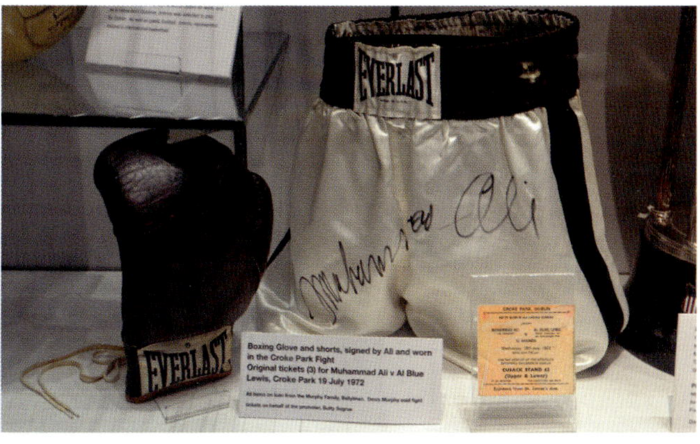

Südliches Zentrum

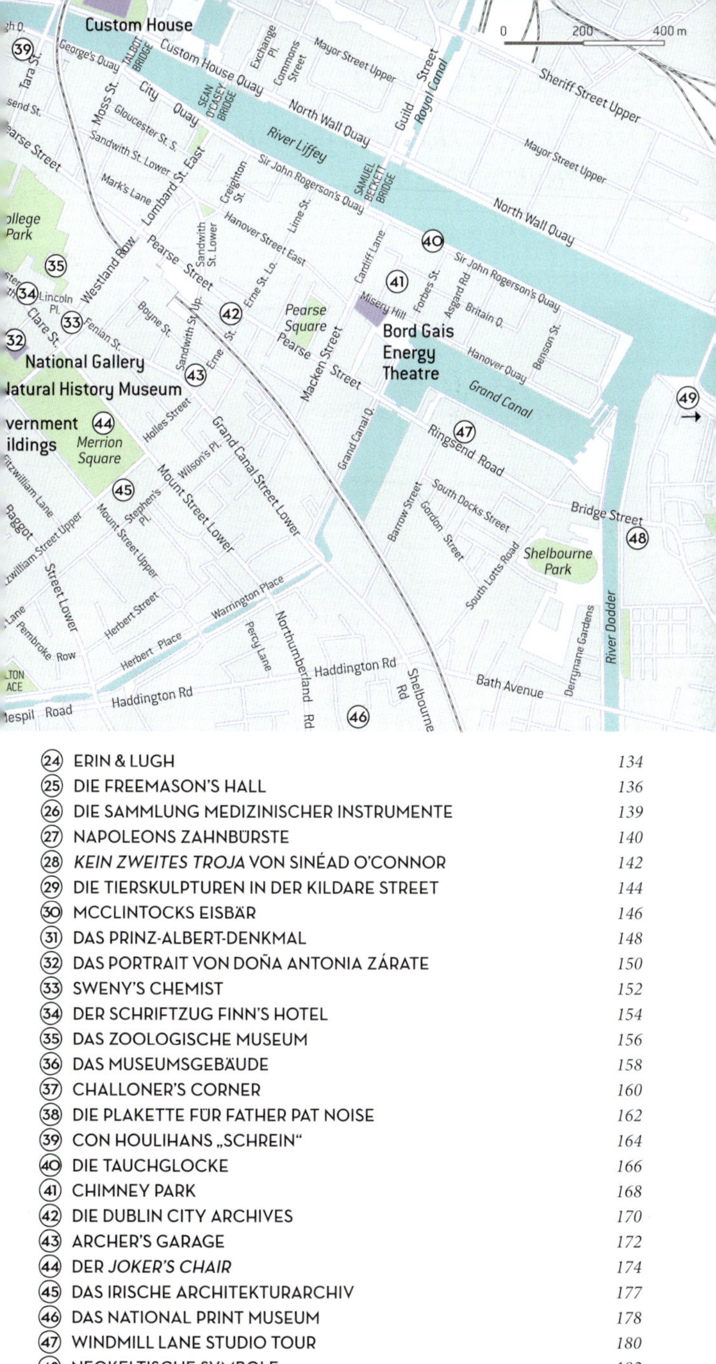

Custom House
0
200
400 m
George's Quay
TALBOT BRIDGE
Custom House Quay
Exchange Pl.
Commons Street
Mayor Street Upper
Guild Street
Royal Canal
Sheriff Street Upper
Tara St.
City Quay
SEAN O'CASEY BRIDGE
North Wall Quay
Moss St.
Gloucester St. S.
River Liffey
Mayor Street Upper
Pearse Street
Sandwith St. Lower
Lombard St. East
Sir John Rogerson's Quay
SAMUEL BECKETT BRIDGE
Mark's Lane
Creighton St.
North Wall Quay
College Park
Hanover Street East
Lime St.
Sandwith St. Lower
Westland Row
Pearse Street
Cardiff Lane
Sir John Rogerson's Quay
Lincoln Pl.
Erne St. Lo.
Forbes St.
Asgard Rd
Britain Q.
Misery Hill
Clare St.
Fenian St.
Boyne St.
Sandwith St. Up.
Erne St.
Pearse Square
Bord Gais Energy Theatre
Benson St.
National Gallery
Pearse Street
Macken Street
Hanover Quay
Natural History Museum
Grand Canal
Government Buildings
Holles Street
Merrion Square
Grand Canal Street Lower
Grand Canal Q.
Ringsend Road
Wilson's Pl.
Fitzwilliam Lane
Mount Street Lower
Stephen's Pl.
South Docks Street
Barrow Street
Gordon Street
Bridge Street
Baggot
Fitzwilliam Street Upper
Mount Street Upper
South Lotts Road
Shelbourne Park
Street Lower
Herbert Street
Warrington Place
Northumberland Rd
Percy Lane
Derrynane Gardens
River Dodder
Pembroke Row
Herbert Place
Haddington Rd
Shelbourne Rd
Bath Avenue
Haddington Rd
Mespil Road

ISOLDE'S TOWER

①

Das verborgene Herzstück der mittelalterlichen Verteidigungsanlagen

Exchange Street Lower, Dublin 8
Tara Street (DART; 5–10 Min. Fußmarsch); Dublin-Bus-Haltestelle Nr. 1443; Jervis Street (Luas; Rote Linie, 5–10 Min. Fußmarsch)

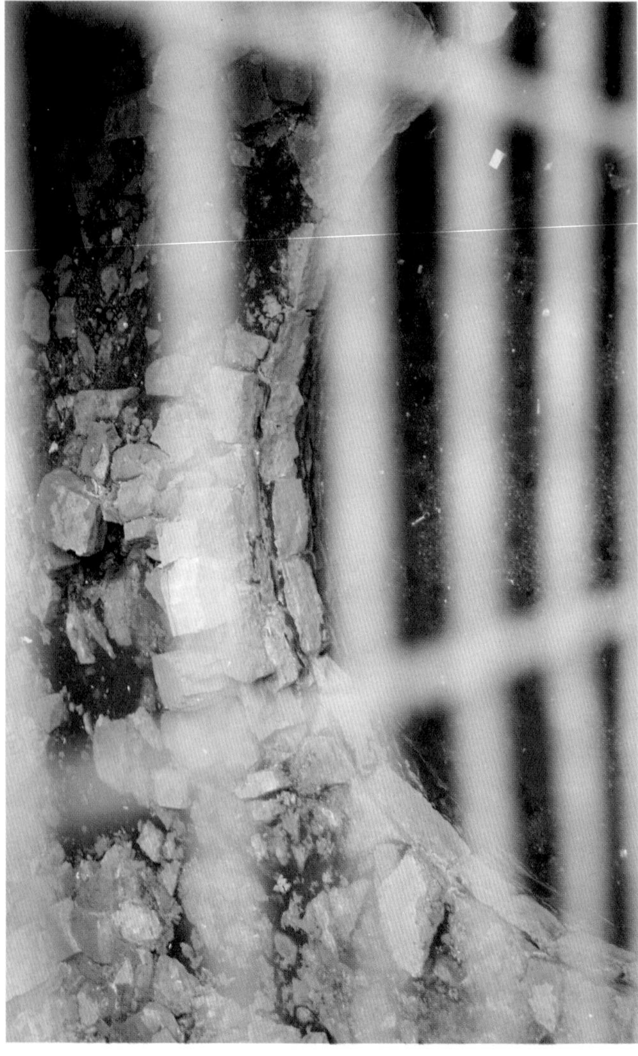

Eine typisch irische Lösung für ein irisches Problem: Beim Bau eines neuen Wohnhauses wurde ein Fundament der Stadtmauer Dublins aus dem 13. Jahrhundert entdeckt. Was macht man? Na ja, wenn man eine solch bemerkenswerte Ausgrabung macht, baut man einfach um sie herum und über sie hinweg. Die vergessenen Überreste können Passanten dann in einem feuchten Kellerschacht durch ein rostiges Metallgitter besichtigen.

Doch trotz des beschämenden Ambientes zieht einen Isolde's Tower in seinen Bann. Je länger man in die Dunkelheit starrt, desto mehr Details erkennt man. Die 1933 während einer archäologischen Grabung im Auftrag der Temple Bar Properties entdeckten Fundamente gehören zu einem Turm, der Teil einer Erweiterung der Stadtmauern im anglonormannischen Dublin war. Der Turm ist vier Meter breit, und obwohl die verbliebenen Steine kaum halb so hoch sind, bekommt man doch einen Eindruck vom Ausmaß eines möglichen, vom Fluss Liffey ausgehenden Angriffs. In seiner Glanzzeit spiegelte sich der zwölf Meter hohe Turm im Fluss und diente als erste Verteidigungslinie sowie zur grausigen Zurschaustellung von aufgespießten Verbrecherköpfen. Neben einer Vielzahl Töpferwaren aus der frühen Neuzeit wurden bei den Ausgrabungen im Flussschlamm einige Schädel gefunden.

Isolde's Tower ist nach der Tochter von König Aonghus benannt, der im 6. Jahrhundert regierte. Die Legende von Tristan und Isolde basiert auf ihrer unglücklichen Liebe zu einem englischen Grafen. Der Turm wurde im 17. Jahrhundert abgerissen. Eine weitere Epoche, in der die mittelalterlichen Mauern Dublins der „modernen" Entwicklung im Weg standen. Seine Fundamente wurden erst bei Grabungen für den seelenlosen Wohnbau entdeckt, in dessen Tiefen sie sich heute auf der Exchange Street Lower verbergen. Der Stadt, die hier keine Befugnisse besitzt, sind die Hände gebunden. Sie kann seinen Verfall nicht verhindern. Der Zugang wird regelmäßig von Mülltonnen blockiert, ein vom Künstler Grace Weir entworfenes Geländer ist dem Rost ausgeliefert. Der Turm selbst wird regelmäßig überschwemmt. Seufz!

DIE SUNLIGHT-CHAMBERS-RELIEFS ②

Die Geschichte der Seife

Parliament Street & Essex Quay, Dublin 2
Tara Street (DART; 5 Min. Fußmarsch); Jervis Street (Luas, Rote Linie; 5 Min. Fußmarsch); die Dublin-Bus-Haltestellen Nr. 1443, 1479 und 2912 befinden sich ganz in der Nähe

Stellt man sich an die südöstliche Ecke der Grattan Bridge und blickt zurück zur Ecke Parliament Street und Essex Quay, fühlt man sich in das Italien der Kaufmannsdynastien versetzt, sofern man die rumpelnden Busse und den grauen Himmel ausblenden kann.

Das gegenüberliegende Gebäude, die 1901 erbauten Sunlight Chambers, ist eines der ungewöhnlichsten in Dublin. Es wurde von Edward Ould (dem Architekten von Liverpools Port Sunlight) im italienischen Stil entworfen und ist vor allem für seine Keramikreliefs bekannt: sonnige Farbtupfer, vom Bildhauer und Töpfer Conrad Dressler gestaltet. Aus der Ferne sehen sie wie antike Szenen aus. Aber nein – das Gebäude war die irische Zentrale der Lever Brothers, der britischen Seifen- und Waschmittelhersteller (Sunlight war damals eine ihrer Marken) und die Keramik-Kuriosität huldigt der Kunst des ordentlichen Schrubbens. Betrachtet man das Relief näher, sieht man wie Wäscherinnen Kleidung

säubern, Kaufleute um Öle und Duftmittel feilschen, Arbeiter Felder pflügen und Frauen Wasser aus Brunnen holen. „Die Geschichte der Seife“, wie das Relief genannt wird, ist das genaue Gegenteil des guten alten, schmutzigen Dublin.

Die Dachtraufen über den Reliefs heben das Gebäude von seinen Nachbarn ab. Das Dach ist mit Ziegeln gedeckt und Arkaden zieren die zwei oberen Stockwerke. Damals fanden die Sunlight Chambers allerdings nicht bei allen irischen Architekten und Baumeistern (Ould war Brite) Anklang. Die Zeitschrift *The Irish Builder* kürte es zum hässlichsten Gebäude Dublins. Das ist nun wirklich übertrieben, aber wie Lisa Cassidy in ihrem Blog *Built Dublin* schreibt, ist nicht alles an den Sunlight Chambers blitzsauber. Die durch Zwangsarbeit begünstigte Gewinnung von Palmöl in Belgisch-Kongo, einer Hauptzutat in den Lever-Brothers-Produkten, beschwört Bilder herauf, die nicht ganz so rosig sind, wie jene auf den Reliefs. Laut Jules Marchals Buch *Lord Leverhulme's Ghosts* (Verso, 2008), führte die Zwangsarbeit in den Kolonien zu einer Halbierung der Bevölkerung und somit zu mehr Toten als der Holocaust.

Heute residiert in dem Gebäude die Kanzlei M.E. Hanahoe, die es in den 1990ern sanieren ließ. Die Architekten Gilroy McMahon wurden beim Konservieren und Säubern des Steins und der Keramik als Berater hinzugezogen und trugen so zur schönen Farbgebung von heute bei.

DER FLUSS PODDLE

③

Dublins unterirdischer Fluss

Wellington Quay, Dublin 2
Tara Street (DART; 15 Min. Fußmarsch); Jervis Street (Luas, Rote Linie; 5–10 Min. Fußmarsch); die Dublin-Bus-Haltestellen Nr. 312 und 1479 befinden sich ganz in der Nähe an den Kais

Der Fluss Liffey ist Dublins bekanntester Wasserlauf, fließt durch das Stadtzentrum und teilt die Stadt in eine Nord- und eine Südhälfte. Doch es gibt auch noch andere Flüsse, darunter einen, der fast ausschließlich unterirdisch fließt: der Fluss Poddle.

Der beste Ort, um einen Blick auf Dublins scheusten Fluss zu werfen, ist die Promenade des Ormond Quay. Blickt man über die Liffey Richtung Wellington Quay, erkennt man eine kleine bogenförmige Öffnung in der Kaimauer, die hinter einem Tor verborgen ist, in dem sich Unkraut sammelt. Das ist die Hauptmündung des Poddle, dessen Rinnsal man am besten bei Ebbe aus dem Tunnel fließen sehen kann. Doch der Poddle war natürlich nicht immer verborgen. Im Mittelalter bildete der Fluss den Wassergraben rund um das Dublin Castle und traf sich dort, wo sich heute die Dubh Linn Gardens befinden, mit der Liffey in einem Gezeitenbecken. In diesem „schwarzen Becken", das der Stadt seinen Namen gab, dürften die Wikinger ihre Schiffe vertäut haben. Der Poddle, der in Cookstown entsprang und durch Tempelogue und Kimmage floss, bevor er das mittelalterliche Stadtzentrum erreichte, war eine wichtige Frischwasserquelle für die aufstrebende Stadt. Seine Mündung (das Gebiet rund um die Crane Lane und die Essex Street im heutigen Stadtteil Temple Bar) war Teil des Stadtbildes, bis er im frühen 17. Jahrhundert teilweise zugeschüttet und überbaut wurde.

Dieser verschlungene unterirdische Fluss ist für Dublins Erbe und seine Legenden von großer Bedeutung. 1592 half er Red Hugh O'Donnell aus dem Dublin Castle zu entkommen. Der Poddle soll auch der River Sáile aus der Ballade sein, die durch The Dubliners Berühmtheit erlangte. *Sáile* („Salach" ausgesprochen) ist irisch und bedeutet „schmutzig", was den Fluss ganz gut beschrieb, bevor er im 18. und 19. Jahrhundert vollständig überbaut wurde. Heute sind ganze vier Kilometer des Flusses überbaut und, obwohl nicht öffentlich zugänglich, kann man seinem Verlauf überirdisch von der Ship Street bis zur Palace Street folgen. Dort gabelt er sich, wobei ein Arm unter dem Olympia Theatre hindurchführt, bevor er sich wieder vereinigt und aus dem gemauerten Tunnel am Wellington Quay ins Freie fließt.

DIE GITARRE AM RORY GALLAGHER CORNER

④

Sie hat etwas von einem verblassten Tattoo

Temple Bar, Dublin 2
Tara Street (DART; 5–10 Min. Fußmarsch); die Dublin-Bus-Haltestelle Nr. 312 befindet sich ganz in der Nähe am Wellington Quay

Blues-Legende Rory Gallagher (1948–1995) hatte viele Fans, sowohl zu Lebzeiten als auch heute noch. Wenn auch Sie dazu gehören, könnten Sie eine Rory-Gallagher-Tour durch Irland machen. Da wären z. B. die Bronzestatue und die Tribute Festivals in seiner Heimatstadt Ballyshannon im County Donegal, sein Grab in Ballincollig im County Cork oder der Crowley's Music Shop, wo Gallagher seine berühmte Fender Stratocaster kaufte, ein Sunburst-Modell von 1961 (angeblich das erste in Irland).

Die Stratocaster ist inzwischen in der Obhut von Rorys Bruder, Donal Gallagher, doch eine Kopie hängt an einem recht ungewöhnlichen Ort: an der Mauer Ecke Meeting House Square und Essex Street im Stadtteil Temple Bar. Diese Kreuzung wird seit der Neugestaltung des Viertels Rory Gallagher Corner genannt, doch erst Mitte der 2000er-Jahre beantragten die Musikalienhändler Dublins, für den Musiker aus Donegal ein Denkmal zu errichten. Die Stadtverwaltung stimmte 2006 zu, und trotz der Befürchtung, dass Fans nicht widerstehen könnten, die Ecke mit Graffitis zu übersäen, wurde sie bisher mit Respekt behandelt.

Die Originalgitarre ist fast so berühmt wie der Blues-Musiker selbst. Gallagher kaufte seine Fender (Seriennr. 64351) gebraucht. Der erste Besitzer, ein Showband-Gitarrist, gab sie zurück, weil er sie in Rot bestellt hatte. „Sie war in einem guten Zustand, als ich sie kaufte, doch mittlerweile ist sie richtig abgenutzt, und hat etwas von einem verblassten Tattoo", sagte Gallagher später. „Eine Theorie besagt: Je weniger Farbe oder Lack auf einer Gitarre ist, egal ob akustisch oder elektrisch, desto besser. Das Holz kann so besser atmen. Aber das ist reine Psychologie. Ich mag einfach ihren Klang." Die Strat wurde 1961 aus einem Tourwagen gestohlen (der Diebstahl wurde in der Sendung Garda Patrol erwähnt), doch obwohl sie mehrere Tage in einem Graben lag, erlitt sie keine bleibenden Schäden.

Auf Gallaghers Website, rorygallagher.com, heißt es, dass die Abnutzung der Gitarre (die an der Straßenecke in Temple Bar detailgetreu in Bronze gegossen wurde) auch dem hohen Säuregehalt der seltenen Blutgruppe ihres Besitzers geschuldet ist. Wenn also Rory auf der Bühne schwitzte, und er schwitzte sehr viel, wirkte das wie ein Abbeizer." Fender hat mittlerweile ein Tribute-Modell dieses kostbaren Instruments auf den Markt gebracht.

DIE STEINMAUERN DES POWERSCOURT TOWNHOUSE

⑤

Der Stein, der eigentlich Holz ist

South William Street, Dublin 2
powerscourtcentre.ie
Montag bis Samstag 10–18 Uhr, Sonntag 12–18 Uhr
Pearse und Tara Street (DART; 10 Min. Fußmarsch; viele Buslinien halten ganz in der Nähe an der South Great Georges Street, und die Grüne Luas-Linie hält am Stephen's Green

Das Powerscourt Townhouse ist ein wahres Schatzkästchen. Es ist sowohl ein schickes Einkaufszentrum mit einigen der bezauberndsten Antiquitäten-, Mode-, Schmuck- und Kunsthandwerksläden der Stadt (und den besten Sandwiches), als auch ein Kulturjuwel, das bescheiden als „drittschönstes georgianisches Haus in Dublin“ gilt.

Erklimmt man die Granitstufen zur Eingangshalle (aus dem Steinbruch des Powerscourt Estates im County Wicklow), betritt man einen herrlichen Blumenladen. Hier offenbart ein Blick auf den Kilkenny-Marmor und -Kalkstein unter den Füßen der Besucher den einzigen Trompe-l'Oeil-Boden in Dublin. Danach geht es in den Design-Laden Article, wo sich ein Blick nach oben lohnt. Die Stuckdecke mit Arabesken zierte einst das Ankleidezimmer von Richard Wingfield, dem dritten Viscount Powerscourt (1744–1788). Jetzt folgt man der opulenten Treppe hinauf in den Innenhof, in legerem Rokokostil und dezentem Neoklassizismus gehalten. Das Geländerende ähnelt einem eingerollten Affenschwanz. Klopft man beim Emporsteigen mit den Knöcheln an die cremefarbenen „Steinwände“, verrät der hohle Klang das wahre Material – Holz.

Das Haus wurde 1770 als Stadtresidenz für den Viscount erbaut. Sein palladianisches Herrenhaus in Enniskerry war der Hauptsitz der Familie, doch während der „Saison“, der Zeit der Parlamentssitzungen, Bälle und Bankette, kamen sie nach Dublin. Das Stadthaus wurde nicht von einem Architekten entworfen, sondern vom Steinmetz Robert Mack (der gute Arbeit leistete) und umfasste ursprünglich im hinteren Bereich eine Gartenanlage sowie ein Observatorium im Dachgeschoss. Nach dem Act of Union beherbergte das Haus die Government Stamp Office (wörtlich: Stempelmarken-Büro) und Francis Johnson, der Architekt des Bauamts, der vor allem für das GPO in der O'Connell Street bekannt ist, gestaltete einen Zubau sowie den Innenhof. Weitere 100 Jahre war das Haus der Hauptsitz des Tuchhändlers Ferrier Pollock.

Das Gebäude ist heute ein wahrer Augenschmaus, wenn man bedenkt, wie viele der architektonischen Schätze Dublins verloren gingen bzw. von Projektentwicklern zerstört wurden. Ein Foto im Eingangsbereich zeigt den Innenhof 1978 – voller parkender Autos. Nur zehn Jahre später war er vollkommen verwandelt.

DAS „WHY GO BALD“-SCHILD ⑥

Bonos Lieblingswahrzeichen in Dublin

3 South Great George's Street, Dublin 2
Bushaltestellen Nr. 1934 und 7581; Tara Street (DART; 10 Min. Fußmarsch)

Dublins „Why go Bald"-Schild („Warum Glatze?") ist für die einen legendär und ein unersetzbares Stück Straßeninventar, während andere es gar nicht kennen. Tagsüber fügt es sich an dem Eckhaus in der Dame Lane in das Gewirr der Straßenschilder ein, erwacht aber nachts zum Leben, wenn grelle Neonlichter in Gelb, Rot und Orange aufleuchten und einen schlanken, blonden Mann offenbaren, der von blinkenden Nadeln umgeben zu sein scheint, die aus seinem Kopf entspringen oder in ihn hineinschießen. Wie es sich für Dublin gehört, ist das Bild gleichzeitig vollkommen banal und doch lachhaft reizend. Es zierte schon Poster und Drucke, kam in einem Werbespot für Electric Ireland vor, hatte sogar eine eigene Facebook-Seite und gilt als Bonos Lieblingswahrzeichen in Dublin. 2012, mitten in der irischen Finanzkrise, reihte das Magazin *Totally Dublin* es auf Platz 80 seiner Liste „200 Gründe Dublin nicht zu verlassen."

Hier heißt es: „Neben dem Bildschirm, der über dem Centra-Eingang Werbespots zeigt, ist das ‚Why Go Bald'-Schild auf der Dame Lane, das uns jeden Abend mit seinem Neonschein eine wichtige Frage stellt, Teil von Irlands Times Square."

Das Schild wurde in den frühen 1960ern von Taylor Signs als Werbung für die Universal Hair & Scalp Clinic hergestellt, die den ungewollt glatzköpfigen Bewohnern Dublins seit über 60 Jahren gute Dienste leistet. „Zuerst hatten wir mit dem Schild Probleme", erzählte Ann Goldsmith von der Klinik einmal der *Irish Times*. „Das Unternehmen meinte, es würde zu sehr ablenken, doch wir kämpften darum und erhielten schließlich die Erlaubnis."

Im Laufe der Zeit hatte es Auftritte in Filmen wie *Ein Mann ohne Bedeutung* und *Rita will es endlich wissen*, war aber in den 1990ern in einem äußerst schlechten Zustand, bevor eine Sanierung durch die Herstellerfirma es rettete. 1999 ging das Licht wieder an, ein Ereignis, über das in den Nachrichten berichtet wurde. In den letzten Jahren erhielt es auch bescheidene Förderungen im Rahmen des Built Heritage Investment Scheme (BHIS), einem staatlichen Fonds, der Eigentümer und Verwalter historischer und geschützter Bauten dabei unterstützt, ihre Immobilien instand zu halten.

So wie der Haaransatz eines Mannes, verändert sich auch das Schild. Zuerst sieht man den jungen Mann mit vollem Haar. Danach kommt es zur Katastrophe, als ein markanter Lichtbogen seinen Schädel umspannt. Letztendlich schließt sich der Erzählbogen mit einem hellen Schein (und einem breiten Lächeln). Das ist schrullig, clever, ein bisschen albern, absolut kitschig und mittlerweile Dublin pur.

Aber warum steht hinter der Frage kein Fragezeichen?

DAS STAG'S-HEAD- MOSAIK

7

Werbung, die nicht mit Geld zu bezahlen ist

Dame Court, Dame Street, Dublin 2
01-679-3687
louisfitzgerald.com (Stag's Head)
Tara Street (DART; 5–10 Min. Fußmarsch); St Stephen's Green (Luas, Grüne Linie; 5–10 Min. Fußmarsch); die Dublin-Bus-Haltestellen Nr. 1358 und 1278 befinden sich ganz in der Nähe

Ein recht spezieller Willkommensgruß erwartet einen auf dem Gehweg der Dame Street, wenn man an der kleinen, versteckten Gasse gegenüber der Central Bank vorübergeht. Ein buntes Mosaik mit einem Hirschkopf ist hier in den Bürgersteig eingelassen und ein deutlich sichtbarer, schwarzer Pfeil weist Richtung Dame Court. Folgt man dem Pfeil ins Ungewisse, landet man direkt vor dem Stag's Head Pub.

Obwohl es an dieser Straßenecke schon seit Anfang des 18. Jahrhunderts Kneipen gab, entstand das Stag's Head in seiner aktuellen Form im Jahr 1895. Damals plante der Geschäftsmann George Tyson einen viktorianischen Pub, der es „mit den besten dieser Art in London oder in jedem anderen Teil Englands aufnehmen konnte", wie Turtle Bunbury in *The Irish Pub* (Hames & Hudson) schreibt. Seine Stammgäste, eine bunte Mischung aus Zuwanderern, Trinity-College-Studenten, Theaterleuten und Anzugträgern der nahegelegen Börse, würden wohl sagen, dass er sein Ziel erreicht hat. Hinter der Backsteinfassade liegt eine herrlich opulente Zeitkapsel, mit einer Theke aus Aberdeen Granit, gepolsterten Sitzbänken, facettierten Spiegeln, alten Whiskeyfässern und einer gemütlichen Mahagonivertäfelung (im alten viktorianischen „Herrenzimmer"). Ach ja, und nur für den Fall, dass Sie vergessen haben, wo Sie sind: Über der Bar hängt ein riesiger Hirschkopf, in die Buntglasscheiben und Lampen des Pubs sind verschiedene bunte Tiere eingelassen.

Rund um das Stag's Head ranken sich natürlich auch Geschichten. So soll zum Beispiel einmal Quentin Tarantino nicht bedient worden sein, weil er zu sehr den Promi raushängen ließ. Doch er war nicht der einzige Hollywood-Star hier. Auch *Rita will es endlich wissen* (1983) und *Ein Mann ohne Bedeutung* (1994) wurden hier gedreht. Der Pub war sogar schon Motiv einer Briefmarke.

Das ursprüngliche Mosaik auf der Dame Street wurde in den 2000er-Jahren im Zuge von Sanierungsarbeiten entfernt, was durchaus Proteste hervorrief. Glücklicherweise wurde es wieder an seinen angestammten Platz retourniert, obwohl Kennern auffallen wird, dass es jetzt etwas weiter von der Gasse entfernt und dazu noch falsch herum sitzt. Auch der nicht sehr dezente Pfeil ist neu. Die Gasse ist so schäbig wie der Pub grandios (man kann dem Geruch nach Erbrochenem und Urin mit einem Umweg über die South Great George's Street umgehen). Doch wir wollen hier nicht über Details lamentieren. Am Ende des Regenbogens liegt ein Schatz, wie auch immer man dorthin gelangt.

DIE SICK & INDIGENT ROOMKEEPERS' SOCIETY

8

Dublins älteste bestehende Wohltätigkeitsorganisation

2 Palace Street, Dublin 2
roomkeepers.com
Tara Street (DART; 5–10 Min. Fußmarsch); St Stephen's Green (Luas, Grüne Linie; 15 Min. Fußmarsch); die Dublin-Bus-Haltestellen Nr. 1934, 1935 und 2003 befinden sich ganz in der Nähe

Das Ende des 18. Jahrhunderts galt als goldene Ära der Architektur in Dublin, war aber auch eine Zeit bitterer Armut. Viele Familien lebten unter furchtbaren Bedingungen, in Schmutz und Krankheit und mit wenig Aussicht auf Verbesserung, zusammengepfercht im Stadtzentrum.

The Sick & Indigent Roomkeepers' Society (wörtl.: „Gesellschaft für Kranke & Mittellose") wurde 1790 gegründet, um den Dublinern zu helfen, die krank oder ohne eigenes Verschulden mittellos geworden waren. In Ermangelung eines staatlichen Wohlfahrtsystems richteten engagierte Bürger, darunter Lebensmittelhändler, ein Schuldirektor, ein Steinmetz, ein Schreiner und ein Pfandleiher, einen Fonds ein, um den „schuldlos Verarmten", wie sie später in *The Irish Times* genannt wurden, Hilfeleistungen in Form von Brennmaterial, Miete, Werkzeugen oder Geräten zukommen zu lassen. Die Initiative war so erfolgreich, dass aus ihr eine der führenden Wohltätigkeitsorganisationen des 19. Jahrhunderts wurde. Sie organisierte Bälle und Abstinenz-Picknicks und siedelte 1855 in dieses eindrucksvolle Gebäude über, das nur ein paar Meter vom Fußgängereingang zum Dublin Castle auf der Palace Street entfernt liegt.

Das Gebäude selbst, das viele Dubliner, die darüber stolpern, überrascht, ist ein georgianisches Juwel und auf dieser Straße (bis auf das Schlossportal) der einzig überlebende Bau aus dem 18. Jahrhundert. Obwohl die Organisation in den späten 1990er-Jahren aus der Nr. 2 in ein kleineres Büro in der Leeson Street zog (heute residiert sie am Fitzwilliam Square), prangt ihr Name noch immer in eigentümlichen Lettern an der Fassade und ergibt einen auffälligen Kontrast zum gemütlichen Bistro Chez Max, das gleich daneben liegt. Neben seiner gemeinnützigen Geschichte war das Haus auch das ehemalige Heim des irischen Amtsarztes Robert Emmet, dessen gleichnamiger Sohn nach einer gescheiterten Rebellion 1803 hingerichtet wurde. 1921 wurde es vom britischen Militär besetzt, und vor kurzem konnte man seine ungewöhnliche Faszination im Namen einer Americana-Band aus Dublin wieder entdecken, The Sick and Indigent Song Club.

The Sick & Indigent Roomkeepers' Society ist die älteste, noch bestehende Wohltätigkeitsorganisation der Stadt, obwohl sie mittlerweile deutlich leiser tritt. Die Nr. 2 war auch das Heim des Architekturhistorikers und Malers, Peter Pearson, der maßgeblich an seiner Restaurierung beteiligt war.

DIE WANDMALEREIEN IM RATHAUS

9

Die verborgene Geschichte Dublins

City Hall, Dame Street, Dublin 2
01-222-2204 – dublincity.ie/dublincityhall
Montag bis Samstag 10–16 Uhr
Eintritt: frei
Tara Street (DART; 10 Min. Fußmarsch); die Dublin-Bus-Haltestelle Nr. 1934 befindet sich ganz in der Nähe an der Dame Street

Die meisten Städte erzählen ihre Geschichten in Worten. Und auch Dublin, eine der wenigen Literaturstädte der UNESCO, steht dem in nichts nach. Doch wussten Sie, dass Dublins Geschichte auch in Bildern festgehalten ist? Betritt man die runde Eingangshalle des Rathauses und blickt nach oben, erkennt man, sobald sich die Augen an das Licht gewöhnt haben, zwölf Felder unter der kunstvoll verzierten Kuppel, die historische Szenen und die Wappen der Provinzen zeigen.

Die Wandmalereien, die etwa 2,5 x 1,2 Meter groß sind, wurden 1913 von James Ward beauftragt.

Ward war Leiter der Dublin Metropolitan School of Art, und das Projekt bot seinen Studenten die Möglichkeit, praktische Erfahrungen zu sammeln. Die Stadtverwaltung stimmte unter der Bedingung zu, dass die Malereien einen Bezug zur Geschichte der Stadt haben müssten (was der Fall war). Acht etwas dunkle, figurative Bilder zeigen die wichtigsten Legenden und Szenen aus der Geschichte Dublins. Auf dem Gemälde *Die Iren stellen sich der Wikingerflotte entgegen, 841 n. Chr.* versammelt eine stoische Figur ihre Truppen um sich, als die skandinavischen Langschiffe herannahen. *Brian Boru spricht vor der Schlacht von Clontarf zu seiner Armee, 1014 n. Chr.* betont Irlands katholisches Erbe. Das Bild stellt Boru hoch zu Ross dar, der ein kleines Kruzifix trägt, auf dessen Holz ein blasser, zusammengesackter Jesus zu sehen ist. Boru selbst sieht wie Gandalf, der weiße Zauberer, aus.

Alle Motive haben mittelalterliche Themen, zweifellos, um politische Auseinandersetzungen zu jener Zeit zu vermeiden. Sie lassen aber natürlich Interpretationsspielraum zu. Es ist zum Beispiel nicht schwer, den Kampf gegen die eindringenden Wikinger als Anspielung auf die Konflikte unter englischer Herrschaft zu sehen. Das Rathaus ist nicht die Sixtinische Kapelle, doch je länger man sich in die Wandmalereien vertieft, desto vielschichtiger werden sie – auch wenn Wards Studenten das nicht immer so sahen. Tatsächlich soll ein junger Harry Clark, wie Philip McEvansoneya in *The Irish Arts Review* schrieb, die mühsame und zeitaufwändige Arbeit „gründlich satt“ gehabt haben.

Das Rathaus wurde zwischen 1769 und 1779 als Royal Exchange (königliche Börse) erbaut, ein Finanzplatz für die Händler der Stadt. Die Stadtverwaltung erwarb das Gebäude 1851, das danach unter anderem Schauplatz für die Begräbnisse von Charles Stewart Parnell und Michael Collins war und sogar vorübergehend die provisorische Regierung Irlands beherbergte. Im Kellergeschoss befindet sich die interaktive Ausstellung „The Story of the Capital“, die die Geschichte der Stadt von den Wikingern und Normannen bis zur Gegenwart aufarbeitet.

DIE STATUE DER JUSTITIA

(10)

Justitia ist blind – oder doch nicht?

Dublin Castle,
Dublin 2
Tara Street (DART; 10–15 Min. Fußmarsch); St Stephen's Green (Luas, Grüne Linie; 5 Min. Fußmarsch); die Dublin-Bus-Haltestelle Nr. 1934 befindet sich ganz in der Nähe

Eigentlich sind es nur ein paar wenige Dinge, die Justitia richtig machen muss. Als Personifizierung der Gerechtigkeit muss sie ein Schwert und eine im Gleichgewicht befindliche Waage halten, die Wahrheit und Gerechtigkeit symbolisieren. Sie sollte dem Volk zugewandt sein. Und sie wird oft mit verbundenen Augen dargestellt, was ihre Unparteilichkeit verdeutlicht sowie ihre Fähigkeit ein Urteil ohne Rücksichtnahme auf Klasse, Vermögen oder Identität zu fällen.

Warum also liegt Dublins gute alte Freundin so daneben? Justitia steht mit dem Rücken zur Stadt über dem Eingang zum oberen Innenhof des Dublin Castle, abseits der Castle Street, gleich neben dem Bedford Tower aus dem 18. Jahrhundert. Ihre Augen sind weit geöffnet. Wenn man genau hinsieht, kann man sogar erkennen, dass sich die Waage ganz leicht in eine Richtung neigt.

Es erweist sich, dass die Statue schon seit 1751, als John Van Nost sie im Auftrag der britischen Behörden anfertigte, umstritten war. „The Lady Justice, consider her station, her face to the castle, her arse to the nation" (dt.: „Die Dame Justitia, bedenke ihren Stand, ihr Gesicht zum Schloss, ihren Arsch zur Nation"), lautet eine beliebte Redensart. Und auch wenn sich die in eine Richtung geneigte Waage durch den Regen erklären lässt, der vom Arm der Statue in die Schalen tropft, ist das Pikante an der Sache, dass sie sich in Richtung Schloss neigt, in dem das Finanzamt untergebracht ist, wie der hervorragende Stadtblog *Come Here To Me* (comeheretome.com) verdeutlicht. Und es bleibt von den Dublinern auch nicht unbemerkt, dass Justitia sowohl zum historischen Verwaltungszentrum der Stadt als auch zum Tribunal des Untersuchungsausschusses für korrupte Politiker blickt.

Vielleicht lässt ihr Lächeln etwas mehr Einsicht und Weisheit vermuten, als ihr zugestanden wird.

DER CHESTER-BEATTY-DACHGARTEN

11

Eine Oase der Ruhe inmitten der Stadt

Chester Beatty, Dublin Castle, Dublin 2 – 01-407-0750 – cbl.ie
März bis Oktober: Montag bis Freitag 10–17 Uhr, Samstag 11–17 Uhr, Sonntag 13–17 Uhr; November bis Februar: Dienstag bis Freitag 10–17 Uhr, Samstag 11–17 Uhr, Sonntag 13–17 Uhr; montags geschlossen
Eintritt: frei
Tara Street (DART; 10–15 Min. Fußmarsch); Stephen's Green (Luas, Grüne Linie; 5 Min. Fußmarsch); die Dublin-Bus-Haltestelle Nr. 1934 befindet sich ganz in der Nähe

Es ist nachvollziehbar, dass in einer Stadt, in der es so viel regnet wie in Dublin, Dachgärten nicht unbedingt die Regel sind. Das heißt allerdings nicht, dass es sie nicht gibt, wie das wunderbare Fleckchen auf dem Chester Beatty Museum im Dublin Castle beweist.

Der Dachgarten ist in der geschäftigen Stadt eine Oase der Ruhe. Mit unterschiedlichen Bodenbelägen gestaltet – Schotter, Ziergräser, Stein und Hartholz – bietet er schöne Ausblicke auf die Dubh Linn Gardens darunter und das Dublin Castle dahinter. Er ist über das Museum frei zugänglich (Rucksäcke, Proviant und Kameras werden kontrolliert) und vermittelt mit seinen engmaschigen Holzspalieren das Ambiente eines schicken Innenhofs und einer Dachterrasse. Die Pflanzen, die

an den Holzspalieren emporklettern, verwandeln sie langsam in grüne Wände. Die sorgfältig positionierten Fenster bleiben frei, um den Blick in der Vogelperspektive über die Stadt zu erhalten. Der kreative Einsatz heimischer Materialien schafft den Eindruck eines kontemporären irischen Gartens. Aber mit seinem Fokus auf Harmonie und der Abwesenheit eines dominierenden Elements sind auch japanische Einflüsse erkennbar. Glyzinie, Birke, Geißblatt, Bambus, Clematis und Heidekraut sind nur einige der Pflanzen, die farbliche Akzente setzen. Der perfekte Rahmen für die Qi-Gong-Stunden im Chester Beatty!

Unter dieser Dachoase liegt Dublins am meisten unterschätztes Museum. Das Chester Beatty ist vielleicht „eines der besten kleinen Museen der Welt“, meint die *Washington Post*, doch die Einheimischen geben ihm nur zögerlich eine Chance. Hat man das Museum allerdings erst einmal betreten, zieht es einen in seinen Bann. Beattys Sammlung an Manuskripten, Drucken, Miniaturen, alten Büchern und Kunstobjekten gilt als wertvollstes Geschenk an die irische Nation aller Zeiten. Chinesische Jadebücher, von Kaisern getragene Drachengewänder, Evangelien auf Papyrus aus dem Jahr 150, Tontafeln aus Babylon und die früheste Abschrift der Offenbarung des Johannes sind nur einige der Highlights. Mit einem überraschenden orientalischen Menü im Silk Road Café und dem Besuch des wunderschönen, luftigen Atriums ist ein sehr interessanter Nachmittag garantiert.

OUR LADY OF DUBLIN

Die schwarze Madonna von Dublin

Whitefriar Street Church (ursprünglich), 56 Aungier Street, Dublin 2
01-475-8821 – whitefriarstreetchurch.ie
Montag bis Freitag 8–18 Uhr, Sonntag 8–19.30 Uhr
Eintritt: frei
Tara Street (DART; 20 Min. Fußmarsch); Harcourt Street (Luas Grüne Linie; 10 Min. Fußmarsch); die Dublin-Bus-Haltestelle Nr. 1354 befindet sich ganz in der Nähe an der Aungier Street

Die Kirche Our Lady of Mount Carmel („Whitefriar" kommt von den weißen Roben der Karmeliter, die erstmals 1274 hier erwähnt wurden) beherbergt eine faszinierende Sammlung an Schreinen und Devotionalien. Am faszinierendsten ist wohl jener, der Our Lady of Dublin gewidmet ist.

In der Mitte steht eine Eichenstatue der Jungfrau Maria mit dem Jesuskind aus dem 16. Jahrhundert. Die schwarze Farbe hebt sich vom glänzenden Goldmosaik und dem weißen Marmor ab. Die Statue soll ursprünglich der St. Mary's Abbey gehört haben, einem wohlhabenden Zisterzienserkloster, das, bis zu seiner Auflösung unter Heinrich VIII., in Staatsangelegenheiten eine zentrale Rolle spielte. Eine Madonnenstatue, vergleichbar mit einigen der zeitgenössischen Werke in der Kapelle Heinrich VII. in der Westminster Abbey, soll in der Kirche des Klosters einen Ehrenplatz gehabt haben. Der Legende nach soll die Statue, als St. Mary's aufgelöst wurde, als Schweinetrog getarnt im Innenhof eines Gasthauses versteckt worden sein. Das ist nicht so abwegig wie es scheint: Statuen wurden damals häufig ausgehöhlt, um ihr Gewicht zu reduzieren und ein Verziehen und Reißen des Holzes zu verhindern.

Das nächste Zuhause der geheimnisvollen Madonna war angeblich eine Kapelle in der St. Mary's Lane, bevor sie ihren Weg in einen Secondhandshop in der Capel Street fand. Dort wurde sie vom Karmelitermönch, John Spratt, entdeckt und 1824 in die Whitefriar Street gebracht. Anscheinend ist die Statue die einzige ihrer Art in Dublin, die der Zerstörungswelle nach der Reformation entkommen ist, obwohl der juwelenbesetzte Kopfschmuck der Madonna nicht im Kauf inbegriffen war. Die Original-Silberkrone („eine Krone mit zwei Bügeln wie auf den Münzen von Heinrich VII.") soll verkauft und eingeschmolzen worden sein.

Neben den vielen Schreinen beherbergt die Whitefriar Street Church mehrere Ausstellungsstücke im Eingangsbereich, darunter die Geschichte von Noel Purcells berühmten Worten, die er, auf seinem Sterbebett im Adelaide Hospital liegend, an einen Karmeliterpriester richtete: „Sagen Sie Ihrem Chef, dass Purcell bereit ist, wenn Er es ist."

DIE RELIQUIEN DES HL. VALENTIN ⑬ & DIE SEGNUNG DER RINGE

Die letzte Ruhestätte der Liebe

Whitefriar Street Church, 56 Aungier Street, Dublin 2
01-475-8821; whitefriarstreetchurch.ie
Montag bis Freitag 8–18 Uhr, Sonntag 8–19.30 Uhr
Eintritt: frei
Die Dublin-Bus-Haltestelle Nr. 4456 befindet sich beim Karmeliter-Kloster in der Aungier Street

Nach der Liebe kann man überall suchen, doch die Chancen, sie zu finden sind an einem eher unerwarteten Ort etwas höher: in der Kirche Our Lady of Mount Carmel. Einer der Schreine der besser als Whitefriar Street Church bekannten Kirche enthält eine lebensgroße Statue eines Heiligen mitsamt seiner Reliquien.

Um wen es sich hier handelt? Um den Hl. Valentin.

Die schöne Messinginschrift lautet: „Dieser Schrein enthält den geheiligten Leib des Märtyrers und Heiligen Valentinus." „Sowie ein Gefäß mit einigen Blutstropfen." Die Reliquien werden in einer kleinen Holzkiste aufbewahrt, die mit einem roten Seidenband umwickelt und mit Wachs versiegelt ist. Die Kiste befindet sich in einer Truhe, die das päpstliche Wappen von Gregor XVI. trägt. Die Truhe wiederum wird in einem marmornen Seitenaltar hinter einer Glasscheibe ausgestellt. Die Reliquienkiste wurde noch nie geöffnet.

Wie kommt es also, dass der Hl. Valentin hier in Dublin gelandet ist? 1835 reiste John Spratt nach Rom. Dem irischen Karmelitermönch eilte sein Ruf als Prediger voraus. Als er dann schließlich in der berühmten Kirche Il Gesú sprach, strömte die Elite Roms herbei, um ihn zu hören und ihm ein Zeichen ihrer Wertschätzung entgegenzubringen. Interessanterweise kam ein solches Zeichen von Papst Gregor XVI. selbst: die sterblichen Überreste des Hl. Valentin. „Die Reliquien wurden dem Friedhof St. Hippolytus an der Via Tiburtina entnommen", heißt es auf einer Plakette auf der Truhe, und sie kamen am 10. November 1836 in Dublin an. Nach Bruder Spratts Tod wurden sie eine Zeit lang in ein Depot verbannt. Doch in den 1950ern baute man einen Schrein, der mit einer geschnitzten Statue des Heiligen dekoriert wurde.

Heute findet man den Schrein in einer kleinen Nische rechts vom Altar. Überall im Schrein liegen kleine Notizen und Kärtchen von Besuchern. Die Kirche legt auch von Zeit zu Zeit ein Ringbuch auf, in das die Menschen ihre Wünsche eintragen können. „Danke, dass du Natalie und mir geholfen hast, unsere Probleme zu lösen", lesen wir bei unserem Besuch, mit einem Smiley hinter dem Namen. „Ich lasse sie nie wieder gehen. Ich werde sie für immer und ewig lieben." Andere Einträge bitten den Hl. Valentin, ihre Familien zu segnen, Paaren bei der Wohnungssuche zu helfen und für einsame Seelen bei der Partnersuche zu intervenieren.

Am Valentinstag können Paare auch einer Zeremonie beiwohnen, die eine Ringsegnung beinhaltet.

An jedem 14. Februar wird das Reliquienkästchen aus dem Schrein geholt und vor den Hochaltar gestellt. Danach kann man im Shop beim Eingang ein kleines Souvenir kaufen.

DER ST. KEVIN'S PARK

(14)

Der perfekte Ort, um ein Buch mitzubringen … oder einen Leichendieb

Camden Row, Dublin 8
dublincity.ie
Nur bei Tageslicht geöffnet
Eintritt: frei
Tara Street (DART; 20 Min. Fußmarsch); Charlemont or Harcourt Street (Luas, Grüne Linie; 5 Min. Fußmarsch); die Dublin-Bus-Haltestellen Nr. 1285 und 1353 befinden sich ganz in der Nähe an der Wexford Street

Dublin hat seine bekannten und eher weniger bekannten Parks. St. Kevin's, eine kleine grüne Oase auf einem ehemaligen Kirchengelände abseits der Wexford Street zählt definitiv zu letzteren. Ein herrlicher kleiner Ort der Ruhe, nur einen Steinwurf von den munteren Pubs, Clubs und Restaurants der Wexford Street entfernt. Dösende Einheimische oder Büroangestellte, die man hier mit einem Buch oder einem Sandwich trifft, sehen immer rundum zufrieden aus.

Obwohl St. Kevin's ein kleiner Park ist, gibt es ausreichend Platz, umherzuspazieren und sich entlang der Rasenflächen und Wege unter seinen Eschen, Eiben, Birken und Holundersträuchern niederzulassen. In seinem Zentrum befinden sich die Reste einer Kirche aus dem 18. Jahrhundert, in der Arthur Wellesley, der erste Duke von Wellington, getauft worden sein soll. Heute versteckt sich der einzige Beweis neuen Lebens im Laub des Efeus, der sich über den Kalkstein zieht und in dem Vögel nisten und späte Sommer- und Herbstblüher Bienen, Schmetterlingen und Wespen Nektar spenden.

Tatsächlich sind hier nach Angaben des Dubliner Stadtgartenamtes 19 Vogel- und drei Fledermausarten gesichtet worden.

Trotz der quicklebendigen Tier- und Pflanzenwelt, gibt es auf dem Friedhof des Parks jede Menge Tote.

Mittlerweile wurden die meisten Grabsteine aufrecht an die Einfriedungsmauer gelehnt, doch einige der prominenteren Exemplare, darunter auch jener der Familie von Thomas Moore, sind an ihrem Standort verblieben. In der Kirche soll ein verborgenes Grab die Begräbnisstätte des Erzbischofs Dermot O'Hurley kennzeichnen, eine religiöse Gestalt, die wegen Verrat 1584 nach schrecklicher Folter gehängt wurde. Eine Gedenktafel am südöstlichen Ende des Gebäudes gibt die grausigen Details preis: „[Darunter] das Rösten der Beine des Erzbischofs in zwei mit kochendem Pech und Öl gefüllten Stiefeln." Vielleicht ruht O'Hurley seit seiner Seligsprechung 1992 durch Papst Johannes Paul II. entspannter.

Wie viele alte Stadtfriedhöfe wurde auch St. Kevin's Opfer von Leichendieben. Opportunistische Grabräuber, die frisch begrabene Leichname stahlen, um die medizinischen Fakultäten der Stadt in den Jahrzehnten vor dem Anatomy Act von 1831 zu versorgen. Gerüchten zufolge sollen die Seelen, deren Grabsteine versetzt wurden, jetzt im Park spuken.

DAS IRISCH-JÜDISCHE MUSEUM

⑮

Portobello war einst „Little Jerusalem"

3 Walworth Road, Dublin 8 – 089-426-3625 – jewishmuseum.ie
Mai bis September Sonntag, Montag, Dienstag, Mittwoch & Donnerstag 11–15 Uhr; Oktober bis April: Sonntag: 10.30–14.30 Uhr
Gruppen nach Voranmeldung
Eintritt: frei
Charlemont Place und Harcourt Street (Luas, Grüne Linie, jeweils 10–15 Min. Fußmarsch). Etliche Dublin-Bus-Linien halten an der nahegelegenen Richmond Street South und der Rathmines Road Lower

Irlands jüdische Community war in den 1940ern mit etwa 5000 Mitgliedern am größten. Heute ist diese Zahl laut irisch-jüdischem Museum, das im Herzen Portobellos verstaubte aber faszinierende Einblicke in ihr Erbe bietet, auf ca. 1500 geschrumpft. Die Wentworth Road ist mit ihren alten Backsteinhäusern ein eher ungewöhnlicher Ort für ein Museum. Doch Portobello war einst „Little Jerusalem" und beherbergte unzählige Synagogen, Schulen und koschere Läden (die Bretzel-Bäckerei in der Lennox Street hat, wenn auch unter neuer Führung, überlebt). Bei Hausnummer 3 befindet sich an einer schlichten roten Tür eine Gegensprechanlage, die den Besucher auffordert, zu läuten: Das Erdgeschoss ist mit Schaukästen vollgestopft, und im Obergeschoss findet sich eine sanierte Synagoge, die mit Tora-Vorhängen und Tora-Rollen übersät ist. Alles wirkt muffig und

verstaubt, doch je länger man sich mit den Objekten auseinandersetzt, desto gemütlicher wird es. Der Brief des Kurators zur Begrüßung der Besucher stammt aus dem Jahr 1989. Vergilbte Wahlplakate, Fotos und Zeitungsausschnitte erinnern an bekannte Dubliner Politiker wie Robert Briscoe und seinen Sohn Ben oder Mervyn Taylor. Es gibt Ausweise, Andenken an jüdische Firmen, einen viktorianischen Einkaufskorb aus Holz und eine nachgebaute Küche mit zwei Spülen und Abtropfflächen für Fleisch und Milchprodukte. Ein Schaukasten, der James Joyces *Ulysses* gewidmet ist, unterstreicht, dass Leopold Bloom Jude war und in der Upper Clanbrassil Street geboren wurde.

Zu den beeindruckenden Relikten aus dem Zweiten Weltkrieg zählen unter anderem eine Armbinde mit gelbem Davidstern, eine Kopie der Heiratsurkunde von Ester Steinberg, dem einzigen irischen Holocaust-Opfer, Bombensplitter aus der beschädigten Greenville Hall Synagoge und ein Nazi-Dolch mit Messing-Hakenkreuz und Elfenbeingriff. Sieht man genauer hin, trägt dieses schaurige Andenken eine hoffnungsvolle Inschrift, wie ein Begleitartikel der *Irish Times* erklärt. Das Museum bekam ihn von Moris Block, einem Juden aus Dublin, der in der britischen Armee diente und die letzten Kriegstage in Düsseldorf verbracht hatte. Dort half er drei deutschen Juden, die einen Großteil des Krieges in einem Keller versteckt waren. Einer von ihnen gravierte ein Dankeschön in den Dolch. „Für meinen Freund Moris Block, zur Erinnerung an A. Fischmann", steht neben einem Davidstern und dem Jahr 1945.

DIE IVEAGH GARDENS

16

Eines der bestgehüteten Geheimnisse Dublins

Clonmel Street, Ecke Harcourt Street, Dublin 2 (Haupteingang)
iveaghgardens.ie
Montag bis Samstag 8 Uhr, Sonntag & Feiertage 10 Uhr
Die Tore werden im Dezember und Januar um 15.30 Uhr, im November und Februar um 16 Uhr und von März bis Oktober um 19.30 Uhr geschlossen
Eintritt: frei
Die Grüne Luas-Linie hält ganz in der Nähe am Stephen's Green

Sie liegen nur einige hundert Meter von Stephen's Green entfernt. Im Sommer finden hier Konzerte mit tausenden Besuchern statt. Auch die Hunde kennen die Grünanlage gut. Doch irgendwie sind die Iveagh Gardens noch immer eines der bestgehüteten Geheimnisse Dublins.

Warum? Zum einen, weil sie schwer zu finden sind. Obwohl sie fast so groß sind wie Stephen's Green, sind die Parkeingänge gut versteckt. Wie die kleinen Tore, die sich hinter der National Concert Hall in der Hatch Street und hinter einem alten Haus in der Clonmel Street verbergen. Doch abseits der Touristenpfade wird man bald mit herrlichen Grünanlagen belohnt, die Senkgärten sowie Wasserfälle, Brunnen und kurze, von Eichhörnchen frequentierte Waldwege umfassen, oder auch Steingärten, eine rustikale Grotte mit Wasserfall, ein Rosarium, dessen Sammlung über 150 Jahre zurückreicht und eine Sonnenuhr innerhalb eines Miniaturlabyrinths aus Eibenhecken. Und das alles nur fünf Minuten von der Grafton Street entfernt.

Die Iveagh Gardens waren Teil der Leeson's Fields, eines brachliegenden Landstrichs, der sich südlich des Herrenhauses erstreckte, das einst der reichen Leeson-Familie gehörte. Nach dem Bau der Harcourt Street Ende des 18. Jahrhunderts kaufte der Earl of Clonmell 4,5 Hektar der Felder als Garten für sein Haus (heute bei der Nr. 17). Man vermutet, dass noch immer eine unterirdische Verbindung zwischen dem Haus und den Gärten existiert. Die Gärten, die Anfang des 19. Jahrhunderts für öffentliche Zwecke verpachtet wurden, waren mal mehr, mal weniger beliebt, bevor Benjamin Lee Guinness sie als Garten für sein Stadthaus kaufte (Iveagh House am St. Stephen's Green) und der Landschaftsplaner Ninian Niven vor der Great Exhibition 1865 ihnen ihr heutiges Aussehen verlieh.

Ein nachfolgender Lord Iveagh schenkte sie dem irischen Staat, der glücklicherweise der Versuchung widerstand, diese herrliche „grüne Lunge“ zu verbauen. Quiz-Fans interessiert es vielleicht, dass der Senkgarten bis heute der einzige eigens dafür errichtete Bogenschießplatz des Landes ist.

IRISCHE MARMORTAFELN

Rock'n'Roll im Justizministerium

Dept of Justice & Equality, 51 St Stephen's Green, Dublin 2
01-674-4999
justice.ie
Geöffnet während der Bürozeiten
Eintritt: frei
Pearse Street (DART; 5–10 Min. Fußmarsch); die Dublin-Bus-Haltestellen Nr. 843 und 844 befinden sich in der Nähe von St Stephen's Green East Nr. 51.

Wenn Sie Gerechtigkeit suchen, finden Sie sie vielleicht in der St. Stephen's Green Nr. 51 – vielleicht aber auch nicht. Doch wenn Sie nach einer überraschenden Sammlung irischen Marmors suchen, dann sind Sie im Empfangsbereich des Department of Justice and Equality (Ministerium für Justiz und Gleichberechtigung) auf jeden Fall richtig.

Das Gebäude aus dem 17. Jahrhundert war früher die Residenz der Familie Monck. Wie eine Informationsbroschüre verrät, wurde sie um 1760 von George Paul Monck umgebaut (auf den Karten von Rocque aus dem Jahr 1756 und 1773 heißt diese Seite des Stephen's Green Monks' Walk). Im frühen 19. Jahrhundert nannte man es gerne das Lord Chancellor House, nachdem es von Lord Mannors erworben worden war, einem früheren Lord Chancellor von Irland (bis zur Gründung des irischen Freistaats im Jahr 1922 das höchste Justizamt in Irland). 1848 wurde St. Stephen's Green 51 von der Regierung gekauft und in das Museum der irischen Industrie umfunktioniert. Aus dieser Ära stammen auch die 40 Muster irischen Marmors, die bis heute im Empfangsbereich zu sehen sind. Dies ist Museumsdirektor Sir Robert Kane zu verdanken, der „das wirtschaftliche Potenzial von Irlands Steinbrüchen und Bodenschätzen fördern" wollte, wie Mary Mulvihill in ihrem unkonventionellen Reiseführer *Ingenious Ireland* schreibt.

Die Farbpalette der Tafeln, die die Vielfalt irischen Steins repräsentiert, ist einfach atemberaubend. Doch nicht alle Tafeln sind aus Marmor. Es gibt elegante schwarze Beispiele aus Kilkenny, die an den mit Sternen überzogenen Nachthimmel erinnern, oder zartgrünen Connemara-Marmor, in dessen gekräuseltem Muster sich längst vergangene geologische Kräfte widerspiegeln.

Doch ganze 34 Tafeln sind eigentlich aus poliertem Kalkstein. Jetzt ist das Geheimnis gelüftet …

DER HUGENOTTENFRIEDHOF

(18)

Eine überraschende Begräbnisstätte

27 St Stephen's Green, Dublin 2
Pearse Street (DART; 10 Min Fußmarsch); St Stephen's Green (Luas, 5 Min. Fußmarsch); die Dublin-Bus-Haltestelle Nr. 768 befindet sich direkt vor dem Hugenottenfriedhof an der Merrion Row

Die Merrion Row ist eine kurze Reihe von erstklassigen Immobilien. Deshalb kommt das von zwei modernen Bürogebäuden eingefasste Tor mit der Inschrift „Hugenottenfriedhof 1693" so unerwartet. Dahinter neigen sich bunte Bäume über verfallende Grabsteine. Im Frühling sind die Flächen mit einem Teppich aus Glockenblumen überzogen, was die Stadtzentrumslage noch unglaubwürdiger macht.

Die Hugenotten waren französische Protestanten, die flohen, nachdem das Edikt von Nantes (1598) 1685 widerrufen worden war. Das Edikt hatte Calvinisten und anderen religiösen Minderheiten in einem katholischen Land mehr Freiheiten gewährt, wurde jedoch von Ludwig XIV. widerrufen, was zu einer Massenflucht führte. James Butler, der erste Duke von Ormonde und Lord Lieutenant von Irland, sprach eine Einladung aus, da er hoffte, Irlands Wirtschaft würde von den Fähigkeiten und dem Fleiß der Hugenotten profitieren. Was es auch tat, da die Neuankömmlinge sich in Dublin rasch zu einer dynamischen Gemeinde entwickelten. Sie ließen sich im Stadtviertel Liberties nieder und konnten bald wirtschaftliche Erfolge in den Bereichen Textil, Finanzen, Weinimport, Uhrenherstellung und anderen Bereichen verzeichnen. Außerdem waren sie für ihre Integrität bekannt, wie die Wendung „ehrlich wie ein Hugenotte" beweist.

Der Friedhof wurde 1693 zu einer französischen Begräbnisstätte erklärt. Für Besucher ist er heute geschlossen. Doch er ist so klein, dass man ihn durch das Gitter überblickt und sogar die Inschriften auf einigen Gräbern lesen kann. Sowie eine große Marmortafel, auf der die Namen der etwa 240 Menschen stehen, die hier begraben sind. Vielleicht nicht von A bis Z, aber zumindest von Afée bis Plantier de Montvert. Du Bédat (in der deutschen Version Dusedat) ist ein Name, der in *Ulysses* von James Joyce auftaucht. „Hätte gar nichts dagegen, in so einem piekfeinen Hotel Kellner zu sein", tagträumt Bloom. „Trinkgelder, Gesellschaftsanzug, halbnackte Frauen. Darf ich Sie vielleicht noch zu ein ganz klein wenig Seezungenfilet verlocken, Miss Dusedat? Ach ja, dun Se dat. Und dann dat se dat. Hugenottischer Name, nehm ich stark an."* Obwohl Joyce den Friedhof sicherlich gekannt hat, lässt sich schwer sagen, ob dieses Stück Land ihn zu dieser Szene inspiriert hat. Es gibt auch Gräber mit dem Namen Du Bédat in Mount Jerome.

Der Hugenottenfriedhof schloss 1901 seine Pforten. Nachdem er in den 1980ern zunehmend verfiel, wurde er vom französischen Außenministerium saniert und wird heute von der Stadtverwaltung gepflegt. Sehen Sie sich, bevor Sie gehen, die Inschrift genauer an, auf der „Hughenot" anstelle von „Huguenot" steht. Ein Joyceanisches Wortspiel oder ein Fehler des Steinmetzes?

**zitiert aus James Joyce:* Ulysses, *Übersetzung von Hans Wollschläger, Suhrkamp Verlag*

DAS VERBORGENE MUSEUM DES *SHELBOURNE-HOTELS* ⑲

Eine Fünf-Sterne-Zeitkapsel

27 St Stephen's Green, Dublin 2
01-663-4500 – theshelbourne.com
Nur für Hotelgäste und Kunden zugänglich
Pearse Street (DART; 10 Min. Fußmarsch); St Stephen's Green (Luas, 5 Min. Fußmarsch); die Dublin-Bus-Haltestelle Nr. 768 befindet sich direkt vor dem Hugenottenfriedhof an der Merrion Row

Das Shelbourne-Hotel gehört zu den Grand Dames unter Dublins Bauwerken. Die Geschichte, die sich hinter diesen Mauern verbirgt, ist etwas mysteriöser. Bekanntermaßen wurde hier 1922 in Zimmer Nr. 112 unter dem Vorsitz von Michael Collins die irische Verfassung ausgearbeitet. Vielleicht ist auch bekannt, dass Peter O'Toole im Hotel einst in Champagner badete und dass prominente Gäste von Charlie Chaplin bis zu JFK, Michelle Obama, Grace Kelly und den Rolling Stones hier abstiegen. Doch wussten Sie, dass es in der Fahrstuhl-Lobby neben der Rezeption ein winziges Museum über die Hotelgeschichte gibt?

Vor der jüngst vorgenommenen Hotelrenovierung nahm es etwas mehr Platz ein und umfasste eine größere Anzahl an Exponaten. Doch die Objekte wurden liebevoll in kleinen Schaukästen vis-à-vis der Fahrstühle arrangiert und erzählen einige spannende Geschichten. Sie können von Hotelgästen (oder Kunden, die z. B. den Nachmittagstee in der Lord Mayor's Lounge, Abendessen im Saddle Room oder Cocktails in der Bar genießen) besichtigt werden.

Ein kurzer Besuch erinnert hier an einige der glanzvollen Momente des Hotels seit seiner Eröffnung 1824. Da wäre z. B. das Foto mit Ronnie Drew und den Dubliners oder dem Zimmermädchen, das ein Bett bezieht, das scheinbar hinter einem Nachttopf steht. Es gibt einige historische Zimmerschlüssel, Tafelsilber, Briefe von Gästen, wie vom früheren Premierminister, Charles J. Haughey (als er 1952 übernahm, war der zukünftige Taoiseach gerade ein junger Buchhalter bei Haughey, Boland & Guiney), einen Zylinder und Menükarten. 1921 wurde den Gästen z.B. eine „Clear Cockie Leckie Soup" (Hühnersuppe mit Lauch) oder eine „Thick Ox-Tail Soup" (Ochsenschwanzsuppe) serviert. Doch nicht alle verbrachten nach dem Essen eine ruhige Nacht. Ein Brief von der South African Rugby Tour von 1952 enthielt einen Scheck über 716 Pfund „für Schäden an den Möbeln während des Besuchs des oben genannten Teams in Ihrem Hotel". Wer weiß, wie die „Springboks" mit gegnerischen Teams umgehen, kann nur erahnen, was mit dem opulenten Interieur und den schicken Möbeln aus dem 19. Jahrhundert passiert ist. Es ist nur ein kleiner Schritt, um vom Allerheiligsten des Hotels in diese kleine Zeitkapsel hinter Glas einzutauchen. Und das alles für den Preis eines Cocktails!

BEN DUNNES PATRONEN

Gott sei Dank, ich bin wieder frei …

Little Museum of Dublin, 15 St Stephen's Green, Dublin 2
01-661-1000
littlemuseum.ie
Täglich 10–17 Uhr
St Stephen's Green (Luas, Grüne Linie); Pearse/Tara Street (DART; 10–15 Min. Fußmarsch); die Dublin-Bus-Linien 7b, 11, 116, 118, 14, 142, 145, 15 und 46a halten hier.

Zahlungen an Politiker, krumme Geschäfte, Kokain – Ben Dunnes Leben kann es, was seine Hochs und Tiefs betrifft, leicht mit einem Jo-Jo aufnehmen. Doch in der bewegten Karriere des sehr direkten Unternehmers lässt sich sicher nichts mit den Ereignissen des 16. Oktober 1981 vergleichen.

An diesem Tag war Dunne zur Eröffnung eines neuen Dunnes-Stores in Nordirland unterwegs, als er von vier maskierten und bewaffneten Angreifern verschleppt und einige Tage gefangen gehalten wurde. Die Irisch Republikanische Armee (IRA) forderte ein Lösegeld, das angeblich bezahlt wurde, um seine Freilassung zu garantieren. Der 34-Jährige kam nach Appellen im Fernsehen und mehreren Treffen von Pater Dermot McCarthy mit den Entführern schließlich frei. Die Polizei sperrte auf beiden Seiten der irischen Grenze die Fluchtrouten in diesem Gebiet, bevor Dunne bei einer Kirche an der Grenze bei Cullyhanna im County Armagh gefunden wurde. „Er war zerzaust, bärtig und wirkte ziemlich angeschlagen, war aber unverletzt", erzählte ein Reporter aus Belfast damals dem *Herald Tribune*. „Er sagte nur: ‚Gott sei Dank, ich bin wieder frei. Sie wissen nicht, wie froh ich bin.'"

Vor seiner Freilassung am 22. Oktober überreichten zwei von Dunnes Entführern ihm ein paar Patronen und ließen ihn wissen, dass sie für ihn und Pater McCarthy bestimmt gewesen wären, wenn die Polizei sie erwischt hätte. Sie befinden sich seither im Little Museum of Dublin, wo sie in einem verschlossenen Schrank gemeinsam mit einem Sammelsurium an weiteren skurrilen Artefakten aus der Geschichte Dublins des 20. Jahrhunderts aufbewahrt werden. Darunter Räume, die U2 gewidmet sind sowie ein klobiger alter Busticket-Automat.

Nicht weit von Ben Dunnes Patronen findet man eine Reproduktion der Totenmaske von James Joyce. Joyce war 58 Jahre alt, als er in einem Krankenhaus nach der Operation eines Darmdurchbruchs in Zürich verstarb. Die irische Regierung verweigerte Nora Joyce die Überführung seiner sterblichen Überreste (Nora rächte sich, indem sie seine Manuskripte zu *Finnegans Wake* dem British Museum vermachte). Zwar findet man eine weitere Totenmaske im Joyce Centre in der Eccles Street, der Autor selbst ist jedoch auf dem Friedhof Fluntern in Zürich begraben.

HAUGHEYS HONIGTOPF 21

Eine Kleinigkeit, um sie bei Laune zu halten

Little Museum of Dublin, 15 St Stephen's Green, Dublin 2
01-661-1000
littlemuseum.ie
Täglich 10–17 Uhr
St Stephen's Green (Luas, Grüne Linie); Pearse/Tara Street (DART; 10–15 Min. Fußmarsch); die Dublin-Bus-Linien 7b, 11, 116, 118, 14, 142, 145, 15 und 46a halten hier

Charles J. Haughey (1925–2006) war der machiavellistische Fürst der irischen Politik. Premierminister, Minister, Anführer der Fianna-Fáil-Partei, Republikaner, Segler, großspuriger Lebemann, Bonvivant, Telefon-Abhörer, Charvet-Hemden-Träger, Kunstmäzen und hemmungsloser Heuchler, der meinte, Irland lebe „weit über seine Verhältnisse", während er selbst einen Lebensstil pflegte, der sein Politikergehalt um einiges überstieg. Über mehrere Jahrzehnte polarisierte und dominierte er die irische Politik.

„Als vollendeter Stimmenfänger schien er oft aus jeder Grafschaft Irlands zu stammen", erzählt man uns (geboren wurde er in Castlebar). „Doch Dublin machte er zu seinem Lebensmittelpunkt."

Unzählige Zeilen wurden verfasst und nicht wenige Portraits von einem Mann gemalt, der mit Sicherheit als Irlands kontroversester Politiker des 20. Jahrhunderts gegolten hätte, wäre den Iren in den letzten Jahren nicht der wirtschaftliche Boden unter den Füßen weggezogen worden. Doch wie so oft bei legendären prominenten Persönlichkeiten, sind es nicht die dicken Wälzer und Fernsehsendungen, die den Kern von C. J. Haughey treffen. Oft sind es die kleineren Dinge, wie dieser unscheinbare Topf mit Abbeville-Honig, der in einem kleinen Glasschrank im Little Museum of Dublin ausgestellt ist. Nur wenige wissen, dass Haughey begeisterter Imker war und Honig aus den Bienenstöcken in Abbeville, seinem georgianischen Anwesen in Kinsealy im Bezirk Dublin, sammelte.

Und noch weniger bekannt ist, dass er gerne einen Topf, wie den hier ausgestellten, mit ebendiesem Honig an Familie und Freunde verschenkte – „um sie bei Laune zu halten". Ein kleiner Topf, der sehr viel aussagt.

Das Artefakt – wenn man so will – wurde dem Museum von Seán Haughey, dem Sohn des ehemaligen Premierministers, vermacht und steht nun in der Mitte einer Wand, die vollgepackt mit Dubliner Legenden ist. Weitere politische Gegenstände, die ins Auge springen, sind Mary Robinsons Plakat zur Präsidentenwahl 1990, eine Geschenkbox vom ehemaligen Oberbürgermeister Dublins, Alfie Byrne, und Bertie Aherns erstes Wahlflugblatt von 1977. Doch nur wenige sind so beeindruckend wie die Haughey-Schaustücke. Neben dem Honigtopf findet sich ein Schwarz-Weiß-Porträt von Colma Doyle und ein Bild, das fast 40 Jahre lang über Haugheys Schreibtisch in Kinsealy hing: „Think Big", steht darauf. Was man auch immer von dem Mann halten mag, diesem Leitspruch ist er definitiv gefolgt.

DIE HANDABDRÜCKE VOR DEM GAIETY THEATRE

(22)

Stars auf dem Gehweg

South King Street, abseits der Grafton Street, Dublin 2
01-679-5622 – gaietytheatre.ie
Tara Street (DART; 10–15 Min. Fußmarsch); St Stephen's Green (Luas, Grüne Linie); die Dublin-Bus-Haltestellen Nr. 790, 791 und 5034 befinden sich ganz in der Nähe am St. Stephen's Green und an der Dawson Street

Die meisten Besucher des Gaiety kommen wegen der Stars. Man darf es ihnen also nicht übel nehmen, wenn sie die Plaketten unter ihren Füßen nicht bemerken. Vor der venezianischen Fassade des Theaters nehmen sich die in Bronze gegossenen Handabdrücke wie das Who's who der Künstlerszene aus: Luciano Pavarotti, Brian Friel, Peter Ustinov, Bernadette Greevy und John B. Keane – sie alle standen auf der berühmten Bühne.

Wie eine Miniatur-Version der Sammlung vor dem Grauman's Chinese Theatre in Hollywood sind die Handabdrücke ein seltsam liebenswertes Andenken an die Promis, die sie feiern. Die glänzenden und taktilen Abdrücke laden fast dazu ein, sich herabzubeugen, um zu sehen ob die eigenen Pranken hineinpassen und die Finger über die kühlen, bronzenen Einbuchtungen gleiten zu lassen. Sie wirken viel persönlicher als die sonst üblichen Sterne.

Ein absolutes Highlight sind die Abdrücke von Pavarotti. Die italienische Legende sang hier zum ersten Mal bei einer Aufführung von Rigoletto der Dublin Grand Opera Society. In Londons Covent Garden wurde er natürlich ein großer Star, doch auf der South King Street war Pavarotti „nur ein weiterer netter Junge aus der Nachbarschaft, der seinen Weg machte", wie sich der Opera Ireland Archivar Paddy Brennan nach dem Tod des Tenors 2007 erinnerte und dabei verriet, dass der bedeutende Mann sich einer Theatertruppe zum Fußballspielen im Phoenix Park angeschlossen hatte. „Er war ein unglaublich guter Fußballer", erzählte Brennan dem *Irish Independent*. „Er war ein stattlicher Mann … doch als junger Bursche hatte er Beine wie eine Ballerina." Pavarottis Hände wurden 2001 für die Nachwelt verewigt.

Seit der Eröffnung am 27. November 1871 zählt die Grand Old Lady zu den bekanntesten und schönsten Theatern Dublins. Ein populäres Programm aus Oper, Ballett, Tanz, Drama, Pantomime und Musical wurde von den Dublinern bereitwillig angenommen und stellt eine spielerische Ergänzung zu der eher literarischen Kost des Gate und des Abbey Theatres dar. Die Handabdrücke irischer Stars wie Maureen Potter, Twink, Niall Toibín, Ronnie Drew, Milo O'Shea, Des Keogh und Rosaleen Linehan haben draußen auf dem Gehweg einen Ehrenplatz, aber auch internationale Stars erkennen die Großzügigkeit der Huldigung an.

„Jetzt bin ich unsterblich", sagte Rupert Everett, als er hier 2012 nach *The Judas Kiss* seine Handabdrücke hinterließ. „Jedes Mal, wenn es in Dublin regnet, kann ich mir vorstellen, wie es auf meine kleinen Hände tropft …"

THOMAS MOORES HARFE

23

Ein musikalischer Hochgenuss …

Royal Irish Academy, 19 Dawson Street, Dublin 2 – 01-609-0620 – ria.ie
Montag bis Freitag 10–13 Uhr und 14–17 Uhr
Eintritt: frei
Pearse & Tara Street (DART; 10 Min. Fußmarsch); St Stephen's Green (Luas, Grüne Linie; 5–10 Min. Fußmarsch); die Dublin-Bus-Haltestellen Nr. 792 und 5034 befinden sich ganz in der Nähe

Die älteste erhaltene Harfe in Irland findet man in der Old Library des Trinity College, doch die alte Harfe von Thomas Moore mit den vielen Kleeblattmustern in der Royal Irish Academy (RIA) ist mindestens so interessant, wenngleich weniger bekannt. Sie stammt aus dem Jahr 1821 und ist eine Original Royal Portable Harp, die von John Egan erfunden wurde, indem er die Mechaniken von Erards Pedalharfe, die Tasten, die man für gewöhnlich auf einer Harfenlaute findet und die geschwungene Form alter keltischer Harfen (auf Irisch: Cláirseach) kombinierte. Tragbare Harfen, verziert mit kunstvoll gemalten Kleeblättern, waren in den Gesellschafts-Salons im Dublin und London des 19. Jahrhunderts sehr populär.

Egan präsentierte genau dieses Instrument dem irischen Dichter und Balladenschreiber Thomas Moore (1779–1852). Moore galt als Irlands Nationalbarde, und am Höhepunkt seiner Laufbahn konnte man eine Kopie seiner *Irish Melodies* in Haushalten im ganzen Land finden. Lieder wie *The Meeting of the Waters* und *The Last Rose of Summer* brachten ihm internationale Anerkennung ein. Er veröffentlichte mehrere Biographien, bleibt allerdings auch als der Mann in Erinnerung, der Lord Byrons Memoiren verbrannte. Seine verzerrte Sicht auf Irland wurde immer wieder kritisiert. In *Ulysses* gibt es eine boshafte Szene, in der Leopold Bloom vor Moores Statue neben dem ehemaligen öffentlichen Pissoir am College Green stehen bleibt und sagt: „Ganz richtig, dass sie ihn da über einem Pissoir angebracht haben: Treffpunkt der Wasser (Meeting of the Waters)."

Moores Harfe, grün bemalt und mit goldenen Kleeblättern verziert, befindet sich in einem gläsernen Schaukasten im hinteren Ausstellungsbereich der Bibliothek. Sie wurde 1879 frisch bespannt und im selben Jahr während der Feier zum 100. Geburtstag des Barden in diesen Räumlichkeiten gespielt. „Auch konnten wir nicht glauben, dass ein Instrument dieser Größe so viel Kraft, Pathos und Sanftheit hervorbringen könne", berichtete das *Freeman's Journal*. „Es gibt wohl keinen rührenderen musikalischen Genuss für einen Iren als diesen."

Doch es ist nicht das einzige Andenken an Moore, das hier ausgestellt wird: 1200 Bücher des Barden wurden nach seinem Tod an die RIA übergeben. „Eine für das 19. Jahrhundert typische Bibliothek eines Privatgelehrten", die praktisch vollständig im Council Room, auch Moore Library genannt, aufbewahrt wird. Außerdem findet man hier eine Moore-Büste von Thomas Kirk (1868) sowie ein Porträt über dem Kamin.

ERIN & LUGH

Art déco in Dublin-Manier

Ministerium für Arbeit, Unternehmen & Innovation, 23 Kildare Street, Dublin 2 Pearse Street (DART; 5–10 Min. Fußmarsch); St Stephen's Green (Luas, Grüne Linie; 10 Min. Fußmarsch); die Dublin-Bus-Haltestellen Nr. 746, 747 und 4350 befinden sich an der Kildare Street

Dublin ist nicht gerade für seine Art-déco-Schätze bekannt. Aber hier gibt es einen Knüller: „Das bedeutendste Regierungsgebäude, das nach der Errichtung des Irischen Freistaates in Auftrag gegeben wurde", wie Christine Casey in *Dublin* (Yale University Press, 2005) schreibt.

1942 nach einem Entwurf von J.R. Barrett fertiggestellt, schafft es der Stahlskelettbau, der zunächst das Ministerium für Industrie und Handel beheimatete, dramatische Flachreliefs, ein sich über fünf Stockwerke erstreckendes Fenster, markante Fassadensteine, schwere Bronzetore und einen imposanten Balkon zu vereinen, ohne seine georgianischen Nachbarn völlig zu erschlagen. Die Kalkstein-Reliefs von Gabriel Hayes, dem Designer der alten irischen 1- und 2-Pence-Münzen, verleihen dem noch jungen irischen Staat mit den stoischen Männern, die mit Hämmern, Schraubschlüsseln, Rädern und Schaufeln hoch über den Köpfen der Passanten pflastern, mahlen, bauen und produzieren, einen Hauch von Sowjetpropaganda. Der beeindruckendste Six-Pack gehört Lugh, der anscheinend Flugzeuge von einem Fenstersturz über dem Eingang zur Kildare Street schleudert. Seine kantige Nase ist abgeschlagen. Doch der keltische Gott des Lichts ist so stattlich, dass es ihm wohl gar nicht auffällt. Das alles im Blick hat Erin, die als Verkörperung von Irland über dem fünfgeschossigen Art-déco-Fenster thront, dargestellt als eine grimmig dreinblickende Frau mit einer Mission. Gemeinsam mit dem um die Ecke liegenden Schlussstein, auf dem Brendan, der Reisende, dargestellt ist, wurde sie vor Ort aus dem Stein gehauen.

Leider ist das Ministerium für Arbeit, Unternehmen und Innovation nicht öffentlich zugänglich.

Doch man kann sich beruhigt zurücklehnen, in dem Wissen, dass der aktuelle Minister in einem walnussvertäfelten Büro mit Marmorkaminen arbeitet. Dieser Bau war das erste irische Regierungsgebäude, das auch wirklich zu diesem Zweck konzipiert wurde, und trotz all der unfreiwilligen Komik wirkt es mit seinen Art-déco-Pfeilen und Zacken sowie den zurückspringenden Ebenen schön schlicht.

DIE FREEMASON'S HALL

(25)

Der Hauptsitz der Freimaurer in Irland

17 Molesworth Street, Dublin 2 – 01-676-1337 – freemason.ie
Montag bis Freitag 9–17 Uhr
Führungen Montag bis Freitag 15 Uhr (Juni, Juli & August), in den anderen Monaten nach Vereinbarung
Pearse Street (DART; 10 Min. Fußmarsch); St Stephen's Green (Luas, Grüne Linie; 5–10 Min. Fußmarsch); die Dublin-Bus-Haltestellen Nr. 792, 5034 und andere befinden sich auf der Dawson Street

Die irische Freimaurerei hat eine lange und stolze Tradition, es soll schon vor 500 Jahren Freimaurer im Land gegeben haben. Die Großloge, die 1725 gegründet wurde, ist die zweitälteste der Welt (die Großloge von England wurde 1717 gegründet).

Die Freemason's Hall selbst stammt aus den späten 1860ern, und so wie man es vom Hauptsitz der irischen Freimaurerei erwarten würde, ist alles an diesem Gebäude von Zeremoniell, Symbolik und Präzision durchdrungen. Angefangen bei spektakulären Räumen wie dem Grand Lodge Room (Versammlungssaal) bis zu den Winkel- und Zirkelsymbolen, die sich in Türklopfern, Rückenlehnen und Anstecknadeln verbergen, spiegelt jeder Zentimeter des viktorianischen Designs von Edward Holmes den freimaurerischen Zweck wider. Trotz dieser Geheimorganisations-Klischees sind die Führungen überraschend offen und umfassen den Prince Masons' Room, den ägyptisch geprägten Hand Chapter Room, den Preceptory Room der Tempelritter, ein Museum im Erdgeschoß und das unumstrittene Highlight: den Grand Lodge Room. Ein atemberaubendes Ambiente mit samtenen Thronstühlen, die von schweren Vorhängen umgeben sind, mit Nieten besetzten Lederbänken und goldgerahmten Portraits einflussreicher Freimaurer wie Albert, dem Prinz of Wales und Augustus Fitzgerald, dem dritten Duke von Leinster. Der Teppich mit Schachbrettmuster ist leicht irritierend und verstärkt den dramatischen Effekt beim Betreten des Heiligtums einer esoterischen Organisation zusätzlich.

Logen aus ganz Irland kommen in der Freemason's Hall zusammen, doch das beste an der Führung ist die Aufgeschlossenheit der Guides, die gerne alle Theorien im Hinblick auf die Illuminati, Echsenmenschen oder vorgetäuschte Mondlandungen enttarnen. Obskure Rituale spielen natürlich eine wichtige Rolle („sie unterscheiden uns von einem Golfklub") und es stimmt, dass es geheime Handzeichen oder -griffe gibt, aber alle Menschen, die an ein höheres Wesen glauben, können Mitglied werden.

Trotz des verstauben Images, erlebt Irland einen Mitglieder-Boom. Unser Guide führte das zum Teil auf das Dan-Brown-Phänomen zurück, aber Intrigen, Schauspiel und Rituale tragen natürlich das Ihre dazu bei. „Eine Pfadfindergruppe für große Jungs", wie er es ausdrückt. „Und wir haben nichts zu verbergen."

NOTICE.
DO NOT SPIT.
The practice is OFFENSIVE and DANGEROUS.
It favours the spread of
CONSUMPTION
through the scattering of the germs of the disease.

DIE SAMMLUNG MEDIZINISCHER INSTRUMENTE 

Schräg und faszinierend

Royal College of Physicians, 6 Kildare Street, Dublin 2
01-669-8801 – rcpi.ie
Terminvereinbarung erforderlich – Eintritt: frei
Pearse Street (DART; 5–10 Min. Fußmarsch); St Stephen's Green (Luas, Grüne Linie; 10 Min. Fußmarsch); die Dublin-Bus-Haltestellen Nr. 746, 747 und 4350 befinden sich ganz in der Nähe auf der Kildare Street

Das Royal College of Physicians of Ireland (RCPI) entstand 1654, als Dr John Stearne an der Trinity Hall seine Fraternity of Physicians gründete (Institut der irischen Ärzteschaft). Eine königliche Charta von König Karl II. folgte 1667, und mittlerweile verfügt das College über die wahrscheinlich beste medizinische Bibliothek Irlands.

Doch Bücher sind nicht die einzigen Objekte in dieser Sammlung. Im Keller des ehrwürdigen Gebäudes in der Kildare Street findet sich auch ein schräger aber herrlicher Fundus an medizinischen Instrumenten. Hinter Glas steht eine mahagonifarbene Arzttasche, die einst William Robert Kerans (1836–1914) gehörte, einem Militärarzt, der 1860 während der Taiping-Rebellion in China und 1882 während des Urabi-Aufstandes in Ägypten im Einsatz war. Es gibt Geburtshilfebesteck aus dem 18. Jahrhundert – mit einem Dokument, das ein schreckliches Gerät „zum Durchbohren eines Kindskopfes“ beschreibt, „um dessen Größe zu reduzieren, indem ein Teil des Gehirns entleert wird.“ Ein Klistierset aus Messing und Elfenbein, das in ein dezentes Holzetui gesteckt werden kann, um Peinlichkeiten zu vermeiden (es ist in Leder gebunden, damit es wie ein Buch aussieht, und trägt sogar den Titel *Morgengymnastik* auf dem Rücken). Ein homöopathischer Ratgeber von Leath & Ross, den ersten Herstellern dieser Art von Medizin in Großbritannien sowie die Kopie eines Schildes von der nationalen Vereinigung zur Tuberkulose-Prävention, auf dem steht: „Spucken verboten!“

Die Kildare Street Nr. 6 wurde von William Murray entworfen und gebaut, nachdem ein Brand 1860 die ursprünglichen Räumlichkeiten des Kildare Street Club zerstört hatte. Das Gebäude wurde 1864, ein Jahr später als geplant, fertiggestellt. Bei genauem Hinsehen findet man das Jahr 1863 in Stuckarbeiten, Buntglasfenster und andere Elemente der Innenräume eingearbeitet. Besucher dürfen sich auf eine Reihe restaurierter viktorianischer Räume freuen, die sich bis weit hinter die Fassade erstrecken. Das Highlight ist die Corrigan Hall, eine umgebaute Ballsporthalle, deren hohe Holzdecke ohne Nägel befestigt wurde.

NAPOLEONS ZAHNBÜRSTE

(27)

Der Kaiser und der Ire

Royal College of Physicians of Ireland, 6 Kildare Street, Dublin 2
01-669-8801 – rcpi.ie
Terminvereinbarung erforderlich
Eintritt: frei
Pearse Street (DART; 5–10 Min. Fußmarsch); St Stephen's Green (Luas, Grüne Linie; 10 Min. Fußmarsch); die Dublin-Bus-Haltestellen Nr. 746, 747 und 4350 befinden sich ganz in der Nähe an der Kildare Street

Napoleon ist auf der ganzen Welt bekannt. Barry Edward O'Meara eher weniger. Und doch war der irische Arzt so gut mit dem französischen Kaiser befreundet, dass Napoleon ihn nicht nur Notizen für ein posthum erscheinendes Tagebuch machen ließ, sondern ihm auch ungewöhnliche persönliche Gegenstände schenkte, darunter seine Zahnbürste und zwei personalisierte Schnupftabakdosen.

Die Objekte befinden sich zusammen mit einer kleinen Lanzette, mit der O'Meara Napoleon zur Ader ließ, in einem dezenten Schaukasten im Royal College of Physicians (RCPI) in der Kildare Street. Sie stammen aus Napoleons Zeit auf St. Helena, wo er nach seiner Kapitulation bei Waterloo 1815 gefangen gehalten wurde. O'Meara, ein Dubliner Militärarzt, war Oberarzt auf dem Schiff *HMS Bellerophon*, und Napoleon wünschte ihn sich als seinen Arzt auf der Insel. Während ihrer Zeit auf St. Helena wurden der Kaiser und der Ire gute Freunde, und Napoleon ermunterte O'Meara dazu, ein Tagebuch zu führen („Doktor, es wird Sie reich machen, aber bitte, veröffentlichen Sie es erst, wenn ich tot bin", sagte er). Als O'Meara 1818 von der Insel verwiesen wurde, erklärte er der Admiralität, dass Napoleon für eine angemessene Behandlung nach England gebracht werden müsse. Daraufhin wurde er aus der Marine entlassen, verlor seine Rente und wurde aus dem Ärzteregister gestrichen. O'Meara ließ sich vom Schicksal nicht unterkriegen und eröffnete eine Zahnarztpraxis, in deren Schaufenster er den Weisheitszahn von Napoleon ausstellte. Als der Kaiser 1821 starb, trat ein, was er vorhergesagt hatte: O'Meara veröffentlichte ein Tagebuch, basierend auf seinen Notizen und wurde reich und berühmt.

Die nach O'Mearas Tod in aller Welt verstreuten Erinnerungsstücke wurden von einem anderen irischen Arzt wieder zusammengeführt: Sir Frederick Conway Dwyer (1860–1935). Als Conway Dwyer starb, vermachte er sie dem RCPI, wo es zwischen dem Geweih eines winzigen Hirschkopfes aus Holz einen weiteren Hinweis auf Napoleons Personenkult gibt. Der Holzwürfel soll ein Stück vom Sarg des Kaisers sein und aus dem Jahr 1841 stammen, als sein Leichnam auf St. Helena exhumiert wurde.

KEIN ZWEITES TROJA VON SINÉAD O'CONNOR

(28)

Mit dieser Schönheit, heutzutage rar, gespannter Bogen …

The National Library, 2/3 Kildare Street, Dublin 2
01-603-0200 – nli.ie/yeats
Ausstellungen in der Bibliothek: Montag, Donnerstag & Freitag 9.30–17 Uhr
Dienstag bis Mittwoch 9.30–19 Uhr; Samstag bis Sonntag 9.30–17 Uhr
Eintritt: frei
Pearse Street (DART; 5–10 Min. Fußmarsch); St Stephen's Green (Luas, Grüne Linie; 10 Min. Fußmarsch); die Dublin-Bus-Haltestellen Nr. 746, 747 und 4350 befinden sich ganz in der Nähe an der Kildare Street

Die Yeats-Ausstellung in der National Library bietet einen preisgekrönten Einblick in das Leben und Werk von Irlands berühmtestem Dichter. Sowohl anhand von Notizbüchern, Manuskripten und Gegenständen, die seine verstorbene Frau und sein Sohn spendeten, als auch anhand von Ton- und Filmfragmenten.

Am beeindruckendsten sind die Aufnahmen moderner Stimmen, die klassische Gedichte laut vortragen und die in einer Dauerschleife in einem ruhigen, achteckigen Raum abgespielt werden, begleitet von Impressionen auf einem Bildschirm (Seeinsel, Landschaft von Sligo, Maud Gonne und dergleichen). Auch Seamus Heaney und Theo Dorgan sind darunter. Doch die große Überraschung und das absolute Highlight ist Sinéad O'Connor, die *No Second Troy* (*kein zweites Troja*) liest.

Im diesem kurzen Gedicht stellt W.B. Yeats eine Reihe von rhetorischen Fragen über seine Muse („Soll ich sie tadeln, weil von Gram erfüllt dank ihr mein Leben war..."*) Alle, die in Irland die Schule besuchten, kennen es gut, da es auf der Leseliste für das Abitur (Leaving Certificate anthology, Soundings, Gill & MacMillan, 1969) steht. O'Connors Stimme verbläst den Staub mit jeder Silbe. Sie verleiht den bekannten Zeilen Frische und pendelt mit ihrer Stimmlage zwischen Härte, die von ihrem Dubliner Akzent unterstrichen wird, sirupsüßer Sinnlichkeit und Verletzlichkeit, die dadurch verstärkt wird, dass der Zuhörer über ihr bewegtes Leben Bescheid weiß. Ein inspirierendes Zusammenspiel von Stimme und Lyrik, das den alten Worten neues Leben einhaucht:

Wie konnt sie friedlich sein mit diesem Geist
So rein und edel wie das Feuer schlicht, von einer großen Vornehmheit gespeist,
Mit dieser Schönheit, heutzutage rar, gespannter Bogen...*

Der aus dem Jahr 1890 stammende große Lesesaal ist mit Sicherheit das architektonische Highlight der National Library (Besucher können einen Blick hineinwerfen, solange sie die fleißigen Leser unter der Kuppel nicht stören).
Doch auch andernorts hat das Gebäude verborgene Schätze zu bieten. Suchen Sie auf dem Mosaikboden der Eingangshalle nach der Eule, die Weisheit symbolisiert, oder die Kaminsimse aus Holz, die von Carlo Cambi aus Siena geschnitzt wurden. Sogar die Toiletten lohnen einen Besuch (wegen der Lehnsessel) in einem Gebäude mit dem heeren Ziel „das größere Universum des aufgezeichneten Wissens" zu sammeln, zu erhalten und zugänglich zu machen. Puh!

* *W.B. Yeats,* Gedichte/Poems, *Hörbuch, der Hörverlag, 2015*

DIE TIERSKULPTUREN IN DER KILDARE STREET

(29)

Ein Affentheater

The National Library, 2/3 Kildare Street, Dublin 2
01-603-0200 – nli.ie
Eintritt: frei
Pearse Street (DART; 5–10 Min. Fußmarsch); die Dublin-Bus-Haltestellen Nr. 746, 747 und 4350 befinden sich ganz in der Nähe an der Kildare Street

„Wie die Blätter im Walde, so sind die Geschlechter der Menschen." So lautet ein Zitat von Homer im Ausstellungsbereich der

National Library. Doch sieht man sich die Skulpturen am Fuße der Säulen vor den Schiebefenstern an, vertreten nicht alle so poetische Ansichten.

Früher war in diesem Teil der Bibliothek der Kildare Street Club untergebracht, ein Herrenclub, der von den oberen Zehntausend Dublins frequentiert wurde. Kurioserweise stellen die Skulpturen an den Säulen Raubvögel, einen Hasen jagenden Hund und drei kreischende Affen, die Billard spielen, dar. Was hat das zu bedeuten? Schöpfer dieser Skulpturen waren die O'Shea-Brüder, in Cork geborene Steinmetze, die sich im Dublin des 19. Jahrhunderts einen Namen machten (sie arbeiteten auch am Museum des Trinity College). Die Mitglieder des Kildare Clubs wären einem Billardspiel sicher nicht abgeneigt gewesen. Handelt es sich hier also um einen konspirativen Scherz der O'Sheas auf ihre Kosten? Oder ist es eine subtile Anspielung auf das aufkommende British Empire? Ähnliche, ebenfalls von den Brüdern gestaltete Affen, wurden vom Oxford Museum entfernt, nachdem die Veröffentlichung von Darwins *Über die Entstehung der Arten* große Aufregung verursacht hatte, wie Anto Howard in *Slow Dublin* (Hardie Grant Publishing, 2010) schreibt. Damals weigerten sich empörte Kritiker zu glauben, dass der Mensch von Primaten abstammen soll.

Am verlockendsten ist die Theorie, dass die Tiere ein Seitenhieb auf die privilegierten Mitglieder sind, die im Klub herumstolzierten. Der Kildare Club „steht für alles, was honorig ist", sagte George Moore einmal. „Das heißt, dass jene, die mit dem Einfühlungsvermögen einer Auster gesegnet sind … weiterhin in dem Bett, in dem sie geboren wurden, fett werden sollen."

Kurz gesagt, ein Affentheater.

MCCLINTOCKS EISBÄR

30

Der Bär mit dem Einschussloch

Natural History Museum, Merrion Square, Dublin 2
museum.ie
Dienstag bis Samstag 10–17 Uhr, Sonntag und Montag 13–17 Uhr
Eintritt: frei
Pearse Street (DART; 5–10 Min. Fußmarsch); St Stephen's Green (Luas, Grüne Linie; 10–15 Min. Fußmarsch); die Dublin-Bus-Haltestelle Nr. 2811 befindet sich direkt vor dem Museum.

Man könnte es fast für ein drittes Auge halten. Doch das schwarze Loch auf der Stirn des Eisbären im Natural History Museum stammt von einer Kugel. Es ist ein recht eindeutiger Hinweis darauf, dass die hier ausgestellten und ausgestopften Tiere einst – Tiere waren. Ganz abgesehen davon, dass das Sammeln dieser Tiere sowohl einen Bildungsauftrag nach sich zieht als auch an jede Menge Zerstörung erinnert.

Der Eisbär im Museum wurde Ende der 1850er-Jahre geschossen, auf einer Expedition in die kanadische Arktis, die von Francis Leopold McClintock (1819–1907) geleitet wurde. McClintock, aus Drogheda in der Provinz Louth stammend, war ein Veteran, was Reisen in die Arktis betraf. Sein Auftrag bestand darin, die Reste einer misslungenen Expedition, die Jahre zuvor von Sir John Franklin geleitet worden war, aufzuspüren. Franklin verschwand, als er 1847 versuchte, einen Abschnitt der Nordwestpassage zu kartografieren. Das gesamte, aus 130 Personen bestehende Team verhungerte, starb an Unterkühlung oder Krankheiten, nachdem sie die im Eis festgefrorenen Schiffe in diesem unwirtlichen Klima verlassen hatten. McClintocks Team fand einige Leichen sowie handschriftliche Aufzeichnungen und Gegenstände von Franklins Mannschaft und brachte außerdem jenes Eisbärfell mit nach Hause, das im Museum ausgestellt ist. Auch der Moschusochse und sein Kalb im ersten Obergeschoss sind McClintock zu verdanken, dessen Crew sie während ihrer Reise durch die kanadische Arktis geschossen und verzehrt hatte.

Nachdem alles 1792 mit einer von der Royal Dublin Society gekauften Sammlung begonnen hatte, wurde die Zahl der Schaukästen mit Steinen, Tieren, Fischen und Insekten dank regelmäßiger Spenden rasch größer und siedelte 1857 an seinen heutigen Standort über. Etwa 10.000 Objekte werden hier ausgestellt, in einem Museum, das altmodisch und verstaubt wirkt, und selbst in einer viktorianischen Vitrine ausgestellt werden könnte. Aber es hat in den Herzen der Dubliner einen besonderen Platz, eine großangelegte Restaurierung ist mittlerweile in Planung (einige Teile des Gebäudes sind vielleicht davon ausgenommen). Das Museum ist sowohl wegen seines viktorianischen Flairs als auch wegen der dagestellten Fauna und Flora sehenswert. Und die Museumspädagogen haben sich einige tolle Programme für Familien und Kinder einfallen lassen.

McClintocks Eisbär ist hier nicht die einzige Attraktion. Andere Tiere verdanken ihren Platz hier solch angesehenen Entdeckern wie Thomas Heazle, dessen Statue vor dem Gebäude steht, oder Persönlichkeiten wie König Georg V., der 1913 den bengalischen Tiger spendete.

DAS PRINZ-ALBERT-DENKMAL

31

Dublins einziges royales Monument

Leinster Lawn, Dublin 2
Pearse Street (DART; 5 Min. Fußmarsch), St Stephen's Green (Luas, Grüne Linie; 10–15 Min. Fußmarsch); die Dublin-Bus-Haltestellen Nr. 2810 und 2811 befinden sich am Merrion Square West

Es ist eine Rätselfrage, wie gemacht für ein Pub-Quiz. Wo steht Dublins einziges königliches Denkmal?

Die Antwort versteckt sich auf dem Rasen des Leinster House, wo eine schwarze Bronzestatue von Prinz Albert steht und dem Natural History Museum den Rücken zukehrt.

Es ist ein Glück, dass es sie überhaupt noch gibt. Immerhin wurde 1929 Dublins Statue von Wilhelm III. im College Green in die Luft gejagt. Ein weiteres royales Abbild, jenes der Königin Viktoria, wurde 1947 vom Rasen vor dem Leinster House entfernt und jahrzehntelang eingelagert, bevor es schließlich in den 1980ern in Sidney seinen neuen Standort fand. Weitere Königsdenkmäler gibt es in der Hauptstadt nicht, was dieses hier umso bemerkenswerter macht.

Die Idee für ein Denkmal für Prinz Albert wurde zum ersten Mal Anfang der 1860er-Jahre aufgeworfen, als das Prince Albert Statue Committe in Dublin ein Ansuchen stellte, das Denkmal in Stephen's Green aufstellen zu dürfen. Sie hofften, dass er für die Öffentlichkeit als „Albert Park" geöffnet werden würde. Nachdem ein Gesetzesentwurf diesen Plan über den Haufen warf, schlug man College Green als Knotenpunkt im Zentrum vor, was postwendend von den irischen Nationalisten abgelehnt wurde. „Sollte es zu Konflikten kommen, ließe sich eine Albert-Statue am Standort College Green sehr leicht umstürzen. Aus der Bronze könnten die Patrioten Munition oder Kanonen gießen", wie ein Fenier T. D. O'Sullivan erklärte, dem Autor von *Troubled Times in Irish Politics* (1905). Die Statue von Henry Grattan hat an eben diesem Standort 1875 einen Ehrenplatz erhalten.

Schließlich wurde die Prinz-Albert-Skulptur von John Henry Foley gestaltet, der auch für das Albert Memorial in den Kensington Gardens von London und das Daniel O'Connell Monument auf der O'Connell Street verantwortlich war, und 1872 auf dem Rasen des Leinster House errichtet. Königin Viktoria war nicht beeindruckt, wie James Loughlin in *The British Monarchy and Ireland, 1800 to the Present* (2011) schreibt: „Viktoria, die Alberts Tod lange Jahre betrauerte, fasste dies als eine Beleidigung auf, die sie nie vergessen würde." Das beruhte auf Gegenseitigkeit. Nach wiederholten Drohungen der Republikaner, wurde die Statue 1924 von ihrem zentralen Standort auf dem Rasen an ihren aktuellen, verborgenen Platz gebracht.

DAS PORTRAIT VON DOÑA ANTONIA ZÁRATE

(32)

Stumme Zeugin eines Kunstraubs

National Gallery, Merrion Square, Dublin 1
01-661-5133 – nationalgallery.ie
Montag 11–17.30 Uhr; Dienstag & Mittwoch 9.15–17.30 Uhr; Donnerstag 9.15–20.30 Uhr; Freitag & Samstag 9.15–17.30 Uhr; Sonntag 11–17.30 Uhr
Eintritt: frei
Pearse Street (DART; 5 Min. Fußmarsch); die Dublin-Bus-Linien 4, 5, 6, 7, 7a, 39/a, 46a, 13a, 44, 48a und 45 halten ganz in der Nähe am Merrion Square

Wie sie hier so sitzt, wirkt sie etwas ausdruckslos. Mit ihren Ringellocken, dem schwarzen Kleid und einer Spitzenmantilla hebt sie sich prächtig von ihrem zitronengelben Damastkanapee ab. Wie auch immer man diese verführerische spanische Schauspielerin beschreiben möchte, Doña Antonia Zárate scheint rein gar nichts mit Gaunereien jedweder Art zu tun zu haben.

Doch in der Nacht des 26. April 1974 war das anders. „Dieses Gemälde bedeutet mir aus zwei Gründen wahnsinnig viel", erklärte Lady Clementine Beit später. „Alfred machte mir darunter einen Heiratsantrag und während des Dugdale-Überfalls saßen wir hier gefesselt."

Sir Alfred und Lady Clementine Beit waren die Besitzer dieses Goya-Gemäldes. 1952 hatte das elegante Paar das Russborough House, eine herrliche palladianische Villa in der Nähe von Blessington, in der Provinz Wicklow, gekauft, um dort ihre Kunstsammlung auszustellen. Mick Jagger, Fred Astaire und Jackie Kennedy waren nur einige der Gäste, die im Laufe der Jahre in den Genuss dieser Gemälde kamen. Doch es gab auch ungebetene Gäste. Russborough wurde, während es im Besitz der Beits war, einige Male überfallen. So auch im Zuge eines Einbruchs von IRA-Mitgliedern 1974, der von der skrupellosen britischen Erbin, Rose Dugdale, angeführt wurde. Sie fesselten Sir Alfred und Lady Beit in ihrem Salon und schlugen sie mit einer Pistole nieder, während sie das Portrait von *Doña Antonia Zárate* mit einem Schraubenzieher aus seinem Rahmen schnitten. Glücklicherweise überlebten die Beits, und die Gemälde konnten sichergestellt werden. 1987 spendete das Paar einen Großteil ihrer Sammlung an die National Gallery, die als „eine der herrlichsten [Spenden], die je ein Museum erhalten hatte," beschrieben wurde. Darunter auch Goyas Portrait, obwohl es damals noch verschollen war. Gemeinsam mit einigen anderen Gemälden wurde es 1986 ein weiteres Mal von dem Dubliner Gangster Martin „The General" Cahill, gestohlen. Erst nach einer Polizei-Razzia in Antwerpen mehrere Jahre später schaffte es Doña Antonia Zárate schließlich an die Wand der Gallery. „Das ist eines von Goyas beeindruckendsten Frauenportraits", schwärmt man dort. Doch nur wenige oder vielleicht auch keiner der vorbeischlendernden Besucher ahnt etwas von ihren Abenteuern im 20. Jahrhundert.

Die Beit-Sammlung ist nicht die einzige Spende von internationaler Bedeutung, die an die National Gallery ging. 1900 nahmen ihre Direktoren von Henry Vaughan einen Nachlass über 31 Aquarelle von J.M.W. Turner an – unter der Bedingung, dass sie nur im Januar ausgestellt werden dürften.

SWENY'S CHEMIST

(33)

Die literarische Apotheke

1 Lincoln Place, Dublin 2
087 713-2157 (11–17 Uhr) – 085 814-6713 (nach 17 Uhr)
sweny.ie
Montag bis Freitag 11–18 Uhr
Eintritt: frei
Pearse Street (DART; 5 Min. Fußmarsch); die Dublin-Bus-Haltestellen Nr. 408 und 2809 befinden sich ganz in der Nähe auf der Clare Street bzw. auf der Westland Row

James Joyce war äußerst penibel. Sollte Dublin einmal zerstört werden, glaubte der Autor angeblich, könne es nur mithilfe der Seiten des *Ulysses* wiederaufgebaut werden. Seit seiner Veröffentlichung 1922 hat sich so viel verändert, dass das Meisterwerk von Joyce mittlerweile wirklich das edwardianische Stadtbild in Romanform dokumentiert.

Sweny's Chemist hat überlebt. 1847 eröffnet, taucht diese kleine Apotheke in *Ulysses* auf, als Leopold Blum ein Rezept für seine Frau Molly einlösen möchte. „Er wartete vor dem Tresen, den scharfen Rauch der Drogen einatmend, den staubig trockenen Duft von Schwämmen und Luffas. Unglaublich viel Zeit eigentlich, die man so zubringt, seine Wehwehchen zu erzählen."* „Drogisten ziehen selten um. Ihre grünen und goldenen Kruken zu schwer zu bewegen … Braucht's bloß zu riechen, dann ist man schon geheilt, wie wenn man beim Zahnarzt klingelt."* Obwohl das Rezept nicht fertig ist, verlässt Bloom die Apotheke mit einer Zitronenseife, deren Duft einfach unwiderstehlich war. 1904 hatte Joyce das Geschäft selbst besucht, um sich mit dem Apotheker Frederick William Sweny zu unterhalten. Bei der Beschreibung des muffigen Ambiente stützte er sich stark auf diese Erinnerung.

Sweny's schloss 2009, und es sah so aus, als würde Dublins Liste der verlorenen literarischen Orte um einen Eintrag reicher werden. Doch zum Glück verhandelte eine Gruppe von Joyce-Fans die Mietkonditionen, setzte ehrenamtliche Mitarbeiter ein und schaffte es, den Laden mit dem Verkauf von Büchern, Postkarten und Kuriositäten sowie Zitronenseife, am Laufen zu halten. Regelmäßig finden Lesungen von *Den Dubliners, Ulysses* und *Finnegans Wake* statt. Doch am erstaunlichsten ist, dass die Inneneinrichtung noch fast genauso aussieht wie vor über hundert Jahren, so wie Bloom und Joyce sie erlebt haben. Große Mahagonitheken nehmen den meisten Raum ein. Auf den Regalen legt sich Staub über blaue Flaschen und anderen Krimskrams. In den alten Apothekerschubladen liegen nicht eingelöste Rezepte, in Packpapier eingewickelt und mit einem Bindfaden zusammengebunden, die bis ins Jahr 1903 zurückreichen.

Trotz des innerstädtischen Verkehrs, der geschäftigen Schritte und kreischenden Sirenen vor der Tür ist man völlig in den Worten und der Welt der Bücher gefangen. Einen Moment lang ist die Stadt von damals wiederauferstanden.

* *James Joyce,* Ulysses, *Hans Wollschläger, Suhrkamp Verlag*

DER SCHRIFTZUG FINN'S HOTEL (34)

Eine Erinnerung an den Künstler als jungen Mann

Leinster Street South, Dublin 2
Pearse Street (DART; 5 Min. Fußmarsch); St Stephen's Green (Luas, Grüne Linie; 10 Min. Fußmarsch); die Dublin-Bus-Haltestellen Nr. 404, 405, 406 und 494 befinden sich nur einen kurzen Fußmarsch entfernt

Anfang der 1990er-Jahre entdeckte ein Dubliner Forscher die literarische Entsprechung zu Tutanchamuns Grab. Das dachte er zumindest. Danis Rose arbeitete gerade an einer kritischen Ausgabe von *Finnegans Wake*, als er behauptete, ein unbekanntes Werk von James Joyce entdeckt zu haben – eine Reihe von Fragmenten, die zwischen *Ulysses* und *Finnegans Wake* geschrieben worden waren und die, wie er glaubte, den Titel *Finn's Hotel* tragen sollten.

Obwohl andere Forscher die Fragmente bereits kannten, hielten sie die meisten für frühe Entwürfe von *Finnegans Wake*. Doch Rose, der seine Theorie auf frisch veröffentlichte Briefe stützte, war anderer Meinung. „Es kann keinen Zweifel daran geben, dass *Finns's Hotel* als eigenes Werk gesehen werden sollte, als ein Ort, den Joyce nach *Ulysses* aufsuchte, und von wo aus er zu *Finnegans Wake* aufbrach", erzählte er der *New York Times*. Die Joyce Estates wandten ein, dass die Geschichten niemals für sich genommen veröffentlicht worden waren, und die kontroverse Theorie des Forschers verlief im Sand.

Was auch immer hinter den Fragmenten steckt, das echte *Finn's Hotel* spielte tatsächlich eine wichtige Rolle im Leben von Joyce. Mit Blick auf das Trinity College auf der Leinster Street South bot das *Finn's* ein kleines Labyrinth an Zimmern, die sich über zwei Backsteinhäuser erstreckten. Und obwohl es heute nicht mehr existiert, ist der Hotelname noch immer auf seiner Giebelfront zu lesen. Joyce-Fans erinnern sich gerne an das *Finn's*, da der Autor hier zum ersten Mal auf Nora Barnacle traf, die Liebe seines Lebens. Barnacle arbeitete als Zimmermädchen im *Finn's* und blieb später auf der Nassau Street stehen, um den 22-Jährigen anzusprechen. Am 16. Juni 1904, dem Tag, an dem die Handlung in *Ulysses* spielt und an dem Bloomsday gefeiert wird, verabredeten sie sich zum ersten Mal. Der Schriftzug wurde während der Renovierung der Gebäude sorgfältig erneuert.

In den darauffolgenden Jahren stieg Joyce immer wieder in dem Hotel ab – das von seinem Biografen, Richard Ellmann, als „eine etwas gehobenere Pension" beschrieben wird –, wenn er für ein Geschäftsprojekt nach Dublin zurückkehrte. Er hatte vor, auf der Mary Street das Volta-Cinema zu eröffnen. Dort bat er eine Kellnerin, ihm Noras Zimmer zu zeigen und berichtete in einem Brief an seine Liebste voller Begeisterung von diesem Erlebnis. In *Briefe an Nora* schwärmte Joyce wie die drei Heiligen Könige vor der Krippe: „Ich hatte meine Irrungen und Torheiten, meine Sünden, meine Verwunderung und Sehnsucht mitgebracht, um sie an dem kleinen Bett abzulegen, in dem ein junges Mädchen von mir geträumt hatte."

DAS ZOOLOGISCHE MUSEUM

35

Eine herrliche und bizarre kleine Sammlung

Zoology Dept., Trinity College, Dublin 2
01-896-1366
tcd.ie/zoology
Nur im Sommer geöffnet oder nach Terminvereinbarung
Eintritt: frei
Pearse Street (DART; 5 Min. Fußmarsch); St Stephen's Green (Luas, Grüne Linie; 10–15 Min. Fußmarsch); die Dublin-Bus-Haltestellen Nr. 405, 494, 2809 und andere befinden sich ganz in der Nähe

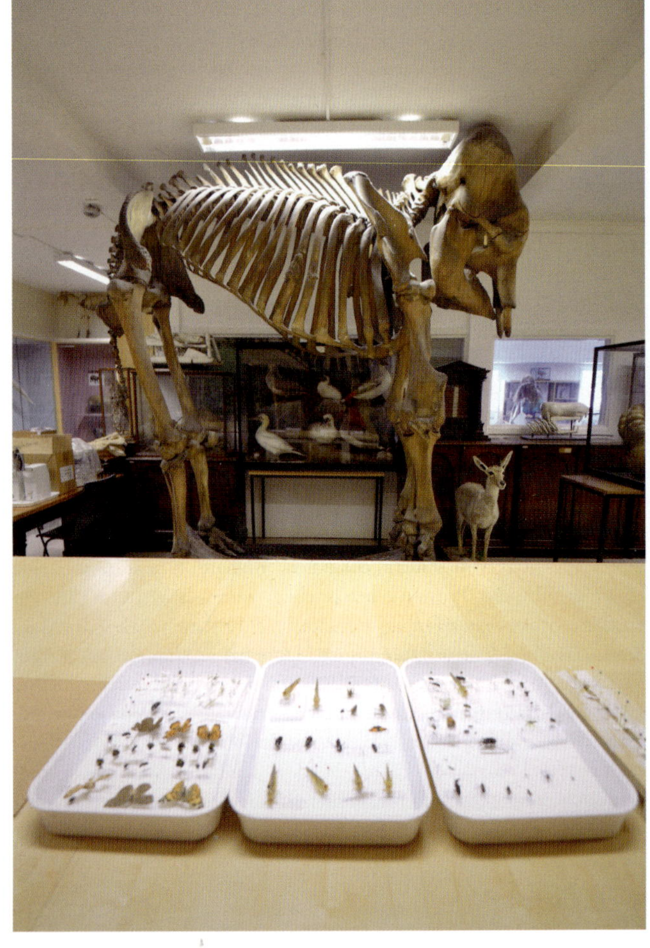

Hier haben wir es mit einem Museum zu tun, das eigentlich in ein Museum gehört. Versteckt zwischen den Büros, Labors und Vorlesungsräumen der Zoologieabteilung des Trinity College, enthält diese herrliche und bizarre kleine Sammlung vom ausgestopften Meeresvogel Alk bis zum Elefantenskelett einfach alles. Es wirkt, als hätte jemand eine Ecke aus dem Natural History Museum entführt – ohne es jemanden zu sagen.

Nur wenige wissen, dass das Zoologische Museum eine lange Tradition hat. Eine Sammlung, die vor über 250 Jahren entstand, war einst eines der wichtigsten Lehrmuseen seiner Zeit und machte 1876 den Bau eines passenden Gebäudes notwendig. Heute ist nur eine kleine Ecke im ersten Stock dafür reserviert, doch zumindest sieht die nahe Zukunft des Museums rosig aus, da es kürzlich dank großzügiger Spenden und eines engagierten Kurators renoviert wurde.

In den Schaukästen findet man spektakuläre Kreaturen in unterschiedlichem Erhaltungszustand: Insekten auf Stecknadeln, Fische in Formaldehyd, Musterexemplare in Gläsern, einen ausgestopften Beutelwolf, der den kleineren Reittieren im „Dead Zoo" des National Museum, das ganz in der Nähe liegt, Konkurrenz macht. Der Riesenalk ist, wie die Besucher erfahren, die einzige Tierart, von der man mit Bestimmtheit sagen kann, wann sie ausgestorben ist (ein zweifelhaftes Privileg): Am 22. Juni 1844 wurde vor der Südwestspitze Islands das letzte Paar erdrosselt und in ein Boot geworfen.

Und wenn wir schon beim Thema sind. Der Alk im Trinity war das letzte dokumentierte Exemplar seiner Art in Irland (er wurde 1834 vor der Küste der Provinz Waterford schwimmend gefunden).

Der Vorstand der Universität gewährte dem Ornithologen, der den Alk spendete, sogar eine „Riesenalk-Rente" von 50 Pfund.

Am anderen Ende des Raums steht das Skelett von „Prince Tom", einem asiatischen Elefanten, den der Duke of Edinburgh dem Dubliner Zoo schenkte. Nach seinem Tod 1882 wurde das Tier auf einem Wagen zum Trinity College gebracht, wo es begeistert „mit Hilfe von Scheren, Seilen und Umlenkrollen" seziert wurde, wie Catherine De Courcy in *Dublin Zoo: An Illustrated History* (Collins Press, 2009) schreibt.

Lassen Sie sich das ausgestopfte Panzernashorn nicht entgehen. Eine Tafel informiert die Besucher, dass das Tier „früher gern mit einem Einhorn verwechselt wurde."

DAS MUSEUMSGEBÄUDE

36

Trinitys wertvolle Steine

Trinity College, Dublin 2
tcd.ie/geology
Montag bis Freitag 9–17 Uhr
Pearse Street (DART; 5 Min. Fußmarsch); St Stephen's Green (Luas, Grüne Linie; 10–15 Min. Fußmarsch); die Dublin-Bus-Haltestellen Nr. 405, 494, 2809 und andere befinden sich ganz in der Nähe

Das Museumsgebäude des Trinity, in dem sich das Geologieinstitut befindet, ist vom venezianisch-byzantinischen Stil inspiriert. Die zwischen 1853 und 1857 nach Entwürfen von Thomas Deane und Benjamin Woodward erbaute Eingangshalle ein wirkliches Prachtstück und wochentags öffentlich zugänglich.

Die Innenwände, die mit französischem Kalkstein verkleidet sind, zieren Steinmetzarbeiten der O'Shea-Brüder (die frische Blumen als Modell wählten). Die Säulen und Balustraden bestehen aus irischem Marmor und Serpentin aus Cornwall, die gewölbte Kuppel wurde aus blauen, roten und gelben glasierten Klinkersteinen gebaut. Gleich hinter dem Eingang kann man das männliche und weibliche Skelett irischer Elche (*Megaloceros giganteus*) nicht verfehlen. Doch wenn man sich weiter umschaut, findet man weitere Exponate, die von fossilen Chirotherium-Fußabdrücken bis zu einer Illustration der Evolution des Lebens auf der Erde reichen.

Alle stammen aus dem geologischen Museum der Universität – einer Sammlung mit über 100.000 Objekten, die Meteoriten und Fossilien, Dinosaurierknochen und Gesteinssammlungen der drei Steinarten Vulkanit, Metamorphit und Sediment umfasst. Das Museumsgebäude wurde in den 1850ern erbaut, um die Sammlung, die auf das Jahr 1777 zurückgeht, sowie den wachsenden Bestand der Universität an geologischen, botanischen, ethnografischen, zoologischen, technischen und anderen Wundern unterzubringen. Im Zuge der Entwicklung des Campus wurden die Sammlungen jedoch verteilt, sodass es heute einer Art Schatzsuche gleicht, sie zu finden.

Vor einiger Zeit verbannte man das geologische Museum ins Obergeschoss. Um die „Rockstars" der Sammlung zu sehen, mussten Besucher mehreren Schildern folgen, die sie über enge Treppen nach oben führten, bevor sie in einen verstaubten Raum mit alten Schaukästen gelangten. Hier konnte man unter den wachsamen Augen eines Rotwildskeletts und dem Holzmodell eines Flugsauriers alles genau studieren, von Korallen über Kopffüßer bis zu einer Handvoll glitzernder Industriediamanten. Heute ist das Museum geschlossen (man kann über die Website des Instituts einen Besuchstermin vereinbaren), wenngleich Schaustücke „zu aktuellen Themen der Geologie" weiterhin in den Vitrinen der Eingangshalle ausgestellt werden.

CHALLONER'S CORNER

37

Dublins kleinster Friedhof

Front Square, Trinity College, Dublin 2
01-896-1000
tcd.ie/visitors
Tara Street & Pearse Street (DART; 5 Min. Fußmarsch); St Stephen's Green (Luas; Grüne Linie) und Abbey Street (Luas; Rote Linie; 5 Min. Fußmarsch)

Im Trinity College mangelt es nicht an Festakten. Oder an gefeierten Ehemaligen um genau zu sein. Deshalb verwundert es auch, dass dieser winzige Friedhof in einer solch unscheinbaren Ecke des Front Square liegt. In Hüfthöhe über einem Geldautomaten in einem Durchgang zwischen der College-Kapelle und der Dining Hall gelegen, wirkt es fast, als ob er absichtlich hier versteckt wurde.

Natürlich macht das auch seinen Charme aus. Der Name Challoner's Corner von Dublins angeblich kleinsten Friedhof stammt von Luke Challoner, einem der ersten Trinity-Mitglieder und einer Leitfigur in den Jahren nach der College-Gründung 1592. Challoners private Buchsammlung bildete die Grundlage für die Bibliothek hier, die er im Zuge mehrerer Reisen nach London mit James Usher, dem zukünftigen Erzbischof von Armagh weiter ausbaute. Sein Grabdenkmal findet man in der kleinen Einfriedung. Schwieriger wird es schon bei der verblassten Inschrift. Das Denkmal stand ursprünglich in der alten College-Kapelle und wurde nach draußen verlegt, als das Gebäude 1798 ersetzt wurde. Mittlerweile haben Wind und Wetter ganze Arbeit geleistet (es soll eine Alabasterfigur gegeben haben, doch die dürfte längst verwittert sein). Eine Übersetzung der lateinischen Grabinschrift aus *Fuller's Church History of Britain* (1665), lautet:

This tomb within it here contains,
Of Chalnor the said remains;
By whose prayer, and helping hand,
This House erected here doth stand. *

Zu den ehemaligen Pröbsten und Mitgliedern, derer hier gedacht wird, gehören John Sterne (1660–1745), der Erbauer des Printing House und George Browne, dessen Tod 1699 auf eine Verletzung während eines College-Aufstandes zurückzuführen ist. Brownes Grab ist eine übertriebene Gedenktafel, die von korinthischen Säulen flankiert wird. Doch die lange lateinische Inschrift lässt nicht vermuten, dass er, als er gerade einige Studenten ermahnen wollte, von einem Ziegel getroffen wurde.

Doch nicht alle, die hier liegen, sind schon so lange tot. Ein paar Auserwählte erhalten auch heute noch in Stein gemeißelte Inschriften im Challoner's Corner. Daher die Gedenktafeln für den ehemaligen Probst William Arthur Watts, der 2010 starb und Francis Stewart Leland Lyons, der 1983 von uns ging. Obwohl er in Vergessenheit geraten zu sein scheint, strahlt der winzige Friedhof eine stille Würde aus. So sauber und von grünen Büschen, gelehrtem Stein und Gedenktafeln umgeben, die sich aufgrund der Enge fast berühren. Kaum zu glauben, dass die geschäftige Kreuzung College Green nur wenige Schritte entfernt liegt.

* *Dieses Grabmal hier enthält / von Chalnor die besagten Überreste / Durch dessen Gebet und helfende Hand / Steht dieses Haus, das hier errichtet.*

PLAKETTE FÜR FATHER PAT NOISE ㊳

Der Scherz mit der Plakette

O'Connell Bridge, Dublin 2
Tara Street (DART; 5 Min. Fußmarsch); Abbey Street (Luas, Rote Linie); zahlreiche Dublin-Bus-Linien halten an der O'Connell Street und den Kais

Father Pat Noise war ein Priester, der unter zweifelhaften Umständen ums Leben kam, als seine Kutsche am 10. August 1919 in den Fluss Liffey stürzte.

Oder etwa nicht? Zumindest scheint die kleine bronzene Plakette, die in die Westbrüstung der O'Connell Bridge eingelassen ist, eines echten Mannes zu gedenken. Doch tatsächlich ist sie ein Scherz. Sie passt genau in die Aussparung, in der zuvor die Steuereinheit der unter einem schlechten Stern stehenden Millennium-Uhr untergebracht war und wurde 2004 am helllichten Tag dort angebracht. Zwei Jahre lang blieb sie von der Dubliner Stadtverwaltung unentdeckt. „Es ist wirklich sehr ungewöhnlich, dass so etwas vorkommt", gaben Vertreter der Stadt gegenüber der *Sunday Tribune* an, die sie als erste darauf aufmerksam gemacht hatte. Nach Begutachtung der nicht genehmigten Gedenktafel, veranlasste die Stadt deren Entfernung.

Father Noise, dessen Profil auf der Plakette im Relief zu sehen ist, wird als „Berater von Peadar Clancy" beschrieben, einem realen irischen Republikaner, der während des Osteraufstandes gekämpft hatte und im Dublin Castle am Bloody Sunday (21. November 1920) getötet wurde. Man vermutet, dass „Pat Noise" eine Anspielung auf das lateinische „Vater unser" (*Pater Noster*) ist. Videoaufnahmen, die später von den Witzbolden bereitgestellt wurden und offensichtlich das Anbringen der Plakette auf dieser belebten Brücke zeigen, beschreiben sie als Hommage an ihren Vater. Auf der Plakette steht, dass sie „von HSTI angebracht wurde" – ein etwas rüdes Anagramm, das alle möglichen Interpretationen zulässt. Ist die Plakette eine Anspielung auf Irlands zweifelhafte Tradition, öffentliche Gelder für Projekte wie die Millennium-Uhr zu verschwenden, die schon wenige Wochen nach der Installation mit Algen überwachsen war? Ist sie ein Hinweis auf den irischen Republikanismus, die katholische Kirche oder einfach nur ein Streich, der den irischen Hang zur Witzelei widerspiegelt, ein einfallsreicher Scherz, mit dem die Behörden verulkt werden sollten?

Die Gedenktafel steht auch für Hartnäckigkeit. Nachdem die Stadt sie 2007 entfernen ließ, tauchte nach wenigen Monaten Ersatz auf. Auch dieser sollte entfernt werden, bis, aufgrund zunehmender öffentlicher Unterstützung, vom Ausschuss für den Südosten der Stadt eine Abstimmung eingeleitet wurde, die sich für ihre Beibehaltung aussprach. Kritiker verurteilen diesen jugendlichen Vandalismus, doch die Plakette gibt es nach wie vor.

CON HOULIHANS „SCHREIN“ (39)

„Er wird von Jung und Alt geliebt …“

Mulligan's Pub, 2 Poolbeg Street, Dublin 2 – 01-677-5582 – mulligans.ie
Montag bis Donnerstag: 12–23.30 Uhr, Freitag & Samstag: 11–00.30 Uhr, 12.30–23 Uhr
Tara Street (DART; 2 Min. Fußmarsch); Abbey Street (Luas Rote Linie; 5 Min. Fußmarsch); mehrere Dublin-Bus-Haltestellen befinden sich ganz in der Nähe an der Hawkins Street und der D'Olier Street

Dank seiner schmuddeligen Eleganz und den beeindruckenden literarischen Referenzen, ist das Mulligan's eine der ehrwürdigsten Spelunken Dublins. Betritt man es von der Poolbeg Street, dauert

es nur einen kleinen magischen Moment, bis sich die Augen an das Dunkel gewöhnt haben und man abgenutzte Theken, ölige Tapeten, Gaslampenfassungen und rissige Lederhocker erkennen kann.

Es scheint sich nichts verändert zu haben, seit John Mulligan die Räumlichkeiten 1854 mietete; seit James Joyce in seiner Kurzgeschichte *Counterparts* hier einen Wettkampf im Armdrücken inszenierte; seit ein junger JFK sich hier 1945 ein Pint genehmigte; seit Stars wie Julia Roberts und Judy Garland hier Platz nahmen. Und so berühmt seine Gäste auch waren, es sagt einiges über diesen Ort aus, dass keiner von ihnen mit kitschigen Erinnerungsfotos an den Wänden verewigt ist. Keiner bis auf Con Houlihan. Von ihm gibt es hier nicht nur ein Foto, sondern einen richtigen Schrein.

Houlihan (1925–2012) war ein Sportjournalist, der so bunte, witzige und außergewöhnliche Arbeit für die Irish Press Group und später für die Independent Newspapers lieferte, dass er im öffentlichen Bewusstsein auf einer Stufe mit literarischen Größen wie Behan, Kavanagh und Flann O'Brien stand (tatsächlich sind alle vier auf in den Gehweg eingelassenen Gedenktafeln vor einem weiteren Stammlokal Houlihans, dem Palace, verewigt). Der Mann aus Kerry war auch ein Gigant der Dubliner Pub-Szene, und das hier platzierte Foto zeigt ihn in seinem „Büro", typischerweise mit einem Glas Brandy mit Milch in der Hand. Houlihan verfasste seine Artikel regelmäßig im Mulligan's und löste sogar Schecks hinter der Bar ein. Als er mit 86 Jahren starb, erklärte sein Sportjounalistenkollege Ian O'Riordan von der *Irish Times*: „Selbst nach einer durchgearbeiteten Nacht saß er – so manches Mal sehr überraschend – vor Tagesanbruch an seinem Tisch und setzte seine Kolumne auf."

„Con Houlihan ist der größte lebende Sportjournalist", lautet ein Zitat von John B. Keane auf dem aus Holz und Messing zusammengeschusterten Schrein, der durch die paar Tippfehler noch reizender anmutet. „Als er die Bühne des Sports betrat, brachte er mit seiner eigenen Sichtweise und Ehrlichkeit frischen Schwung in die von Vorurteilen und Scheinheiligkeit geprägte Szene. Ich spielte gegen ihn Rugby und trank mit ihm Porter. Wir waren ganz brauchbare Spieler, schnitten aber beim Trinken besser ab …"

Am unteren Rand fasst es ein Gedicht von Brendan Kennelly zusammen:

He's loved by young and old,
He's [sic] words are bright and true
Making the thoughtless think, The humourless laugh
Now that's a hard thing to do …*

* *Er wird von Jung und Alt geliebt / Seine [sic] Worte sind hell und klar / Er bringt die Unbedachten zum Nachdenken, die Humorlosen zum Lachen / Und das ist wahrlich nicht so einfach …*

DIE TAUCHGLOCKE

Die Glocke in den Docklands

Sir John Rogerson's Quay, Dublin 2
Kann rund um die Uhr besichtigt werden
Eintritt: frei
Pearse Street and Grand Canal Dock (DART; jeweils 10–15 Min. Fußmarsch; die Dublin-Bus-Haltestellen Nr. 7512, 7076 und 7077 befinden sich ganz in der Nähe

Viele Jahre sah es so aus, als würde sie auf dem Schrottplatz landen, doch dieses große, schrill-orange Stück Metall auf dem Sir John Rogerson's Quay erwies sich schließlich als Schatz und kam nicht auf den Müll.

Wie viele Menschen wussten bis zu seiner kürzlich erfolgten Renovierung, dass dieses großartige Gerät ursprünglich als Tauchglocke zum Ausbaggern des Liffey-Kanals entworfen wurde?

Nach den viermonatigen Restaurierungsarbeiten 2015 ist die Diving Bell jetzt eine Besucherattraktion. Fußgänger, die einst durch ihre Luken spähten, können nun hineingehen und anhand einiger Tafeln mehr über ihre ungewöhnliche Geschichte lernen. Man erfährt, dass die Glocke aus dem Jahr 1860 stammt und von einem Mann mit dem genialen Namen Bindon Blood Stoney entworfen wurde (der ehemalige Hafenbaudirektor, der in der nahegelegenen Blood Stoney Street gewürdigt wird). Damals wurde der Hafen von Dublin mit Tiefwasseranlegern ausgebaut, die man für nötig hielt, um die vielen Dampfschiffe, die in der Stadt anlegen wollten, abzuwickeln. Anstatt für den Bau der neuen Hafenanlagen die traditionelle Kofferdammtechnik anzuwenden, brachte Stoney die radikale Lösung vor, Fertigbetonplatten auf den Meeresgrund zu legen und sie mithilfe einer Tauchglocke, die von einem schwimmenden Lastkahn hing, in den Boden zu rammen. Die 1,86 m^2 große Luftschleuse und der Zugangsschacht werden nun auf einem Podest präsentiert, damit Besucher den Raum betreten können, in dem eine Gruppe von Männern im Schichtbetrieb arbeitete. Schon heute wirkt alles sehr eng, wie muss es also damals erst gewesen sein. Eine heiße Kammer, in der die Arbeiter aufgrund der Druckluft oft Ohrenverletzungen davontrugen (obwohl es keine Aufzeichnungen zu Todesfällen oder schweren Unfällen gibt).

Stoneys Leistung war bemerkenswert, bis hin zum Einsatz von Beton im großen Stil, einer Technik, die noch in den Kinderschuhen steckte (an den Tiefwasseranlegern, die unter seiner Aufsicht gebaut wurden, können noch immer die größten Schiffe im Hafen anlegen). Die Glocke selbst wurde bis in die 1950er-Jahre verwendet, als die Schichten zumindest durch elektrisches Licht und ein Telefon erleichtert wurden, wie Cormac F. Lowth in *The International Journal of Diving History* schreibt. Laut Lowth „bestand einer der Vorteile, in der Tauchglocke zu arbeiten, darin, dass die Männer ein paar dicke Plattfische auf dem Boden fanden, sobald das Wasser sich zurückzog und sie so ein Abendessen mit nach Hause brachten."

CHIMNEY PARK

Eine rauchende Innenstadtoase

Abseits des Grand Canal Square, Dublin 2
Pearse Street und Grand Canal Dock (DART; jeweils 10–15 Min. Fußmarsch); Spencer Dock (Luas,10–15 Min. Fußmarsch); die Dublin-Bus-Haltestellen Nr. 7512, 7076 und 7077 befinden sich ganz in der Nähe

Gemeinsames Denken ist in einer Stadt nichts Selbstverständliches. Und doch versteckt sich, nur ein paar Schritte vom urbanen Stadtbild des Grand Canal Square entfernt, ein sandiger, kleiner Ort, der wirkt, als wäre er von Bewohnern für Bewohner konzipiert worden.

Chimney Park wurde 2009 eröffnet, just nachdem der Celtic Tiger in der gnadenlosen Falle der Rezession gefangen war. Damals war klar, dass die South Docklands nicht mehr das aufstrebende Stadtviertel sein würden, von dem die Planer und Entwickler in den 2000ern geträumt hatten. Doch einige prägende Gebäude wurden verwirklicht, bevor die Geldgeber sich zurückzogen. Darunter auch The Marker, ein Fünfsternehotel, entworfen von Manuel Aires Mateus sowie das Bord Gáis Energy Theatre, ein ehrgeiziges Herzstück, im Signature-Stil von Daniel Libeskind umgesetzt. Hinter ersterem verborgen (und neben letzterem) befindet sich der bescheidene kleine Chimney Park.

Der rund um einen restaurierten Backsteinschlot auf dem Gelände der ehemaligen Dublin Gasworks angelegte Park wirkt auf den ersten Blick wie ein zwangloser Raum. Aber lassen Sie sich nicht täuschen: für die Gestaltung, die bis ins kleinste Detail durchdacht ist, waren jede Menge Gespräche mit Interessensgruppen und lokalen Parteien notwendig. Eine nähere Betrachtung des Spielplatzes enthüllt ungewöhnliche Akzente, wie Spiegelwände und clevere kleine Ziegelgriffe, die in den Sockel des Schlots eingelassen wurden und ihn in eine Kletterwand verwandeln. Kinder von der lokalen City Quay National School haben sich sogar ein Gedicht ausgedacht – *Talking Chimney (der sprechende Schlot)* –, das in die Parkbänke eingraviert wurde. Jetzt müssen die Leute den Park nur noch finden.

Die South Docklands von Dublin werden von einigen der eindrucksvollsten Straßennamen der Stadt durchzogen. Suchen Sie zum Beispiel nach der Blood Stoney Road, benannt nach dem innovativen ehemaligen Hafenbaudirektor Bindon Blood Stoney. Ganz in der Nähe hat die Lazer Lane ihren Namen von „Lazaretto“, was an die einst in der Nähe liegenden Quarantänestationen für Leprakranke und Seemänner erinnert.

Doch am eindrucksvollsten ist wohl Misery Hill. Der Name stammt offensichtlich aus einer Zeit, „als die Erhängten vom Galgen in der Baggot Street hier zur Verwesung als Warnung für andere Unruhestifter aufgeknüpft wurden“, wie Turtle Bunbury in Dublin *Docklands – An Urban Voyage* (Montague, 2008) schreibt.

DIE DUBLIN CITY ARCHIVES

Nelsons Kopf und Bang Bangs Colt 45

128–144 Pearse Street, Dublin 2
01-674-4999
dublincity.ie
Terminvereinbarung erforderlich; Mittwoch bis Donnerstag 10–12.30 Uhr und 14–16.30 Uhr
Eintritt: frei
Pearse Street (DART; 5 Min. Fußmarsch); die Dublin-Bus-Haltestellen Nr. 351 und 398 befinden sich außerhalb bzw. gegenüber dem Bibliotheksgebäude

Die Sammlung der Dublin City Archives umfasst Aufzeichnungen von 1171 bis ins späte 20. Jahrhundert. Ein Fundus an Dokumenten der Stadtverwaltung, Gerichtsakten, Besitzurkunden, Landkarten, Plänen, Wählerlisten, Zeitungsarchiven, Kirchen- und Grundbüchern sowie Aufzeichnungen zur Emigration dokumentieren die Entwicklung Dublins im Laufe der Jahrhunderte. Jeder der einen Lichtbildausweis mitbringt, der die Voraussetzung für die Ausstellung eines Archivausweises ist, und sich an die Regeln hält – keine Fotos, Stifte, Handys und kein Essen – kann hierherkommen.

Man findet hier nicht nur Dokumente aus Papier. Eine Fackel der Olympischen Spiele 2012 in London wird ausgestellt, und Nelsons Kopf steht auf einem Sockel in der Ecke des Leseraums. Natürlich nicht der echte Kopf, sondern jener der vier Meter hohen Statue, die auf die Erde stürzte, als die IRA 1966 die Nelson-Säule in der O'Connell Street in die Luft jagte. „Es gab einen mächtigen Blitz und ein Geräusch wie Donnergrollen", wie sich ein Taxifahrer, der an einer nahegelegenen Ampel hielt, in einem ausgestellten zeitgenössischen Artikel erinnert. „Ich hatte gerade noch genug Zeit, von dort zu verschwinden. Der Kopf hat einiges abbekommen, ist aber erstaunlich gut erhalten, wenn man bedenkt, aus welcher Höhe er herunterfiel. Darüber hinaus misslang in den 1950-Jahren ein Versuch von Studenten des UCD (University College Dublin) ihn einzuschmelzen. Trotz all der Bemühungen, ihn zu zerstören, wacht Nelson noch immer mit seinem guten Auge über die Bürger in diesem Raum.

Ein weiteres, dezenteres, aber nicht weniger spannendes Objekt im Archiv ist der Colt 45, den einst Thomas „Bang Bang" Dudley (1906–1989) schwang. Bang Bang „knallte" Tausende Menschen in Dublin „ab", wurde aber nie für seine Verbrechen zur Verantwortung gezogen. Warum? Seine „Waffe" war ein Kirchenschlüssel. „Er knallte mich täglich damit ab", erzählt Leo Magee, der Portier des Archivs und einer von vielen Dublinern, die sich gerne an Dudleys Cowboy-Possen in Kinos, Straßenbahnen und auf den Straßen der ganzen Stadt erinnern. „Mit einer letzten theatralischen Geste galoppierte ein siegreicher Bang Bang gen Horizont und klatschte sich auf seinen Hintern, als säße er auf einem Pferd", erinnert sich Paul Drury in einem Beitrag für die *Irish Daily Mail*.

„Die ganze Stadt gehörte mir", erzählte Dudley 1979 einer anderen Zeitung, der *Evening Press*.

Und wenn man die Bücher und Aufzeichnungen hier durchstöbert, fällt es einem schwer, nicht dasselbe zu denken.

ARCHER'S GARAGE

Das Gebäude, das von den Toten auferstand

Fenian Street, Dublin 1
Pearse Street (DART; 5 Min. Fußmarsch); die Dublin-Busse 120, 27x, 4, 7 und 8 halten an der Haltestelle Nr. 408 am nahegelegenen Merrion Square

Dublin ist voller herrlicher Architektur. Doch wie jede große Stadt muss auch sie hunderte (manche meinen tausende) schreckliche Bausünden ertragen.

Man denke nur an den Abriss einer Straßenzeile georgianischer Stadthäuser, um für die ESB-Büros in der Fitzwilliam Street Platz zu machen. Oder den Verlust der Eccles Street Nr. 7, einer der berühmtesten Adressen der Weltliteratur. Oder das ehemalige Theatre Royal 1962, das dem Hawkins House, der kränklich wirkenden Zentrale des Gesundheitsministeriums weichen musste. Sogar die berüchtigte Wide Streets Commission ließ einen großen Teil der mittelalterlichen Stadtstrukturen abreißen, um Hauptstraßen wie die heutige Parliament Street zu bauen, wobei „Arbeiter den schlafenden Hausbewohnern buchstäblich das Dach über dem Kopf wegzogen“, wie Niall McCullough in *Dublin: An Urban History* (Lilliput, 2007) schreibt.

Nach einem Wochenende im Juni 1999 sah es so aus, als ob Archer's Garage das nächste Opfer der Stadtentwickler wäre. Das vom Jugendstil inspirierte Gebäude, das sich hübsch über eine Ecke der Fenian Street zieht, war der erste Bau in Irland, der aus Stahlbeton gebaut und mit flippigen Leuchtröhren ausgestattet war. In dem von Arnold Francis Hendy entworfenen und in den späten 1940ern errichteten Gebäude wurden Ford-Automobile verkauft und gewartet. In den späten 1990ern war es jedoch das letzte noch verbliebene Gebäude auf einem Gelände, das für einen neuen Apartmentkomplex vorgesehen war. Obwohl denkmalgeschützt, wurde das Archer's von einer Firma abgerissen, die für einen bekannten Dubliner Bauträger arbeitete, während die Wachhunde der Stadt (und die aufmerksamen Bürger) dienstfrei hatten und ein verlängertes Wochenende genossen.

Es folgte ein öffentlicher Aufschrei, und die Stadt trug dem Bauunternehmer auf, die Werkstatt wiederaufzubauen, wollte er nicht eine deftige Geldstrafe und/oder Gefängnis riskieren. Archer's wurde in Dublin schnell zum Paradebeispiel für eine rücksichtslose Art der Stadtentwicklung und für die Trägheit, mit der man Dublins Bauwerke aus dem 20. Jahrhundert wertschätzte und angemessen schützte. Bis das Gebäude wieder stand, dauerte es fünf Jahre.

Fährt man heute an der Ecke Fenian und Sandwith Street vorbei, sollte man der Versuchung widerstehen, an der Werkstatt für einen Kanister Öl zu halten (so einladend der Vorplatz mit seiner dicken weißen Stützsäule auch aussieht). Das weiße Gebäude bildet nun den Eingang zu einem angrenzenden Bürogebäude und beherbergt heute eine Bank. Es ist keine perfekte Nachbildung des Originals, dessen Vorzüge bei einigen von vornherein umstritten waren, aber es ist ein Beweis für den Sieg über leichtfertige Projektentwickler.

DER *JOKER'S* CHAIR

Was bleibt, ist Lachen …

Merrion Square Park, Dublin 2
dublincity.ie
Dezember & Januar 10–17 Uhr, Februar & November 10–17.30 Uhr, März & Oktober 10–18.30 Uhr; April & September 10–20.30 Uhr Mai & August 10–21.30 Uhr; Juni & Juli 10–22 Uhr
Pearse Street (DART; 5 Min. Fußmarsch); die Dublin-Bus-Haltestellen Nr. 408, 494 und 2810 befinden sich in der Nähe der Clare Street und des nordwestlichen Eingangs

Der Merrion Square entstand 1762, als die ersten Stadthäuser entlang des Platzes errichtet wurden.

Obwohl er heute hauptsächlich Büros beherbergt, war dieser georgianische Platz zu seiner Glanzzeit eine der angesagtesten Adressen Dublins. Zu den ehemaligen Bewohnern zählten Oscar Wilde (der in Nr. 1 wohnte; gegenüber befindet sich sein kokettes Denkmal von Danny Osborne), Daniel O'Connell (Nr. 58) und W. B. Yeats (Nr. 82). Jeder von ihnen besaß einen Schlüssel zu dem damals privaten Park.

1930 kaufte die katholische Kirche die Grünfläche, mit der Absicht, dort eine Kathedrale zu errichten. Dazu kam es jedoch nie, und eine der schönsten Stadtoasen wurde, als man sie 1974 an die Dubliner Stadtverwaltung übertrug, ein öffentlicher Park.

Dieses letzte Detail macht den *Joker's Chair* (2002) so wunderbar. Merrion Square ist nicht nur ein historischer Park. Er ist auch eine Art Outdoor-Museum, mit Büsten, Denkmälern und sogar Pflastersteinen der alten Stadtstraßen, die heute die Wege eingrenzen (bis vor kurzem gab es hier auch ein paar alte Gaslaternen). Doch der *Joker's Chair* ist anders. Es handelt sich hier um einen Thron aus Bronze zu Ehren von Dermot Morgan (1952–1998), dem Schriftsteller, Satiriker, Schauspieler und Komiker, den man vor allem durch seine Rolle als *Father Ted* in der Channel 4 Sitcom kennt und der davor den *Father Trendy* auf RTE spielte sowie verschiedene Politiker auf *Scrap Saturday* aufs Korn nahm. Das heißt, wo eine Kathedrale hätte stehen können, steht nun ein Thron zu Ehren des lustigsten und schärfsten Kritikers der Kirche, den Irland je erlebt hat.

Warum ein Thron? Bildhauerin Catherine Green hatte hier sichtlich Spaß. Sie lenkt den Fokus auf Fehlendes und lädt so die Passanten ein, sich damit auseinanderzusetzen (Setzen Sie sich hin!). Gleichzeitig ist er eine Allegorie und beschwört Shakespeares Narren herauf, die mit deutlichen Wahrheiten aufwarteten, während die Monarchen um sie herum ihre verrückten Ideen trotzdem auslebten (Sie sind gemeint, *König Lear*). „Greene sah Dermot als modernen Hellseher, der keine Angst hatte, die Wahrheit auszusprechen, klug, gnadenlos und mit Witz", wie es im Stadtführer *Art in Parks* (2014) des Dublin City Council heißt.

Die Widmung auf dem Kunstwerk lautet:
... and all the rest is laughter
laughter liberating
*laughter to be remembered**

* *... alles was bleibt, ist Lachen / befreiendes Lachen / Lachen, an das man sich erinnert*

en Gray Models

DAS IRISCHE ARCHITEKTURARCHIV

Die größte Einrichtung historischer Architekturdokumente in Irland

45 Merrion Square, Dublin 2
iarc.ie
Dienstag bis Freitag 10–17 Uhr
Eintritt: frei
Pearse Street (DART; 10 Min. Fußmarsch); St Stephen's Green (Luas, Grüne Linie; 10–15 Min. Fußmarsch); die Dublin-Bus-Haltestellen Nr. 409 und 493 befinden sich in der Nähe am Merrion Square West

Das irische Architekturarchiv sammelt und bewahrt Unterlagen zur irischen Architektur auf, von den frühesten Bauten bis zu zeitgenössischen Gebäuden. Und als eigenständige GmbH mit gemeinnützigem Status sind diese Unterlagen für alle frei zugänglich.

Der Ort, an dem das möglich ist, ist ein sehr passender: das größte der georgianischen Reihenhäuser am Merrion Square, entstanden 1795. Durch die automatische Glastüre gelangen die Besucher in einen Salon, der durch mehrere Schiebefenster in natürliches Licht getaucht wird. Das hier ist der erste Ausstellungsraum, in dem die Objekte von Architekturzeichnungen des Leinster House bis zu Modellen von Gebäuden reichen, die von Eileen Gray (1878–1976) entworfen wurden, der in Wexford geborenen Architektin, die vor allem für ihr E-1027-Projekt bekannt ist, das Ferienhaus, das sie mit Jean Badovici an der französischen Riviera baute. Weiter geht es in einen dunkleren Raum im Inneren des Hauses, in dem Glasschränke und dezente Beleuchtung Aufschluss über die Werke von Architekten wie Pugin geben oder über Themen des sozialen Wohnbaus in Dublin bis hin zum georgianischen Interieur oder die Restauration der Christ Church Cathedral. Die Sammlungen umfassen Bücher, Broschüren und Zeichnungen sowie Tausende Akten, die von größeren Büros angelegt wurden.

Zusammengenommen stellt der Fundus des Archivs die größte Einrichtung historischer Architekturdokumente in Irland dar, mit über 250.000 Zeichnungen, mehr als 400.000 Fotos und einer umfangreichen Referenzbibliothek. Besucher haben über die Kataloge und die öffentlich zugänglichen Terminals im Leseraum auch Zugriff auf eine Vielzahl an Büchern und Zeitschriften sowie frühe Druckschriften.

DAS NATIONAL PRINT MUSEUM

(46)

„Wie würde die Welt wohl ohne sie aussehen …“

Garrison Chapel, Beggars Bush Barracks, Haddington Road, Dublin 4
01-660-3770
nationalprintmuseum.ie
Dienstag bis Freitag: 10–16 Uhr, Samstag bis Sonntag: 12–16 Uhr
Montags und an verlängerten Wochenenden geschlossen
Lansdowne Road (DART; 10–15 Min. Fußmarsch)

Der Druck mag ein rückläufiges Medium sein, doch dieses seltene Juwel ist es sicher nicht. Das Druckereimuseum, versteckt in einer früheren Kapelle in den Beggars Bush Barracks, „sammelt, dokumentiert, bewahrt, präsentiert und interpretiert das materielle Erbe des Druckhandwerks, macht ihn zugänglich und fördert die Fertigkeiten des Handwerks in Irland." Sehr wortreich – und sehr treffend.

Besucht man dieses lebendige Museum während des Schuljahres, kann man Kindern beim Gestalten von Plakaten, Stanzen von Löchern oder Falten von Papierhüten zusehen. Vielleicht zeigt ihnen ein pensionierter Drucker, wie die Maschinen funktionieren, die er wartet. Es gibt geführte Touren („Der Buchdruck war eine noch größere Erfindung als das Internet", erklärt ein Guide), und Studenten des National College of Art and Design (NCAD) holen sich Ideen für ihr Letterpress-Projekt.

Die Geschichte des Drucks geht bis ins Jahr 105 zurück, als Chinas T'sai Lun Papier aus der zerkleinerten Rinde eines Maulbeerbaums herstellte. 1493 erfand Johannes Gutenberg die Druckerpresse, und in den 1980ern entstanden mit den Computern neue Technologien, die den Druck in das 21. Jahrhundert katapultierten. Man erfährt mehr über den Druckprozess, Schrifttypen und wie das Handwerk weitergegeben wurde. Das Museum besitzt eine der wenigen noch vorhandenen Kopien der Proklamation der Irischen Republik. Das heimlich gesetzte und auf einer alten Wharfedale Stoppzylinderpresse (wie jene, die im Museum steht) gedruckte Dokument ist nicht nur aus historischer Sicht spannend, sondern zeigt auch den Einfallsreichtum der Männer, die es druckten. Da sie zu wenig Drucktypen hatten, mischten sie Schriftarten, druckten das Dokument in zwei Hälften, machten mit Siegelwachs beim Wort „Republik" aus einem „P" ein „R" (achten Sie auf das etwas dickere schräge Bein) und arbeiteten an diesem Ostersonntag bis spät in die Nacht. Nur 30 der 1000 Originalkopien gibt es heute noch.

Das Museum hat eine klare Botschaft: Die digitale Ära setzt dem Druck gehörig zu, gedruckte Zeitungen und Bücher kämpfen ums Überleben, doch das Handwerk bleibt bestehen. „Achten Sie eine Woche lang darauf, wie viele gedruckte Gegenstände Sie nutzen", heißt es hier. „Und dann stellen Sie sich vor, wie die Welt ohne sie aussehen würde. Und wie langweilig sie wäre."

WINDMILL LANE STUDIO TOUR (47)

Die Geister des guten alten Rock 'n' Roll

20 Ringsend Road, Dublin 4
windmilllanerecording.com
Die einstündigen Führungen müssen vorab gebucht werden.
Die Dublin-Bus-Haltestellen Nr. 355 (stadtauswärts) und 395 (stadteinwärts) befinden sich ganz in der Nähe (unter anderem halten hier die Buslinien 1, 15a, 15b, 47, 56a und 77a); die DART-Haltestelle am Grand Canal Dock liegt fußläufig 5 Min. entfernt

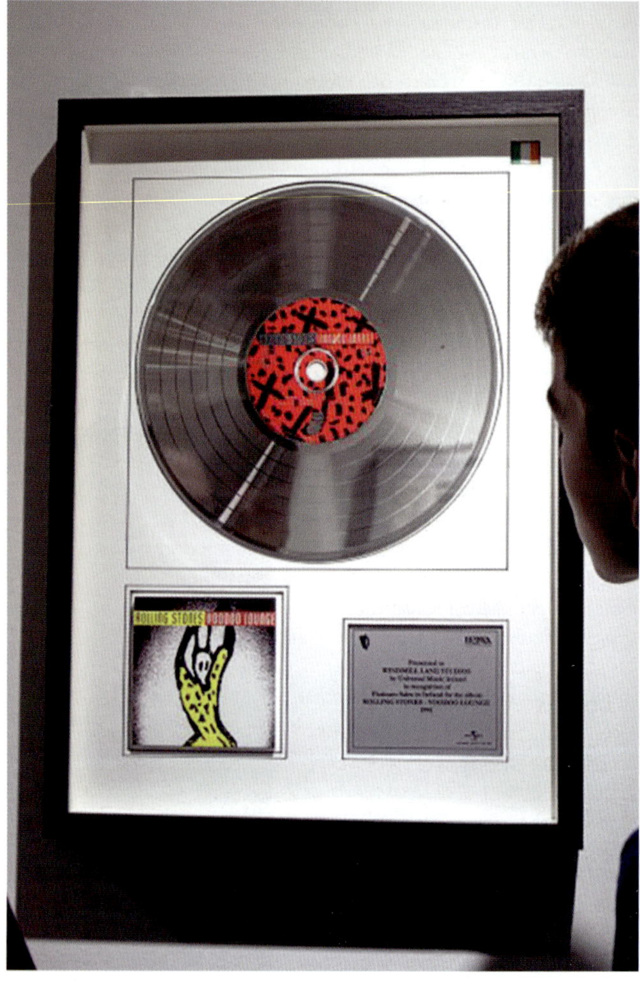

Neben dem Busbahnhof in der Ringsend Road in Dublin steht ein kastenförmiges, altes Gebäude. Es sieht bedrohlich aus, fast wie ein Bunker. Doch dort entstanden einige bemerkenswerte Musikstücke, während draußen die ganze Welt vorbeispazierte.

Darunter *Hounds of Love* von Kate Bush, *The Long Black Veil* von The Chieftains, der Soundtrack des Films *The Commitments* oder *To Bring You My Love* von PJ Harvey. Sie alle wurden hier aufgenommen. Auch Lady Gaga, Ed Sheeran und AC/DC haben in diesem Gebäude Geschichte geschrieben. U2 schnitten *Zooropa* und *Pop* hier und mischten *Achtung Baby*. Heute ist eine Führung in den Windmill Lane Recording Studios eine faszinierende und spaßige Entdeckungsreise in einem Gebäude, in dem es für jede Ecke eine Rock 'n' Roll-Geschichte gibt (Charlie Watts nahm das Schlagzeug für die *Voodoo Lounge* der Rolling Stones im Treppenhaus auf.) Während der Tour sieht man stimmungsvolle Videos, kann an einem Mischpult hantieren, seine Ohren, wie die Techniker es tun, auf dem „Sweet Spot“ in Position bringen und sich für ein Erinnerungsfoto im Studio One an ein 72-Spur-Neve-Mischpult setzen. Dieser legendäre Raum fasst ein 80-köpfiges Orchester– auf seinem Holzparkett wurden auch die Riverdance-Stepptänze aufgenommen. „Wir brauchen die Musik“, wie der ehemalige Studiobesitzer Brian Masterson meinte. „Wir können ohne sie nicht leben.“

Das Originalstudio wurde 1978 an den Liffey-Kais eröffnet. Hier nahm die aufstrebende Band U2 *Boy* auf. Fans pilgerten später hierher, um die Wände mit Graffitis zu übersäen (das Gebäude wurde 2015 abgerissen). Der Umzug nach Ringsend erfolgte 1990 in ein ungewöhnliches Art-déco-Gebäude, das schon eine Bovril-Fabrik, die Stromversorgung für die Straßenbahnen und eine Snooker-Halle beherbergte (in der Mitte des Neve-Pults dient ein 8er-Ball der alten Tische als Maus. „Wenn's passt, dann ist das Bestimmung“, sagte Masterson.) Lassen Sie sich die Erinnerungsstücke an den Wänden nicht entgehen. Auf einem gerahmten Fax von den Fugees steht zum Beispiel: „Wir haben uns morgen von 23 Uhr bis in die frühen Morgenstunden eingebucht, aber rechnet mal mit allem!“

Eine Geistergeschichte

Wie alle hervorragenden Touren, hat auch diese eine Geistergeschichte zu bieten. Die Legende von Cosmo, der in diesem Gebäude starb. In der Erzählform unterscheidet sie sich jedoch darin, dass sie mithilfe von lebensechten binauralen Tonaufnahmen über Kopfhörer abgespielt wird.

NEOKELTISCHE SYMBOLE

(48)

Romantischer Nationalismus in Ringsend

The Oarsman, Ringsend, Dublin 4
theoarsman.ie
Sonntag bis Donnerstag 12–23.30 Uhr, Freitag und Samstag 12–00.30 Uhr
Die Dublin-Bus-Haltestellen Nr. 356 und 392 befinden sich in der Nähe an der Bridge Street, wo die Busse 1 und 47 halten; Grand Canal Dock (DART; 15 Min. Fußmarsch)

Ringsend ist einer von Dublins vergessenen Stadtteilen im Zentrum, ein Ausreißer, in dem es nie genug Kultur, Läden oder Restaurants gab, um für die Innenstadt von Interesse zu sein.

Doch in seinen Zentrum findet man das letzte noch bestehende Beispiel für Stuckarbeiten, die das Ideal des romantischen Nationalismus auf einem öffentlichen Gebäude darstellen. Sie befinden sich auf dem Giebel des The Oarsman, einem viktorianischen Pub, der direkt gegenüber der St. Patrick's Church liegt. Die dekorative Arbeit hat die Form eines Kreises und enthält drei wichtige irische Symbole: einen Rundturm, ein Keltenkreuz und einen irischen Wolfshund – im Stil des keltischen Revivals. Was zuerst etwas exzentrisch wirkt, ist in Wahrheit das Werk von James Comerford und William Burnett, den berühmten Stuckkünstlern des 19. Jahrhunderts, die auch das legendäre (doch leider nicht mehr existierende) Irish House Pub an den Liffey-Kais gestalteten. Die vereinfachte, fast cartoonartige Darstellung der Symbole des romantischen Nationalismus war zur Zeit ihrer Entstehung in den 1880ern ein populäres Stilelement in der Stadt. Die Arbeit wurde in Auftrag gegeben, als William Tunney Eigentümer des Pubs war und blieb auch bestehen, als der Name von McCluskey's zu McCarthy's und schließlich zum heutigen Namen The Oarsman geändert wurde.

Das Innere des Pubs ist eine gut erhaltene viktorianische Oase. Originalelemente wie Whiskeyfässer mit Zapfhähnen aus Messing, eine gusseiserne Stützsäule, eine Vintage-Standuhr und abgenutzte Holzfußböden tragen alle zur Authentizität und dem Charakter des Lokals bei. Und mit einem Platz vor dem Panoramafenster sichert man sich den Blick auf die Kirche. Tagsüber kann man an der Theke Sandwiches und Kuchen sowie Tee und Kaffee kaufen oder über ein kleines Fenster auf der Bridge Street bestellen und mitnehmen.

DER GREAT SOUTH WALL

Geradewegs in die Dublin Bay

Pigeon House Road, Ringsend, Dublin 4
Die Dublin-Bus-Linie 18 (Sandymount/Palmerstown) hält an der Seán O'Moore Road

Lassen Sie sich vom ersten Eindruck nicht täuschen. Zum Great South Wall gelangt man über eine der hässlichsten und stinkendsten Industriestraßen der Stadt. Doch das ist nur einer der Aspekte, der sie so besonders macht. Erinnern Sie sich an die Szene am Ende des Films *Die Verurteilten* (1994), als Tim Robbins aus dem Gefängnis ausbricht und durch einen 450 Meter langen Kanalrohrtunnel in die Freiheit kriecht? So ähnlich ist es hier, nur ohne die Haftstrafe.

Hinter dem in der Nähe der East Link Toll Bridge liegenden Kreisverkehr Richtung Süden biegt man die erste Straße links ins Industriegebiet ab. Man kommt an Schrottplätzen, Kraftwerken, Containerdepots und einer stinkenden Kläranlage vorbei, bevor einen die Pigeon House Road schließlich an einem der am wenigsten bekannten Küstenabschnitte der Stadt ausspuckt. Dann fährt man um die Poolbeg Power Station herum, bis man fast am Fuße der riesigen Pigeon House Towers angelangt ist. Die rot-weiß gestreiften Schlote überblicken wie Wachtürme die Dublin Bay. Der Great South Wall zieht sich einige Kilometer in die Bucht hinein, wie eine Spannleine oder ein riesiges Gaumenzäpfchen, das am Poolbeg-Leuchtturm endet. Parken Sie hier und genießen Sie einen Spaziergang, der mit einer unglaublichen Aussicht auf die Stadt, die Howth-Halbinsel, den Berg Sugar Loaf in Wicklow und sogar den Terminal 2 des Dubliner Flughafens überrascht. Vom Ende des Damms auf Dublin zurückzublicken ist ein erhebendes Gefühl, vor allem an einem windigen Tag. Man sieht Fähren und Containerschiffe auf ihrem Weg in den Dubliner Hafen, und die Kitesurfer rauschen wie exotische Vögel vorbei. Man befindet sich hier quasi mitten in der Bucht.

Der Great South Wall entstand 1716, als ein Bollwerk aus Holz und Kies in Auftrag gegeben wurde, das ursprünglich die hereinkommenden Schiffe abschirmen und die Versandung eindämmen sollte, mit der die Dublin Bay zu kämpfen hatte. Später wurde das Original durch eine Version aus Stein ersetzt, mit massiven Granitplatten aus den Steinbrüchen von Dalkey. Als es 1795 fertiggestellt wurde, war das fünf Kilometer lange Bauwerk einer der längsten Meeresdämme der Welt. Ein großer Teil davon wurde seither vom Dubliner Hafen eingenommen. Trotz seiner Länge behinderte der Sand weiterhin den Schiffskanal. Also wurde ein zweiter Damm errichtet. Der nach Plänen von Captain William Bligh (bekannt durch die *Meuterei auf der Bounty*) gebaute Bull Wall sollte gemeinsam mit dem Great South Wall die sich zurückziehende Flut bändigen und den Sand erfolgreich aus dem Kanal waschen.

Hier erwartet Sie nicht nur ein Spaziergang, sondern eine faszinierende Geschichtsstunde.

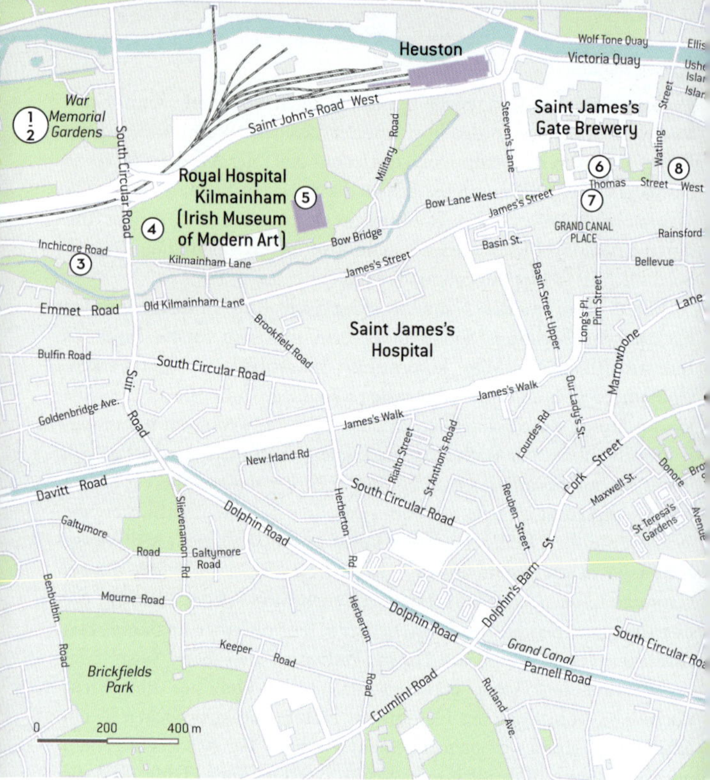

Vom Wood Quay zum War Memorial

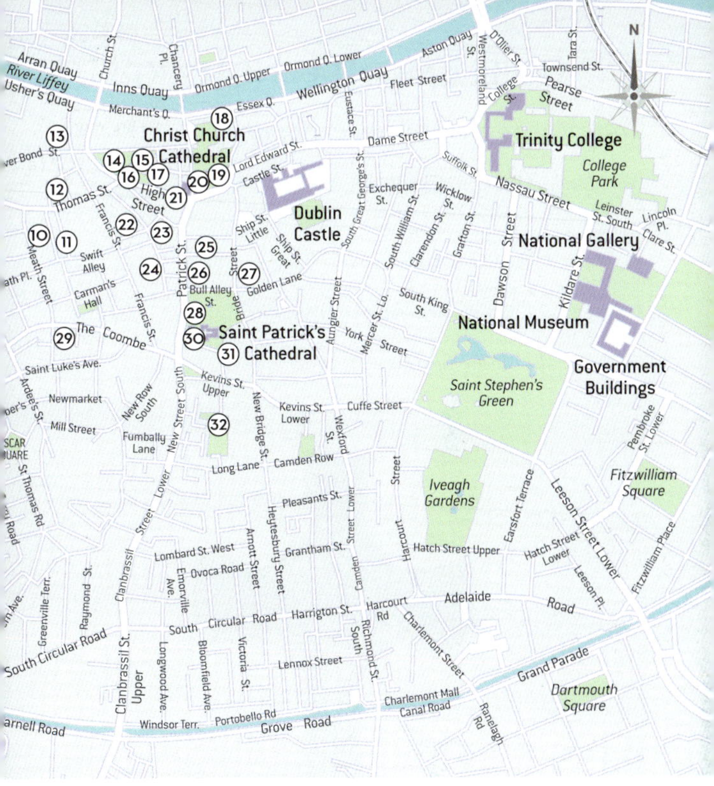

Arran Quay
River Liffey
Usher's Quay
Inns Quay
Church St.
Chancery Pl.
Ormond Q. Upper
Ormond Q. Lower
Merchant's Q.
Essex Q.
Wellington Quay
Aston Quay
Fleet Street
Westmoreland St.
D'Olier St.
College St.
Tara St.
Townsend St.
Pearse Street
N
Christ Church Cathedral
Trinity College
College Park
Dame Street
Eustace St.
Lord Edward St.
Castle St.
Suffolk St.
Nassau Street
Thomas St.
High Street
Francis St.
Dublin Castle
Exchequer St.
Wicklow St.
South Great George's St.
South William St.
Clarendon St.
Grafton St.
Dawson Street
Leinster St. South
Lincoln Pl.
Clare St.
National Gallery
Ship St. Little
Ship St. Great
Swift Alley
Meath Street
Patrick St.
Bull Alley St.
Bride Street
Golden Lane
Carman's Hall
Aungier Street
South King St.
Kildare St.
National Museum
Mercer St. Lo.
York Street
The Coombe
Saint Patrick's Cathedral
Saint Luke's Ave.
Kevins St. Upper
Newmarket
New Row South
Ardee St.
Mill Street
Fumbally Lane
New Street South
New Bridge St.
Kevins St. Lower
Cuffe Street
Wexford St.
Saint Stephen's Green
Government Buildings
Pembroke St. Lower
Long Lane
Camden Row
Fitzwilliam Square
St Thomas Rd
Iveagh Gardens
Harcourt Street
Earlsfort Terrace
Leeson Street Lower
Pleasants St.
Camden Street Lower
Heytesbury Street
Arnott Street
Lower Street Clanbrassil
Lombard St. West
Grantham St.
Hatch Street Upper
Hatch Street Lower
Fitzwilliam Place
Ovoca Road
Emorville Ave.
Leeson Pl.
Greenville Terr.
Raymond St.
Clanbrassil St. Upper
South Circular Road
Harrington St.
Harcourt Rd
Adelaide Road
Richmond St. South
Charlemont Street
Longwood Ave.
Bloomfield Ave.
Victoria St.
Lennox Street
Grand Parade
Dartmouth Square
Charlemont Mall
Canal Road
Windsor Terr.
Portobello Rd
Grove Road
Ranelagh Rd

DAS GUILLEMONT-GINCHY-KREUZ ①

Trauriges Souvenir von der Somme

War Memorial Gardens, Islandbridge, Dublin 8
01-475-7816
heritageireland.ie
Montag bis Freitag 8 Uhr bis Sonnenuntergang, Samstag & Sonntag 10 Uhr bis Sonnenuntergang
Zugang zu den Buchzimmern nur nach Terminvereinbarung
Eintritt: frei
Hier halten die Dublin-Bus-Linien 51, 68, 69 vom Aston Quay

Am 9. September 1916, als die 16. Irische Division die Dörfer Guillemont und Ginchy erobert hatte, endete eine Reihe der blutigsten Kämpfe in der Schlacht an der Somme. Inzwischen war das Umland derart verwüstet, dass ein Kreuz aus Ulmenholz, das einige Monate danach aufgestellt und aus Balken eines zerstörten Bauernhauses in Flandern angefertigt wurde, eines der wenigen intakten natürlichen oder von Menschenhand geschaffenen Objekte im Umkreis von mehreren Kilometern darstellte.

Heute steht dieses Kreuz versteckt in einem der zwei Bookrooms aus Granit in den War Memorial Gardens. Wenn Sie sich telefonisch anmelden, öffnet einer der Parkwärter die Metalltore, durch die ein Lichtstrahl auf ein großes, dunkles etwa vier Meter hohes Keltenkreuz fällt. Das Guillemont Ginchy-Kreuz, wie es genannt wird, wurde im Dezember 1916 vom Pionier-Bataillon der 16. Irischen Division angefertigt, deren Name und Emblem (ein Kleeblatt) in den Balken eingraviert sind. Eine Metallplatte auf der Vorderseite scheint das Holz zusammenzuhalten. Sie ist mit kleineren Kreuzen versehen, auf die Veteranen und deren Familien, die hierherkommen, um zu gedenken, Mohnblumen aus Papier gesteckt haben. Hinter dem Kreuz hängen mehrere Mohnblumenkränze.

Eine Bronzeplakette informiert darüber, dass das Mahnmal im Februar 1917 zwischen den Dörfern Ginchy und Guillemont auf dem Somme-Schlachtfeld aufgestellt wurde. Ein Schwarzweißfoto zeigt das Kreuz an seinem ursprünglichen Standort. Eine kleine Fußnote erinnert die Besucher an den schrecklichen Tribut, den diese Schlacht forderte: Bei der Eroberung der zwei Städte verlor die Irische Division 236 Offiziere und 4091 Soldaten anderer Ränge. Das Kreuz stand neun Jahre auf dem Schlachtfeld, bevor es durch ein irisches Granitkreuz ersetzt wurde, das man 1926 auf dem Kirchengelände von Guillemont aufstellte. Das Holzkreuz wurde 1937 „mit dem gebührenden Respekt" nach Irland gebracht.

IRELAND'S MEMORIAL RECORDS ②

Harry Clarkes verborgenes Juwel

War Memorial Gardens, Islandbridge, Dublin 8
01-475-7816
heritageireland.ie
Montag bis Freitag 8 Uhr bis Sonnenuntergang, Samstag & Sonntag 10 Uhr bis Sonnenuntergang
Zugang zu den Bookrooms nur nach Terminvereinbarung
Eintritt: frei
Hier halten die Dublin-Bus-Linien 51, 68, 69 vom Aston Quay.

Irlands War Memorial Gardens kennt man sowohl als imposante Gedenkstätte für die im Ersten Weltkrieg gefallenen Soldaten, als auch als einen von vier irischen Gärten, die von Sir Edwin Lutyens entworfen wurden. Senk-Rosengärten, akkurate Rasenflächen und makellose Zierornamente ergeben gemeinsam einen herrlichen Ort zum Spielen, Beten oder Schwelgen.

Weniger bekannt sind die beiden Bookrooms aus Granit im Zentrum der Gärten. Um sie zu besichtigen ist ein vorheriger Anruf beim Parkwärter notwendig (oder man probiert es auf gut Glück). Haben Sie erst einmal einen Termin, wartet der Wärter mit einem Schlüssel auf Sie. Ein ziemliches Brimborium, aber eines, das sich lohnt. Im südlichen Pavillon befinden sich die Glasvitrinen, die *Ireland's Memorial Records* enthalten. Die Namen der irischen Soldaten, die im Ersten Weltkrieg starben, füllen acht Bände. Irland hätte neutral bleiben können, doch das änderte nichts daran, dass zwischen 1914 und 1918 49.435 Männer fielen. Fast jede Stadt und jedes Dorf beklagte ein Opfer.

Die Soldaten sind alphabetisch aufgelistet. Angegeben wird auch ihr Rang, das Regiment, der Geburtsort sowie Todestag und -ursache („im Kampf gefallen", „einer Verletzung erlegen" usw.).

Die Bücher wurden von Harry Clarke illustriert, dem Arts & Crafts-Künstler, dessen Buntglasfenster andernorts so herrlich strahlen. Obwohl seine üblichen Farbexplosionen hier fehlen, lässt sich Clarkes Handschrift auf der kunstvollen Titelseite, auf der Hibernia mit Fackel, Wolfshund und Harfe abgebildet ist, sowie auf den Umrandungen erkennen, die mit keltischen Symbolen, Silhouetten von Soldaten und Schlachtfeldszenen gefüllt sind. So schwer es einem auch fällt, eine emotionale Verbindung zu Männern aufzubauen, die vor einem Jahrhundert starben, so schafft es die einfühlsame Gestaltung dieser Bücher trotzdem, sie zu würdigen.

Die Bände stammen aus dem Jahr 1923, als nach dem Ersten Weltkrieg der Ruf laut wurde, die Namen der irischen Gefallenen zu erfassen und 100 Exemplare in Auftrag gegeben wurden. Veröffentlicht von Maunsel & Roberts, wurden die Bücher nach bester irischer Handwerkskunst gestaltet und nach der Eröffnung der War Memorial Gardens 1940 dort untergebracht. Genau zu einem Zeitpunkt, als gerade eine weitere Generation junger Männer im Zweiten Weltkrieg starb. Queen Elizabeth und Prince Philip besuchten die Stätte 2011. Ihre Unterschriften werden hier ebenfalls ausgestellt.

DIE MADONNA VON KILMAINHAM ③

Kunst hinter Gittern

Kilmainham Gaol, Inchicore Road, Dublin 8
01-453-5984 – heritageireland.ie – kilmainhamgaolmuseum.ie
Oktober bis März: 9.30–17.20 Uhr; April, Mai, September: 9.30–17.45 Uhr; Juni bis August: 9.30–18 Uhr; ein Besuch ist nur im Rahmen einer geführten Tour möglich (am besten im Voraus buchen)
Suir Road (Luas, Rote Linie); hier halten die Dublin-Bus-Linien 69 und 79 vom Aston Quay, sowie 13 und 40 von der O'Connell Street; Haltestelle an der Inchicore Road

Kilmainham Gaol hinterließ bei Tausenden von Gefangenen zwischen 1780 und 1920 seine Spuren, darunter waren auch viele Schlüsselfiguren der Geschichte Irlands. Doch einigen von ihnen gelang es auch, eigene Spuren im Gefängnis zu hinterlassen.

Eine seiner berühmtesten politischen Gefangenen war Grace Gifford (1888–1955), eine in Dublin geborene Künstlerin und Cartoonistin, die vor allem aufgrund ihrer Beziehung mit dem Nationalisten Joseph Plunkett bekannt war. Gifford war gebürtige Protestantin, beschloss aber Katholikin zu werden, nachdem sie den hochreligiösen Plunkett (sein zweiter Vorname war Maria, nach der hl. Jungfrau) kennengelernt hatte. Das Hochzeitsdatum der beiden sollte der Ostersonntag 1916 sein. Wie sich herausstellte, ein eher ungünstiges Datum, bedenkt man welch führenden Rolle Plunkett beim Aufstand von 1916 innehatte. Als er zum Tode verurteilt wurde, brachte seine Verlobte einen Ehering in die Kapelle des Kilmainham Gaol, wo das Paar am 3. Mai, am Vorabend seiner Hinrichtung, getraut wurde. Gifford kehrte später selbst als Gefangene zurück und verbrachte als Mitglied der Anti-Vertrags-IRA (auch Irregulars genannt) drei Monate im „A"-Flügel. In dieser Zeit malte sie mit Bleistift und Wasserfarben die Kilmainham-Madonna, ein leuchtendes Wandbild, das die Jungfrau mit Jesuskind zeigt und – Absicht oder nicht – den Namen ihres Mannes heraufbeschwört.

Nach seiner Schließung 1923 lag Kilmainham Gaol jahrzehntelang brach. Während dieser Zeit forderten Wind und Wetter ihren Tribut an Giffords Werk und anderen historischen Graffitis. Das Wandbild, das heute zu sehen ist, ist folglich eine Arbeit des Restaurators Thomas Ryan aus dem Jahr 1966, dem späteren Präsidenten der Royal Hibernian Academy of Arts. Wie genau Ryans Version das Original wiedergibt, weiß man nicht genau, wie Anne Clare in *Unlikely Rebels: The Gifford Girls and the Fight for Irish Freedom* (Mercier, 2011) schreibt. „Er beschloss, das Kleid der Jungfrau rot statt blau zu malen und, obwohl sie nicht mehr die fließende Anmut des Originals besitzt, vermied der Künstler doch die relative Leblosigkeit der italienischen Madonnen des 20. Jahrhunderts." Sie können sich selbst ein Urteil bilden, wenn Sie bei einer Führung durch das Guckloch in Giffords Zellentür spähen.

BULLY'S ACRE

4

Dublins ältester Friedhof

Military Road, Kilmainham, Dublin 8
Der Militärhistoriker und Autor Paul O'Brien bietet im Sommer auf dem Bully's Acre ab und zu Führungen an, Gruppen können jederzeit über E-Mail einen Termin vereinbaren: rhktours@opw.ie
Heuston (Luas, Rote Linie; 5 Min. Fußmarsch); die Dublin-Bus-Haltestelle Nr. 2640 liegt ganz in der Nähe an der Inchicore Road

Heute mag der Bully's Acre eine ruhige und beschauliche Ecke sein, doch zu seiner Hochzeit war Dublins ältester Friedhof ein geschäftiger Ort – sowohl bei Tag als auch bei Nacht.

Das gleich hinter dem Eingang zu den Royal Hospital's Kilmainham Gardens gelegene 2,4 Hektar große Gelände blickt auf eine lange Geschichte zurück. Bully's Acre war der Standort einer Abtei aus dem 12. Jahrhundert, gegründet von den Rittern des Johanitterordens. Zuvor sollen hier Brian Boru und seine Truppen vor der Schlacht von Clontarf 1014 kampiert haben. Noch früher stand hier ein Kloster, das von St. Maigneann gegründet wurde (nach dem Kilmainham bzw. *Cill Maigneann* benannt ist).

„Bully" ist wahrscheinlich eine Abwandlung des Wortes *Bailiff* (Gerichtsvollzieher). Da es sich um öffentlichen Grund handelte, wurden hier im Laufe der Jahrhunderte hunderttausende Menschen bestattet – „Mönche, Ritter, Prinzen und Bürger", wie auf einer Hinweistafel steht. Darunter waren der irische Rebellenführer Robert Emmet (zumindest für ein paar Tage), Boxer Dan Donnelly und möglicherweise sogar die Söhne von Brian Boru, die bei Clontarf getötet wurden. Etwa 70 Grabsteine sind noch vorhanden.

Bully's Acre war ein beliebter Ort für Leichendiebe. Tatsächlich zählte Dan Donnellys Körper zu den zahlreichen von Grabräubern exhumierten Leichnamen, mit denen sie die Ärzte der Stadt im 18. und Anfang des 19. Jahrhunderts als Seziermaterial versorgten. „Alle Dubliner Hochschulen werden reichlich mit Material vom Friedhof, der Bully's Acre genannt wird, versorgt", schrieb ein Medizinstudent an *The Lancet*, der von Frank Hopkins in *Rare Old Dublin* (Marino, 2002) zitiert wird. „Da es hier keine Wächter gibt, ist es sehr einfach, an Leichname zu kommen." Aufgrund des öffentlichen Aufschreis wurde Donnellys Leichnam wieder zurückgebracht (allerdings mit einem Arm weniger), blieb jedoch eine Ausnahme. Zur Blütezeit des Handels wurden exhumierte Leichen sogar nach Großbritannien exportiert.

1832 wurde Bully's Acre schließlich aufgrund einer Cholera-Epidemie für die Öffentlichkeit gesperrt.

Sind die Tore geschlossen, kann man die noch übrigen Grabsteine, zu welchen ein Granitkreuz aus dem 10. Jahrhundert zählt, am besten von der Mitte der Ostmauer aus sehen, wo sie auf eine Höhe von etwa 1,2 Metern abfällt und den Blick auf die Grünflächen dahinter freigibt.

DAS MOTTO DES HOSENBANDORDENS ⑤

„Ein Schelm, der Böses dabei denkt.“

Royal Hospital, Military Road, Kilmainham, Dublin 8
01-612-9903 – rhk.ie – imma.ie
Dienstag bis Samstag 10–17.30 Uhr, Mittwoch 10.30–17.30 Uhr, Sonntag 12–17.30 Uhr – Eintritt: frei
Heuston (Luas, Rote Linie; 10 Min. Fußmarsch); die Dublin-Bus-Haltestellen Nr. 2637 und 2638 liegen ganz in der Nähe an der St John's Road West, gleich hinter der Heuston Station

Es gibt eine Geschichte über Edward III. (1312–1377) und eine junge Frau, die er bewundert haben soll, die Gräfin von Salisbury. Bei einem Ball in Calais verlor die Gräfin, zur Erheiterung aller dort Anwesenden, zufällig ihr Strumpfband. Edward III., der die Ehre der Dame retten wollte, soll es aufgehoben und um sein eigenes Bein gebunden haben, mit dem Aufruf, einen Ritterorden im Namen des Bandes zu gründen.

„Honi soit qui mal y pense," rief er aus. „Ein Schelm [oder besser ein Schuft], der Böses dabei denkt."

Strumpfbänder und Böses haben Besucher des Royal Hospital wahrscheinlich nicht im Sinn. 1684 als Bleibe für Soldaten im Ruhestand erbaut, ist es eines der schönsten Gebäude seiner Epoche in Irland und heute der Standort des IMMA, des Irish Museum of Modern Art. Doch achten Sie auf den Turm über der Great Hall. Dort finden Sie unter dem Giebeldreieck ein Wappen, das Richtung Gartenanlage gerichtet ist. Es gehört dem Duke of Ormond, der das Gebäude in Auftrag gegeben hat, und wird von genau diesen Worten eingerahmt: *Honi soit qui mal y pense*.

Auch wenn die Geschichte, die Edward III. und die Gräfin in Verbindung bringt, wahrscheinlich nicht stimmt, gibt es den Hosenbandorden mit seinem Motto, auch mit „Beschämt sei, wer dabei Böses denkt" übersetzt, tatsächlich. Der älteste und ranghöchste britische Ritterorden würdigt jene, die ein öffentliches Amt innehatten, zum nationalen Leben beitrugen oder den Monarchen persönlich dienten (er ist außerdem sehr exklusiv, mit einer auf 24 Personen beschränkten Mitgliederzahl, plus den königlichen Rittern). Der Orden wurde von Edward III. 1348 gegründet, und das Strumpf- bzw. Hosenband ist eher ein Gürtel bzw. Schnallenband als ein gewagtes Unterwäscheteil. Sein Knoten stellt ein Symbol für Loyalität dar. James Butler, der Duke of Ormond, war ein Ritter des Hosenbandordens, daher ließ er das Motto in Kilmainham anbringen.

Interessant ist, dass Butlers Enkel, der ebenfalls James hieß, zu einem Ritter des Hosenbandordens ernannt wurde, nachdem er ein paar Monate zuvor, 1688, erfolgreich das Herzogtum übernommen hatte. Doch als er beschuldigt wurde, den Jakobitenaufstand von 1715 unterstützt zu haben, wurde ihm diese Ehre wieder aberkannt. Butlers Banner als Ritter des Hosenbandordens wurde in der St. George's Chapel abgenommen und ging als letzte formelle Degradierung des Ordens am 12. Juli 1716 in die Geschichte ein.

DAS GUINNESS-ARCHIV ⑥

Arthurs Archiv

St James's Gate, Dublin 8
01-408-4800 – guinness-storehouse.com
Nach Terminvereinbarung
St James's Hospital [Luas, Rote Linie; 10 Min. Fußmarsch]; die Dublin-Bus-Linie 123 verkehrt alle 8–10 Min. von der O'Connell Street und der Dame Street

Das Guinness Storehouse ist Irlands beliebteste Touristenattraktion. Jedes Jahr fertigt die Heimat des „Black Stuff" über 1,7 Millionen Besucher ab und bietet eine hochmoderne Brauereiführung, deren Höhepunkt die Anleitung zum Zapfen des perfekten Pints ist (das dauert offensichtlich 119,53 Sekunden). Doch trotz all der leuchtenden Displays wird die Geschichte des Storehouse nur grob umrissen. Die zahlreichen Details findet man anderswo – in seinem großartigen Archiv.

Die Marke Guinness entstand 1759, als Arthur Guinness seinen berühmten Pachtvertrag für 9000 Jahre unterzeichnete. Seit damals wurden unzählige Dokumente gesammelt. Doch das Guinness-Archiv gibt es offiziell erst seit 1998. Die Schätze werden nun in klimatisierten Räumen aufbewahrt („Würde man unsere Dokumente alle aneinanderreihen, wären das etwa sieben Kilometer", erzählt der Manager des Archivs, Eibhlin Colgan. Die Unterlagen sind für die Marketingabteilungen von Guinness, Wirtschafts- und Brauhistoriker, Sammler, Familienforscher und alle, die sich für das Unternehmen und die Marke Guinness interessieren, zugänglich. Man kann dort allerdings nicht einfach hereinschneien. Besucher brauchen einen guten Grund und eine konkrete Anfrage. Termine werden in einem kleinen Raum voller Vintage-Flaschen (sowohl aus Glas als auch aus Steingut) im hinteren Bereich des Storehouse vergeben.

Schon ein kurzer Blick verursacht Gänsehaut. Spannende Schwarzweißfotos zeigen Böttcher bei der Arbeit, Lastkähne, die an einem Liffey-Dock beladen werden, Kutscher „am Zapfhahn" (die mit ihrer täglichen Bierladung dahintuckern), förmlich gekleidete viktorianische Braumeister. Zu den ausgestellten Objekten zählt das Fass, aus dem Präsident Obama bei seinem Besuch in Moneygall 2011 ein Pint Guinness serviert wurde. Als wir dort waren, umfassten die Schätze ein Protokollbuch der Brewers Guild aus dem 18. Jahrhundert mit der Originalunterschrift von Arthur Guinness, eine Instagram-würdige Sammlung alter Bierdeckel und mit Kohle und Wasserfarben gezeichnete Entwürfe legendärer Guinness-Werbungen. In der Tiefe des Archivs findet man Gerstenkörner aus Tutanchamuns Grab und natürlich Arthurs Pachtvertrag auf Pergament (der im Storehouse ausgestellte Vertrag ist eine Kopie). So wie beim perfekten Pint braucht es Zeit, bis man das Ausmaß des größten Privatarchivs Irlands erfasst hat.

Guinness ist untrennbar mit der sozialen und wirtschaftlichen Geschichte Dublins verknüpft. Das Archiv umfasst auch Papierdokumente der etwa 20.000 Mitarbeiter von 1880 bis 1980. „Als wir begannen, diesen Service anzubieten, dachte ich, dass Ahnenanfragen vor allem von unseren amerikanischen Besucherinnen und Besuchern aus Übersee kommen würden", sagt Colgan. „Doch im Endeffekt waren es hauptsächlich Iren."

WO DER CAMINO BEGINNT ⑦

„May the road rise to meet you"

St James's Church, James's Street, Dublin 8
01-453-1143
stjamesparish.ie
Sakristei: Montag bis Mittwoch 09.30–12.30 Uhr
Die Bushaltestellen Nr. 1941 und 1996 befinden sich ganz in der Nähe an der James Street. An beiden Bushaltestellen halten die Buslinien 123, 13 und 40 sowohl ost- als auch westwärts

Für Pilger von heute ist der Camino de Santiago de Compostela (oder Jakobsweg) ein Wanderweg, der in Südfrankreich oder Nordspanien beginnt und beim berühmten Grab des hl. Jakob in der Kathedrale von Santiago de Compostela in Galizien endet.

Doch mittelalterliche Pilger, die den Camino antraten, konnten nicht den Luxus einer Billig-Airline in Anspruch nehmen. Ihre Reisen begannen dort, wo sie ihr Heim verließen. In Irland fing der Camino traditionellerweise am St. James's Gate an, wo am westlichen Zugang zur Stadt ein Schrein für den Heiligen stand. Pilger holten sich hier einen Stempel für ihren Pass, bevor die Segel Richtung Nordspanien gesetzt wurden, und obwohl nur wenige das wissen, gibt es diese Tradition noch immer.

Pässe für den Camino können auch heute noch in Dublin gekauft und abgestempelt werden.

Am einfachsten geht das in der St. James' Church, an deren Außenseite eine kleine blaue Fliese mit einer Jakobsmuschel hängt, das Zeichen des hl. Jakob, das von Pilgern aus symbolischen sowie praktischen Gründen mitgetragen wird, zum Beispiel zum Schöpfen von Wasser aus einer Quelle.

Hier in der Sakristei kann man einen Pass kaufen, den ein irischer Segen ziert („May the road rise to meet you"; wörtl.: „Möge die Straße dir entgegeneilen"). Der Stempel der Kirche ist inkludiert. Einer von vielen, die Pilger in Städten oder Refugios auf ihrem Weg sammeln werden, und die als Bestätigung für die zurückgelegten Kilometer dienen, sobald sie in Santiago angekommen sind. Pässe können auch online bei der Camino Society Ireland bestellt werden (caminosociety.ie), gemeinsam mit einem speziell designten Guinness-Stempel aus dem nahegelegenen Storehouse.

Weitere Verbindungen zum Camino in Dublin sind im alten Kapitelhaus der Christ Church zu sehen, die früher Pilger aufnahm sowie im Bulloch Castle in Dalkey, wo Mönche, neben dem damals größten Hafen Irlands, Reisenden Unterkunft gewährten. Straßennamen wie Lazer Lane erinnern an alte Quarantänestationen für Leprakranke.

Die St. James' Church selbst stammt von 1844, als Daniel O'Connell, dessen in Stein gehauener Kopf vor dem Haupteingang eine irische Krone trägt, ihren Grundstein legte.

DER ST. PATRICK'S TOWER UND DER BIRNENBAUM

Der Geist vergangener Whiskey-Brennereien …

Digital Hub, Thomas Street, Dublin 8
thedigitalhub.com – roeandcowhiskey.com
Geöffnet während der Betriebszeiten
Die Dublin-Bus-Haltestellen Nr. 1940 und 1997 befinden sich in der Nähe an der Kreuzung Thomas Street und Watling Street; Museum (Luas, Rote Linie; 10 Min. Fußmarsch)

Zwei Jahre, bevor Arthur Guinness seinen Pachtvertrag am St. James's Gate unterzeichnete, kaufte Peter Roe in der nahen Thomas Street ein großes Gelände für eine Whiskeybrennerei. Zu ihren besten Zeiten produzierte die Roe-Destillerie über 7 Mio. Liter Whiskey pro Jahr, der sogar bis nach Australien exportiert wurde und der Familie genug Wohlstand brachte, um die Renovierung der Christ Church Cathedral in den 1880ern finanzieren zu können. Roe war damals Irlands größter Whiskey-Exporteur und bildete gemeinsam mit Marken wie Powers und Jameson das pulsierende Zentrum von Dublins „Goldenem Dreieck". Im 20. Jahrhundert kämpften die irischen Whiskey-Produzenten allerdings mit dem Modernisierungsbedarf, mit der Konkurrenz aus Schottland und mit dem Krieg auf der Insel sowie der Prohibition in Übersee. Roe stellte seine Produktion 1926 ein. Guinness übernahm den Standort 1949, riss aber die Gebäude nach und nach ab. Heute gibt es dank des Aufschwungs der irischen Craft-Spirituosen wieder kleine Destillerien im Stadtteil Liberties, und Besucher können Führungen bei einer neuen Roe & Co Distillery (benannt nach dem früheren Riesen, aber untergebracht im ehemaligen Guinness-Kraftwerk), bei der Teeling Distillery am Newmarket und der Brennerei Pearse Lyons in der ehemaligen St. James's Church buchen. Ein Bauwerk aus der Glanzzeit von Roe hat jedoch überlebt. Hinter dem Eingang zum Digital Hub auf der Thomas Street steht eine 46 Meter hohe, seit 1757 praktisch unveränderte Windmühle (bis auf die Flügel). Damals war sie die größte Holländerwindmühle Europas und mit ihrer Kupferkuppel weithin sichtbar. Auf der zwiebelförmigen Kuppel des Turms erkennt man eine flache, 1,2 Meter hohe Darstellung des hl. Patrick, der Krummstab und Mitra trägt. Eine weitere Besonderheit ist der Birnbaum daneben. Er ist an der Mauer befestigt und soll Anfang des 19. Jahrhunderts gepflanzt worden sein, wo er, neben dem Turm, im Zentrum der Brennerei stand. Aufgrund des besonderen Standorts und seines Werts für den Lebensraum hat ihn der Tree Council of Ireland zum Baumdenkmal erklärt.

ROBERT EMMETS AUFENTHALTSORT

⑨

„Lasst niemanden meine Grabinschrift vornehmen …“

St Catherine's Church, Thomas Street, Dublin 8
Tara Street (DART; 20 Min. Fußmarsch); Four Courts (Luas, Rote Linie; 15 Min. Fußmarsch); die Dublin-Bus-Haltestellen Nr. 1939 und 1998 befinden sich ganz in der Nähe an der Thomas Street

Hinsichtlich politischer Rhetorik ist Robert Emmets Ansprache von der Anklagebank kaum zu überbieten. „Wenn mein Land seinen Platz inmitten der Nationen der Erde eingenommen hat, dann, und erst dann, kann mein Grabstein eine Inschrift erhalten.“ 200 Jahre danach hat die Rede nichts von ihrer Kraft verloren, und ihr damals 25-jähriger Urheber ist mittlerweile ein wichtiger Teil der Geschichte der irischen Nation. Emmet wurde am 20. September 1803 vor der St. Catherine's Church in der Thomas Street am Galgen hingerichtet. Der ganz in Schwarz gekleidete United Irishman soll dem Henker seine Uhr gereicht haben und 30

Minuten gehangen sein, bevor er starb. Danach wurde er laut Angaben in der Zeitschrift *History Irleand* auf einem Schlachtblock geköpft und sein blutiger Kopf vom Henker vor der versammelten Menge hochgehalten. Ein Denkmal vor St. Catherine's würdigt den Patrioten, doch die weniger bekannte Tafel auf Gehweghöhe vor dem Eisengitter wird oft übersehen. Ein abgeschlagener Stein weist auf den Ort hin, an dem Emmett hingerichtet wurde „auf der Fahrbahn gegenüber dieser Tafel". Emmets erfolgloser Aufstand war nur der Beginn seiner Legende. Nach einem Begräbnis auf dem Bully's Acre wurde sein Leichnam gestohlen und an einen unbekannten Ort gebracht. Manche glauben, er befände sich in der früheren Familiengruft der St. Peter's Church (heute abgerissen) in der Aungier Street; oder in der Gruft von St. Michan's oder auch auf dem Gelände der Abtei in Rathfarnham, damals das Zuhause seiner Liebsten Sarah Curran, heute aber eine Wohnsiedlung. Irland mag seinen Platz inmitten der Nationen eingenommen haben, doch ohne Leichnam wird es wohl noch eine Weile dauern, bis der Grabstein seine Inschrift erhält.

Auch wenn der Aufenthaltsort von Emmets Leichnam für Rätsel sorgt, haben einige persönliche Gegenstände des United Irishman überlebt. Im National Museum findet man seinen Smaragdring und sein in Leder gebundenes Notizbuch. Emmets Schreibtisch steht im Pub The Brazen Head, wo er wohnte. Ironischerweise besuchten sowohl er als auch sein Henker den Pub, und nach seinem Tod sahen makabre Gäste, laut Aubrey Malones *Historic Pubs of Dublin* (New Island Books, 2001), Letzterem beim Trinken zu und wollten ihre Getränke dann im „Glas des Henkers" serviert bekommen.

Doch am schaurigsten ist der massige Block mit seinen heftigen Gebrauchsspuren, der im Pearse Museum in Rathfarnham ausgestellt ist, auf dem Emmet hingerichtet worden sein soll.

DIE GROTTE UNSERER JUNGFRAU VON LOURDES ⑩

Dublins „Grotto Lotto“

St Catherine's Church, Meath Street, Dublin 8
01-454-3356 – meathstreetparish.ie
Eintritt: frei
Tara Street (DART; 25 Min. Fußmarsch); Dublin-Bus-Haltestelle Nr. 5025 und 7412 (5 Min. Fußmarsch); Harcourt Street (Luas; Rote Linie, 15–20 Min. Fußmarsch)

Außerhalb der mittelalterlichen Mauern Dublins war der Stadtteil Liberties traditionell mehreren Herren unterstellt und stand unter dem Schutz verschiedener Heiliger. Noch heute scheint das Viertel eine eigene Welt zu sein, ein Ort an dem ehrliche Händler Seite an Seite mit Kunst- und Designstudenten oder Rock-Sängerinnen wie Imelda May in einem Gewirr aus jahrhundertealten Kirchen, schmuddeligen Pubs und hippen neuen Cafés leben.

Im Zentrum der Liberties liegt St. Catherine's, eine der ältesten Pfarren der Stadt und ein Ort, an dem der katholische Glaube noch immer tief verwurzelt ist. So befindet sich zum Beispiel in der Gasse neben der Kirche auf der Meath Street eine Grotte, die der Jungfrau von Lourdes gewidmet ist. Eine Kirche oder einen Schrein zu Ehren der hl. Katharina von Alexandria soll es in diesem Teil Dublins schon seit Wikingerzeiten gegeben haben, und heute bilden hier aufgeschichtete Steine eine Art Höhle. Etwas nach hinten versetzt steht eine Statue der Muttergottes, und davor gibt es eine kleine Nische in der Gläubige Kerzen anzünden und vor einem gerahmten Gebetsspruch verweilen können.

„Oh unbefleckte Jungfrau Maria", beginnt dieser. „Du kennst meine Wünsche, meine Sorgen und meine Not, erbarme dich meiner …"

Die Madonna selbst ist in ein fließendes blau-weißes Gewand gehüllt. Mit einem Heiligenschein aus funkelnden Lichtern und einem goldenen Rosenkranz über dem Arm blickt sie Richtung Himmel.

Blumensträuße, die hier von Bewohnern im Laufe des Tages abgegeben werden, liegen kreuz und quer zu ihren Füßen. Manche bleiben in einiger Entfernung stehen und flüstern ein Ave Maria. Andere treten näher heran und werfen vielleicht eine Münze in die Kerzenbox. Das 21. Jahrhundert scheint Welten entfernt.

Lassen Sie sich den kleinen Souvenir- und Kartenstand neben der Grotte nicht entgehen, wo man Heiligenbildchen, Krimskrams und Lose für das wöchentliche „Grotten-Lotto" kaufen kann. Preise im Wert von mehreren hundert Euro werden wöchentlich verlost. Der Gewinn fließt in die Spendensammlung der Kirche.

Der Grundstein für die St. Catherine's Church wurde 1852 gelegt. Blickt man jedoch nach oben, sieht man, dass die Turmspitze im Art-déco-Stil gestaltet wurde. Sie wurde 1958 hinzugefügt.

DAS METRO-BURGER-SCHILD

11

Das Schild, das der Müllhalde entkam

Lucky's, 78 Meath Street, Dublin 8
luckys.ie
Montag bis Freitag 16 Uhr bis Sperrstunde; Samstag ab Mittag; Sonntag ab 14 Uhr

„Es ist charmanter Mist“, schmunzelt John Mahon. Mahon ist einer der Besitzer des Lucky's, einer modernen Bar, typisch für das Liberties-Viertel, und er spricht vom Metro-Burger-Schild im Gastgarten. Dieses große, achteckige Teil sieht vielleicht wie ein flippiges Deko-Element aus. Doch wie bei vielen Dingen in Dublin gibt es auch hier eine überraschende Geschichte. „Damals hat es niemanden interessiert“, sagt er. „Es wurde erst im Laufe der Zeit interessant.“

Metro Burger war in den 1980ern ein Lokal, das zum Kino The Screen gehörte. Es schloss in den 1990ern, doch das Schild blieb und wachte jahrzehntelang über Menschentrauben, die an der Hawkins Street auf Busse warteten. Doch als The Screen 2016 dicht machte, tauchte eine neue Bedrohung auf. Einst als das New Metropole bekannt (ein Name, der sich, absichtlich oder nicht, in Metro Burger wiederfindet), wurden in diesem kastenartigen, aber sehr beliebten Kino mit seinen drei Sälen eher Arthouse- und fremdsprachige Filme gespielt und nicht die Blockbuster, wie im Savoy in der O'Connell Street. Es gab plötzlich Pläne für seinen Abriss und die Errichtung neuer Gebäude, und es sah so aus, als würde das Schild auf der Müllhalde landen.

Doch das tat es nicht. Emma Clarke vom Blog *Dublin Ghost Signs* kontaktierte die Bauherren, die ihr mitteilten, dass das Schild zu haben wäre. Es müsse lediglich für die Menschen sichtbar bleiben, erzählte sie 2019 dem *Journal*. Mahon, der auch den Blog thelocals.ie betreibt, und Simon Kingston von Reverb-Designerkleidung schlossen sich dem Projekt an. „Es gibt nicht mehr viel aus dieser Zeit, und es war für uns drei sicherlich auch ein Nostalgie-Thema“, sagt Mahon. „Wir waren Kinder der Achtziger.“ Mit der Zeit, erklärt er, entwickelte sich das Schild zu einem Kunstgegenstand, der eine weniger internationale Stadt aus der Zeit vor dem Internet repräsentierte. Es wurde zu einem Berührungspunkt mit „einer Zeit, in der wir uns neu orientierten und uns der Welt gegenüber ein wenig bewusster wurden.“

Der Rahmen fiel auseinander, sobald man ihn anfasste, erinnert er sich. Doch die Plexiglasscheiben hielten das Schild zusammen. Kingston baute ein neues Gehäuse. Das etwas sperrige Schriftbild und der abgenutzte Look wurden beibehalten (einschließlich der Spuren, wo die Schrift überklebt und aufgedruckt wurde). Das Schild erhielt eine Leuchtstofflampe und wurde dann auf seinem Sockel im Lucky's platziert. „Es ist derb, aber das macht seinen Charme aus“, meint Mahon heute. „Ich mag den Gedanken, dass es trotz der ganzen Action rundherum überlebt hat – es ist wie eine Zeitkapsel, die uns zeigt, wie es im Dublin der 1980er-Jahre ausgesehen hat.“

DIE MOSAIKE IN DER JOHN'S LANE CHURCH

⑫

Ein in Stein gehauenes Gedicht

Church of St Augustine & St John, 94 Thomas Street, Dublin 8
01-677-0393 – johnslane.ie – Eintritt: frei
Montag bis Freitag 10–17 Uhr, Samstag 10–18 Uhr, Sonntag 8.30–13 Uhr
Tara Street (DART; 20–25 Min. Fußmarsch); die Dublin-Bus-Haltestelle Nr. 1938 befindet sich ganz in der Nähe; Four Courts (Luas; Rote Linie, 5–10 Min. Fußmarsch)

Die John's Lane Church fällt einem sofort ins Auge. Nahe der Kreuzung am Cornmarket ragt ihre Fassade aus rotem Sandstein, Granit und Kalkstein empor und verjüngt sich in einen französisch-gotischen Turm, der mit über 60 Metern noch immer der höchste der Stadt ist. Der Bau nach den Plänen von Pugin ist zwar weniger bekannt als die umliegenden Kirchen, aber dennoch eines der schönsten Beispiele sakraler Architektur in der Stadt. Ruskin soll sie sogar als „in Stein gehauenes Gedicht" bezeichnet haben.

Oohs und Aahs hört man hier überall. Außen stehen die von James Pearse, dem Vater der Patrioten Padraig und Willie, angefertigten zwölf Apostel in ihren Turmnischen, und im Inneren lenken hohe Bögen und Pfeiler den Blick in Richtung der Buntglasfenster und einem Altar aus

Carrara-Marmor. Der Kontrast zum Trubel des Liberties-Viertels ist faszinierend. Umgeben von Kunststudenten, geschäftigen Bewohnern und Straßenverkäufern, die vom Hula-Hoop-Reifen bis zur Küchenrolle alles verkaufen, gelangt man im Handumdrehen in einen sakralen Raum, voller Opferlichter, geschnitzter Beichtstühle und funkelnder Schreine. Doch die John's Lane Church ist kein Museum. Während der Öffnungszeiten betet eine kniende Gemeinde mit ihrem Priester, eine Reinigungskraft lässt ihren Wischmopp über den Marmor gleiten und Menschen flüstern den Rosenkranz. Inmitten all dieser Szenarien übersieht man den Schrein „Our Lady of Good Counsel" nur allzu leicht.

Auf der rechten Seite des Altars, von vorne gesehen, beherbergt diese kleine Nische einige herrliche Mosaike. Unzählige Farbtupfer aus Glas und Keramik sind zu Darstellungen von Christi Geburt und Mariä Verkündigung arrangiert. Ein komplexeres Abbild des augustinischen Wappens ist in den Boden eingelassen, und ein Gemälde von Maria und dem Jesuskind bildet das Herzstück darüber.

Die Nische entstand 1898 und wurde im 20. Jahrhundert von den „Rittern des Schreins" gepflegt, die bei Novenen und anderen Andachten für die Muttergottes als Platzanweiser und Ordner fungierten. Es gibt nur noch wenige dieser Ritter. Einen oder zwei kann man während des jährlichen Triduum (der Dreitagesandacht) im April erspähen.

Aufwändigere Mosaike findet man im Schrein der hl. Rita von Cascia (unter dem Harry-Clarke-Fenster) und im Sacred-Heart-Schrein.

EIN STRAẞENSCHILD OHNE STRAẞE

13

Der verschwundene Ort

Oliver Bond Street, Dublin 8
Die Dublin-Bus-Haltestellen Nr. 1938 und 1999 befinden sich ganz in der Nähe an der Thomas Street; einige andere Buslinien halten am Merchant's und am Usher's Quay

Auf einem Straßenschild, das auf der Oliver Bond Street über dem Eingang des heutigen Liberties Training Centre hängt, steht „Mullinahack". Doch hier gibt es keine Straße oder kein Viertel mit diesem Namen. Was steckt also dahinter?

Die irische Übersetzung lautet Muileann an Chaca. Muileann bedeutet Mühle, während „cac" das irische Wort für Müll, Exkrement oder etwas Schmutziges ist. Im Titel eines ausführlichen Essays über diesen Stadtteil von Edward Hannon im *Dublin Historical Record* (2016) werden diese zwei Begriffe zusammengeführt – *„Die schmutzigen Mühlen: Mullinahack – der verschwundene Ort."*

Die Ursprünge von Mullinahack scheinen auf eine Mühle oder Mühlen zurückzugehen, die Ende des 12. Jahrhunderts entstanden und einige Jahrhunderte überdauerten. Zu seiner Blütezeit erstreckte sich dieses „einst pulsierende Viertel" in Richtung des heutigen Usher's Quay und über Teile des National College of Art and Design und wurde von einem Fluss namens Coleman's Brook durchzogen.

Der Fluss war durch den Abfluss der Mühle und den Müll, den die Bewohner hier abluden in jeder Hinsicht eine stinkende Kloake. Ein weiterer Artikel im *Dublin Historical Record*, 1940 von Lily M. O'Brennan geschrieben, beschreibt ihn als „oft malträtierten Fluss", der schließlich 1670 aus ebendiesem Grund trockengelegt wurde. Doch der Name Mullinahack blieb natürlich bestehen. Hannon erzählt, dass ihn der Earl of Carhampton 1798 im House of Lords einmal als „zu vulgär, um ausgesprochen zu werden", bezeichnete und fand, er sei „kaum artikulierbar, ohne sich dabei die Zähne auszubrechen."

Später beherbergte Mullinahack neben kleineren Betrieben wie Hut- und Pfeifenmachern, eine Zuckerraffinerie sowie einen Eisenbahnwaggon-Hersteller. Eine berühmte Anwohnerin war Anne Devlin (1780–1851), die irische Republikanerin, die auch als Haushälterin von Robert Emmet bekannt war. Ende des 19. Jahrhunderts war der Ort allerdings von kriminellen Umtrieben und zwielichtigen Spelunken und Gasthäusern geprägt. Die Mullinahack Lane wurde schließlich im Jahr 1900 von der Dublin Corporation geschlossen. „Doch ihr Andenken besteht weiter", wie O'Brennan in ihrem Artikel vier Jahrzehnte später schrieb. „Ihr trübes Gewässer gab der Straße Mullinahack – zur schmutzigen Mühle – ihren Namen, und die Bewohner der St. Augustine Street verwenden ihn noch heute."

Heutzutage ist er fast in Vergessenheit geraten, und von all diesen Geschichten zeugt nur noch ein bloßes Straßenschild. Aber auf alten Straßenkarten der Stadt und eindrucksvollen Bildern im Archiv der National Library lassen sich noch Belege für die Mullinahack finden.

DIE 40 STUFEN

Das Tor zur Hölle

Cook Street, Dublin 8
Tara Street (DART; 15–20 Min. Fußmarsch); Four Courts (Luas, Rote Linie; 10 Min. Fußmarsch); die Dublin-Bus-Haltestellen Nr. 1937 und 2001 befinden sich ganz in der Nähe an der High Street

Die Gläubigen in den alten Kirchen Dublins gaben sich alle Mühe, in den Himmel zu kommen, doch der Weg in die Hölle führte schnurstracks nach unten – im wahrsten Sinne des Wortes. Eine mittelalterliche Abkürzung rund um die St. Audeon's Church brachte die Bewohner des 18. Jahrhunderts über nur 40 Stufen von der Anhöhe des Cornmarkets in ein verwahrlostes Viertel voller Bordelle, Spelunken und Gässchen, die gemeinhin als „die Hölle" bezeichnet wurden.

In der „Hölle", die sich von der Cook Street Richtung Fishamble Street erstreckte, wimmelte es nur so von Gaunern und Taugenichtsen. Eine der berühmtesten war Darkey Kelly, die berüchtigte Dame, die das Maiden-Tower-Bordell leitete. Es heißt, Kelly wurde vom Dubliner Sheriff, Simon Luttrell, schwanger und nötigte ihn, sie finanziell zu unterstützen. Gentleman, der er war, bestritt er jegliches Wissen über sein Kind und legte noch eine Schippe drauf, indem er seine Geliebte der Hexerei und des Kindsmordes bezichtigte. 1761 wurde Kelly vor einem nach Mord lechzenden Mob auf dem Scheiterhaufen verbrannt, obwohl die Leiche des Kindes nie gefunden wurde. Und auch sie selbst ist nicht verschwunden. Darkey Kellys Geist soll an den 40 Stufen in dem berüchtigten Durchgang, wo einst Babys neben der St. Audeon's Church weggelegt wurden, gesehen worden sein.

Interessanterweise deuten Zeitungsberichte von damals an, dass Kelly aus einem anderen Grund hingerichtet worden sein könnte. Laut den Berichten, die die Produzenten von *No Smoke Without Hellfire* auf Dublin South 93.9 FM vor kurzem noch einmal veröffentlicht hatten, wurden mehrere Leichen versteckt im Keller ihres Bordells gefunden. Kelly war demnach vielleicht keine Hexe, aber möglicherweise Irlands erste Serienmörderin. Also, willkommen in der Hölle.

Noch heute haftet den 40 Stufen eine nasskalte, schaurige Atmosphäre an. Egal, wie sonnig der Tag ist, die dicke, alte Stadtmauer wirft ihren Schatten auf die unteren Stufen, und ein großer Teil der Treppe ist nicht einsehbar. Eine Tatsache, die nicht nur historische Verbrecher und Drogenabhängige ausnutzten, sondern auch gegenwärtige. Seien Sie also vorsichtig.

DIE PORTLESTER CHAPEL UND DAS KENOTAPH

15

Ein verborgener Raum inmitten der Stadt

St Audeon's Church, High Street, Dublin 8
01-677-0088 – heritageireland.ie
Täglich 9.30–17.30 Uhr
Eintritt: frei
Tara Street (DART; 15–20 Min. Fußmarsch); Four Courts (Luas, Rote Linie; 10 Min. Fußmarsch); die Dublin-Bus-Haltestellen Nr. 1937 und 2001 befinden sich ganz in der Nähe an der High Street

St. Audeon, 1181 erbaut, ist nach dem Schutzheiligen der Normandie, dem hl. Ouen (engl. Audoin), benannt. Doch man muss in diesem herrlichen Gewirr mittelalterlicher Kirchen und Kapellen nicht lange suchen, um einen anderen Namen herausstechen zu sehen: jenen von Roland FitzEustace, bzw. Lord Porlester.

Zu seiner Glanzzeit war St. Audeon's eine wohlhabende Pfarre im Geschäftszentrum Dublins. Hier begraben zu sein war ein wünschenswertes posthumes Statussymbol, und man kann noch immer große, wortreiche Grabsteine sehen, in die Namen wie Usher, Sparke und Duff eingraviert sind. Doch FitzEustace, der von Eduard IV. und später von Heinrich VII. zum Lordkanzler ernannt wurde, ging einen Schritt weiter. 1455 errichtete er seine eigene private Kapelle. Gleich rechts neben dem Eingang zum Besucherzentrum versteckt, liegt der Raum, eingerahmt von eleganten mittelalterlichen Mauern, romanischen Bögen und der hochaufragenden katholischen Kirche daneben. Die Kapelle ist seit 1773 ihres Daches beraubt, und auf der Informationstafel sieht man eine verblasste Reproduktion von George Petries *Hanging Washing in Lord Portlester's Chapel*, das Gemälde einer Frau, die zwischen den Arkaden Wäsche auf eine Leine hängt. Es ist eine heitere, fast idyllische Szene, in gewisser Weise bemerkenswert, weil sie doch mitten in Dublin spielt.

Die Kapelle und der Altarraum wurden 1880 dem Board of Public Works (Bauamt) übertragen, verrät die Tafel weiter. Damals wurden die Fenster und Bögen repariert und die Grabsteine horizontal am Boden verlegt.

Das Herzstück der Portlester's Chapel war ein eindrucksvolles Kenotaph, ein Scheingrab, das vor vielen Jahren zum Schutz nach innen verlegt wurde. Heute findet man es im Glockenturm, wo liegende Figuren den Baron im mittelalterlichen Rittergewand darstellen, mit einem Schwert an seiner Hüfte, seiner Ehefrau an seiner Seite und einem treuen Hund zu seinen Füßen. Portlester hatte es noch zu Lebzeiten in Auftrag gegeben, wurde jedoch eigentlich in Kilcullen im County Kildare begraben.

EIN MITTELALTERLICHES GÄSSCHEN

(16)

Das einzige freigelegte Exemplar der Stadt

St Audeon's Church, High Street, Dublin 8 – 01-677-0088 – heritageireland.ie
Mai bis Oktober, täglich 9.30–17.30 Uhr
Eintritt: frei
Tara Street (DART; 15–20 Min. Fußmarsch); Four Courts (Luas, Rote Linie; 10 Min. Fußmarsch); die Dublin-Bus-Haltestellen Nr. 1937 und 2001 befinden sich ganz in der Nähe an der High Street

Die St. Audeon's Church kann man von oben von der High Street aus oder von unten von der Cook Street aus betrachten. Doch beide Ansichten lassen nichts über die vielschichtige Vergangenheit erahnen, die darin verborgen liegt. Dublins einzige verbliebene mittelalterliche Pfarrkirche wurde im 12. Jahrhundert errichtet (vielleicht sogar schon früher) und ist voller Winkel und Ecken, voller Gänge, Kapellen, Türmchen, Grabmäler und Monumente.

Direkt in der Mitte der St. Anne's Chapel findet man sogar den freigelegten Abschnitt eines Gässchens aus dem 12. Jahrhundert. In Dublin gab es damals, als die mittelalterliche Kirche gebaut wurde, natürlich unzählige kopfsteingepflasterte Gassen, doch diese hier ist das einzig freigelegte Exemplar, das einen solchen Abschnitt in unverändertem Originalzustand zeigt. Die Gasse, Anfang der 1990er-Jahre entdeckt, muss nahe an der Mauer der Originalkirche und unterhalb der Erweiterungen, die in den folgenden Jahrhunderten hinzukamen, verlaufen sein. Sie verlief abwärts in Richtung des Flusses Liffey und führte durch den St. Audeon's Arch in den alten Stadtmauern. Obwohl nur ein kurzer Abschnitt freigelegt wurde, der dort, wo die dunklen Steine zurück unter die Erde schlüpfen, leicht gewölbt ist, kann man sich das einstige Trappeln der Füße lebhaft vorstellen. Die High Street und St. Audeon's lagen an einem Handelsknotenpunkt des mittelalterlichen Dublin, und alle möglichen Berufsgruppen, Laien, Priester und sogar Pilger, die sich Stempel für ihre Pässe holten, bevor sie den Camino in Angriff nahmen, nutzten einst diese zeitlose Durchgangsstraße.

St. Audeon's ist sowohl eine aktive Pfarrkirche als auch Kulturerbe des Office of Public Works (OPW). Das macht den Besuch so besonders: Im Hauptschiff der Church of Irland findet man einen makellosen Altar und ein Taufbecken aus dem 11. Jahrhundert. Parallel dazu gibt es in der Guild Chapel von St. Anne eine Ausstellung über mittelalterliche Gilden, die zur Glanzzeit der Kirche florierten. Man sieht Ausstellungsstücke wie die Instrumente der Bader-Gilde, darunter auch ein Verätzungswerkzeug.
„The yron is most excellent but that it is offensive to the eye and bringeth the patient to great sorrowe and dread of the burning and the smart," heißt es in einem zeitgenössischen Bericht. (dt.: „Das Eisen ist vortrefflich, doch es beleidigt das Auge und verursacht beim Patienten große Sorge und Angst vor Verbrennungen").

DIE WEIHWASSERBECKEN (17)

Muschelschalen mit Symbolkraft

St Audeon's Catholic Church, High Street, Dublin 8
087-239-3235 – kosciol-dublin.pl/ireland/
Tara Street (DART; 15–20 Min. Fußmarsch); Four Courts (Luas, Rote Linie; 10 Min. Fußmarsch); die Dublin-Bus-Haltestellen Nr. 1937 und 2001 befinden sich ganz in der Nähe an der High Street

Die aus dem Jahr 1846 stammende katholische Kirche St. Audeon's (im Unterschied zur Church of Ireland nebenan) beherbergt das polnische Seelsorgezentrum in Irland. Im Inneren finden sich mehrere schöne Schätze, darunter eine handgefertigte Walker-Orgel aus dem Jahr 1861 und eine 1847 von Pietro Bonanni geschnitzte Jesuskindstatue. Doch die ungewöhnlichsten befinden sich direkt vor dem Eingang. Die Weihwasserbecken auf beiden Seiten des Haupteingangs sind riesige Muschelschalen, die angeblich 1917 aus dem pazifischen Ozean gefischt und von einem Seemann nach Dublin gebracht wurden, dessen Bruder damals einer der Gemeindepfarrer der Kirche war.

Natürlich sind Muscheln kein ungewöhnliches Motiv in Kirchen. In der Antike symbolisierten aufklappbare Muschelarten wie die Jakobsmuschel oder die Miesmuschel Fruchtbarkeit und das Weibliche an sich – beide galten als schützend und nährend und expliziter als Symbol für die Vulva.

Die Jakobsmuschel zum Beispiel war das Symbol der Venus. Obwohl es in der Bibel nicht erwähnt wird, soll Johannes laut christlicher Überlieferung Jesus mit einer Muschelschale getauft haben, und Muscheln werden oft zur Dekoration von Taufbecken verwendet oder genutzt, um Weihwasser über die Babys zu gießen. Riesenmuscheln sind die größten Weichtiere der Welt. Sie leben hundert Jahre oder mehr in freier Wildbahn und können ausgewachsen bis zu 200 Kilogramm wiegen. Manchmal dienen Riesenmuscheln wie jene in St. Audeon's sogar als Taufbecken.

In der St. Audeon's Church of Ireland nebenan wird ein Taufbecken aus dem 12. Jahrhundert noch immer verwendet. Es ist zwar aus Stein, hat aber auf der dem Mittelschiff zugewandten Seite eine Muschel eingraviert.

Besucher sehen sich heute die einzigartigen Weihwasserbecken ganz in Ruhe an, doch sich Zeit zu nehmen, war nicht immer das Motto in St. Audeon's. In dieser Kirche hielt Pater „Flash" Kavanagh in den 1950ern angeblich die kürzeste Sonntagsmesse der Stadt ab, um die Gläubigen rechtzeitig zur sonntäglichen Gaelic-Football-Show entlassen zu können.

DAS WOOD-QUAY-AMPHITHEATER ⑱

Echos aus der Vergangenheit

Dublin City Council Civic Offices, Wood Quay, Dublin 8
dublincityartsoffice.ie
Bei Tageslicht geöffnet (Park)
Eintritt: frei
Tara Street (DART; 15 Min. Fußmarsch); an den Dublin-Bus-Haltestellen Nr. 2001 (High Street) und 1444 (Wood Quay) halten zahlreiche Linien aus dem Stadtzentrum

Die Verwaltungsgebäude der Stadt Dublin sind ihre wohl umstrittensten Bauten. Die im Stil des Brutalismus entworfenen „Bunker" des Architekten Sam Stephenson, die auf einer der bedeutendsten Wikinger-Fundstätten Europas erbaut wurden, sind ein Symbol für starrköpfigen Fortschritt wie kein zweites in der Stadt.

Doch sie wurden nicht kampflos hochgezogen. Als sich der Bau in den 1970ern anbahnte, geriet die Beamtenschaft mit der empörten irischen Öffentlichkeit auf beispiellose Art und Weise aneinander.

Bis zu 20.000 Protestierende, darunter die junge (zukünftige Präsidentin) Mary Robinson, gingen bei „Rettet den Wood Quay"-Märschen auf die Straße. Als die Ausgrabungen fortgesetzt wurden, besetzten Professor F.X. Martin und seine „Freunde des mittelalterlichen Dublin" sogar das Gelände.

Die Kampagne scheiterte letztendlich, die ausgegrabenen Schätze wanderten ins National Museum und zwei der vier geplanten „Bunker" wurden gebaut (der dem Fluss zugewandte Block von Scott Tallon Walker kam erst 1994 dazu). Doch die Einstellung Irlands, was den Erhalt seines kulturellen Erbes anbelangt, hat sich wohl für immer verändert.

Schlendert man heute durch den Park und entlang der Wege, die die Gebäude miteinander verbinden, erwacht der historische Kontext zum Leben. Wurde hier richtig entschieden? Welche Alternativen gab es? Teile der Gestaltung stimmen optimistisch. Vor allem das öffentliche Amphitheater, das sich an die Bunker schmiegt. Sitzreihen aus Granitstein und eine erhöhte, runde Bühne, die von Grünstreifen umgeben sind, schaffen einen schönen Rahmen für ein Picknick oder eine Kaffeepause, und im Sommer ist das Amphitheater Schauplatz von Outdoor-Veranstaltungen. Opera in the Open ist zum Beispiel eine Initiative des Dublin City Council, bei der im August jeden Donnerstag mittags Live-Auftritte stattfinden. Von Zeit zu Zeit gibt es auch andere Einzelveranstaltungen. Zum Beispiel die Culture Night im September. Versteckt im Gebäude dahinter ist die Wood Quay Venue, ein im Untergeschoss liegender Konferenz- und Ausstellungsraum, in den ein Abschnitt der Stadtmauern aus dem 12. Jahrhundert integriert wurde, die man bei den Bauarbeiten entdeckt hat.

Wenn Sie Ihrem Frust gerne Luft machen möchten, dann machen Sie das in der Mitte des Amphitheaters. Wenn Sie an genau diesem Punkt schreien oder singen, entsteht ein überraschendes Echo. Steigen Sie aus dem Kreis, hört das Echo auf. Ein Ort, der mehr als in nur einer Hinsicht nachhallt.

DIE KATZE UND DIE RATTE

Tom und Jerry

Krypta der Christ Church, Christchurch, Dublin 2
01-677-8099
christchurchcathedral.ie
Die Öffnungszeiten ändern sich abhängig vom Monat. Für gewöhnlich ist wochentags ab 10 und sonntags ab 12.30 Uhr geöffnet
Tara Street (DART; 10–15 Min. Fußmarsch); Smithfield (Luas; 10 Min. Fußmarsch); die Dublin-Bus-Haltestellen Nr. 2002 und 2035 befinden sich ganz in der Nähe an der Lord Edward Street und der Nicholas Street

Die Christ Church Cathedral ist einer der auffälligsten Bauten Dublins. Ein Schmuckstück aus Granit, das in jeder Stadt der Welt bestehen könnte.

Obwohl sie 1028 vom norwegischen Wikingerkönig Sitric gegründet wurde, ist ihre heutige Architektur stark von umfassenden viktorianischen Renovierungsarbeiten geprägt. Manchmal lässt sich schwer sagen, ob man ein elegantes anglo-normannisches Original, eine viktorianische Nachahmung oder, was tatsächlich der Fall ist, eine großartige Mischung aus beidem betrachtet.

Doch an einem Teil des Gebäudes wurde rein gar nichts verändert – an der Krypta. Die älteste noch bestehende Baustruktur Dublins erstreckt sich unterhalb des Hauptschiffes und des Chors der Kathedrale, und seine Winkel und Nischen beherbergen einige einzigartige Schätze: einen Teller, der ein Geschenk von Wilhelm von Oranien nach der Schlacht am Boyne war, mittelalterliche Stadtpranger von 1670 (sie wurden einst zur Bestrafung von Verbrechern auf dem Christ Church Place verwendet) und das berüchtigte Grab von Richard „Strongbow" de Clare. Am erstaunlichsten aber sind die Mumien einer Katze und einer Maus, die in einer Vitrine ausgestellt werden. Die verdorrten, ledrigen Kreaturen wurden in den 1860ern in einer der Orgelpfeifen der Kirche gefunden, wo sie in der Fantasie der Leute im Zuge einer rasanten Jagd stecken blieben und anschließend in der trockenen Umgebung der Krypta konserviert wurden. Tom und Jerry, wie sie genannt werden, wurden bei der Wartung der Orgel entdeckt und tauchten später in Finnegans Wake von James Joyce auf, wo ein Charakter folgendermaßen beschrieben wird: „so sehr wie die Katze an der Maus in der Röhre der Christchurch-Orgel hing."

Beim Durchstöbern der bunt gemischten Schaustücke in der Krypta sollten Sie auch auf die Bögen und Säulen achten, die dieses Labyrinth aus dem 12. Jahrhundert tragen. Viele Jahrhunderte nach ihrer Errichtung tragen sie noch immer das Gewicht der gesamten Kathedrale.

Am 13. April 1742 hatte Händels *Messias* an der Neal's Musick Hall gegenüber in der Fishamble Street Premiere. Das Oratorium wurde mit Begeisterung aufgenommen, und der originale Eingangsbogen sowie eine Tafel, die dieses Ereignisses gedenkt, stehen neben dem *Handel's Hotel*. Hier wurden auch schon Jubiläumsvorstellungen abgehalten.

DIE BRÜCKE IN DIE SYNODENHALLE

Von den Wikingern bis in die Kirchengewölbe

Winetavern Street, Dublin 8
Christ Church: 01-677-8099; christchurchcathedral.ie
Die Öffnungszeiten ändern sich abhängig vom Monat. Für gewöhnlich ist wochentags ab 10 und sonntags ab 12.30 Uhr geöffnet
Dublinia: 01-679-4611; dublinia.ie
Täglich 10–17.30 Uhr
Tara Street (DART; 10 –15 Min. Fußmarsch); Smithfield (Luas, Rote Linie; 10 Min. Fußmarsch); die Dublin-Bus-Haltestellen Nr. 2002 und 2035 befinden sich ganz in der Nähe an der Lord Edward Street und der Nicholas Street

Für eine Stadt, in der es so oft regnet wie in Dublin, gibt es nicht sehr viele überdachte Passagen.

Doch die wenigen, die es gibt, sind sehr stilvoll. Wie zum Beispiel diese bogenförmige, integrierte Brücke, die die Christ Church Cathedral mit ihrer ehemaligen Synodenhalle über der Winetavern Street verbindet.

Die Brücke stammt aus den 1870er-Jahren, als sie im Zuge umfassender Renovierungsarbeiten von George Edmund Street hinzufügt wurde. Zu dieser Zeit wurde auch die Synodenhalle rund um die ehemalige St. Michael's Church gebaut. Die beiden Gebäude waren damals nicht miteinander verbunden, und der Entwurf von Street sollte den aus dem 12. Jahrhundert stammenden Turm der St. Michael's Church in die Synodenhalle integrieren. Die Halle selbst war „groß und nüchtern", wie es Christine Casey in *Dublin* (Yale University Press, 2005) beschreibt. Doch die Brücke ist eine positive Überraschung. Mauern aus Caen-Stein und ein Holzdach stehen mehreren Bleiglasfenstern gegenüber, die jede Menge diffuses Licht hereinlassen, sobald ein Sonnenstrahl sie durchdringt. Auf einer Mauer erinnert eine leuchtende Tafel an Henry Roe, den wohlhabenden Whiskeybrenner aus dessen „alleinigen Mitteln" die Synodenhalle finanziert wurde. Es ist ein unerwartetes und stimmungsvolles Vergnügen, das noch durch den Eindruck verstärkt wird, dass man vom Strom der Autos und Busse, die unten vorbeifahren, völlig abgekapselt ist.

Heute beherbergt die Synodenhalle die Dublinia, eine interaktive Ausstellung über die mittelalterliche Stadt. Kombi-Tickets für die Dublinia und die Christ Church erlauben es den Besuchern, die Ausstellung im Obergeschoss zu verlassen, die Brücke zu überqueren und über die glatten Kalksteinstufen in die Kathedrale hinabzusteigen. Man kann die Brücke auch über die Christ Church betreten. Doch ist es auf diesem Weg, vom Osten her, nicht erlaubt, die Dublinia zu besuchen.

DIE TAILORS' HALL 

Das Hinterhofparlament

An Taisce, Back Lane, Dublin 8
antaisce.org
Eintritt: frei (Zugang über das Café, sofern keine Veranstaltungen stattfinden; Gruppen können während der Bürozeiten vorab eine Führung buchen)
Tara Street (DART; 15 Min. Fußmarsch); die Dublin-Bus-Haltestelle Nr. 2001 befindet sich ganz in der Nähe an der High Street

Nur eine einzige mittelalterliche Gildenhalle hat in Dublin überlebt. Versteckt in der namentlich passenden Back Lane, die von der Hight Street abzweigt, ist das zweistöckige Gebäude aktuell der Standort des An Taisce, des National Trust in Irland.

Ohne dessen Intervention würde es die Tailor's Hall wahrscheinlich nicht mehr geben. Das Gebäude stammt aus dem Jahr 1706, als die Schneidergilde es als ihren Hauptsitz und Versammlungsort errichtete. Damals ging es in Dublin ganz anders zu. Heute verteilt sich der Verkehr in der Highstreet auf sechs Spuren, und betriebsame Kreuzungen machen Fußgängern das Leben schwer. Doch wenn die Schneider der Stadt sich auf den Weg zu ihrem Hauptsitz machten, gelangten sie über ein engmaschiges Straßennetz, gespickt mit Märkten, Gerbereien, Kneipen, Brauereien und Stoffläden, mit längst verschwundenen Namen wie Cutpurse Row und Handkerchief Alley an ihr Ziel (ein kleines Stück der alten Stadtmauer ist noch in der Lamb Alley erhalten). Die Schneider trafen sich hier bis 1841 und waren eine einflussreiche Gilde. „Sie besaßen zum Beispiel das Recht, die Stoffe der Schneider zu beschlagnahmen, die nicht Mitglied der Gilde waren, aber ihre Waren trotzdem in der Stadt verkauften", schreibt Peter Pearson in *The Heart of Dublin* (O'Brien Press, 2000). Aber das war damals.

Und heute ist heute. Im Laufe der Zeit wurden der Cornmarket und die Kreuzungen in der Nähe der Christ Church erneuert. Ganze Straßenzüge wurden dem Erdboden gleichgemacht, andere verbreitert und umgestaltet. Die Tailor's Hall diente im Laufe der Zeit zum Beispiel als Kaserne, Pension oder Gerichtsgebäude, bevor man sie dem Verfall preisgab. Die Renovierung durch An Taisce ist ein kleines Wunder und brachte ihr 1988 zurecht den Europa Nostra Award ein.

Was erwartet uns hier heute? Schöner roter Backstein und überraschend große Rundbogenfenster zeugen von einem geschichtsträchtigen Innenleben. Die Great Hall verfügt über einen kleinen Balkon mit einer spartanischen schmiedeeisernen Balustrade und einen großen Kamin aus Marmor (suchen Sie nach den Gravuren aus dem 18. Jahrhundert; leider wurde die Platte in der Mitte gestohlen). Als dieser Reiseführer zum letzten Mal aktualisiert wurde, war hier ein neues Café geplant, das wieder Leben in das Gebäude bringen sollte. Doch es geht hier nicht nur um architektonisches Erbe. 1792 trafen sich hier Wolfe Tone, James Napper Tandy und andere, um gegen die Strafgesetze mobil zu machen. Daraus ergab sich der heutige Spitzname des Gebäudes: das Back Lane Parliament.

LORD IVEAGHS EBENBILD

(22)

Lord Iveaghs „verschmitztes" Grinsen

Iveagh Market, 22–27 Francis Street,
Dublin 8
Die Dublin-Bushaltestelle Nr. 2383 befindet sich an der nahegelegenen Patrick Street, die Haltestelle Nr. 7413 am The Coombe; Harcourt Street (Luas, Grüne Linie; 15 Min. Fußmarsch)

Sir Edward Cecil Guinness (1847–1927), auch Lord Iveagh genannt, hinterließ mit Sicherheit Spuren in Dublin. Doch könnte der verrückt aussehende Schlussstein, der die Arkaden rund um die Iveagh Markets ziert, die persönlichste dieser Spuren sein?

Die Figur ist eine unter vielen, die in die Schlusssteine des ehemaligen Marktgebäudes gehauen wurden. Sie stellen laut Christine Caseys *Dublin* (Yale University Press, 2005) die Kontinente dar. Doch Pat Liddy, der legendäre Dubliner Autor und Fremdenführer deutet an, dass das schelmische Grinsen der bärtigen Figur, die von der Ecke Francis Street und Dean Swift Square den Passanten zuzuzwinkern scheint, Lord Iveagh gehört, dem Gründer des Iveagh Trust, der sich für bezahlbaren Wohnraum in Dublin und London einsetzte.

Der Iveagh Trust wurde 1890 gegründet, und sein Vermächtnis in Dublin ist erstaunlich. Oberhalb des St. Patrick's Park (von Sir Benjamin Guinness gestaltet) sieht man einen schönen Häuserkomplex, zu dem auch die Iveagh Trust Flats gehören sowie das berühmte Bayno, wo die Kinder der Gegend spielten und die Iveagh Baths, die ein Schwimmbad für die Bewohner beherbergten. Der Iveagh Market geht auf das Jahr 1906 zurück, als er für Straßenhändler in Auftrag gegeben wurde, die ihre alten Marktrechte verloren hatten, nachdem die innerstädtischen Slums geräumt worden waren.

Der von Frederick G. Hicks entworfene überdachte Markt war für Händler bestimmt, die alte Kleider, Fisch, Obst und Gemüse verkauften und wurde auf dem Gelände der ehemaligen Sweetman's Brauerei errichtet. Hinter seiner Fassade aus Ziegeln und Stein liegt eine Markthalle mit einer umlaufenden Galerie auf schmiedeeisernen Säulen.

Der Markt war bis in die 1990er-Jahre in Betrieb, ist jetzt aber leider schon seit längerer Zeit verfallen. Ein Sanierungsplan wurde erstellt. Doch unlängst wurde dieser Gegenstand eines Rechtsstreits zwischen dem Bauträger, der Stadtverwaltung und Lord Iveagh.

Auch wenn es mit dem Gebäude mal bergauf und dann wieder bergab ging, den zwinkernden Schlussstein gibt es immer noch. Vielleicht weiß er ja mehr als wir?

DIE STADTMAUERN

Wenn diese Mauern sprechen könnten …

Power's Square, hinter der St Nicholas Street, Dublin 8
Tara Street (DART; 20 Min. Fußmarsch); St Stephen's Green (Luas, Grüne Linie; 10 Min. Fußmarsch); die Dublin-Bus-Linie 49 hält in der Nähe an der St. Nicholas Street

Auf den ersten Blick besticht der Power's Square nur wegen seiner hübschen Gärten. Doch betrachtet man die Bäume am Ostende dieser kleinen Oase genauer, sticht ein vier Meter langer Steinblock ins Auge, der sich hier versteckt. Ein solides Stück Geschichte, wie es nur wenige in der Stadt gibt: ein Originalabschnitt der alten Stadtmauern.

Der 68 Meter lange Teil der alten Mauer, deren Verlauf über die Zeit verändert wurde, aber noch immer einen Teil des Original-Mauerwerks enthält, ist einer der wenigen Überreste der mittelalterlichen Verteidigungsanlagen Dublins. Andere Abschnitte, wie die frühen Stadtmauern in der Cook Street, der 83 Meter lange Abschnitt in der Ship Street Lower und die denkmalartigen Überreste in der Lamb Alley am Cornmarket, sind vielleicht bekannter, doch ähnlich wie auf dem Power's Square überlebten sie nur, weil sie in spätere Grundstücksgrenzen integriert wurden.

Die meisten noch bestehenden Teile der Stadtmauer, die laut John Perrots Studie von 1585 zwischen 4,8 und 6,7 Meter hoch sowie zwischen 1,22 und 2 m dick war, sind unter der modernen Stadt begraben. Reste wurden bei archäologischen Grabungen unter anderem bei der City Hall, dem Dublin Castle, der Werburgh Street, der Nicholas Street, der Winetavern Street, der Augustine Street und am Usher's Quay gefunden. Ein Abschnitt der frühen Stadtmauer besteht im Untergeschoss der Dublin Civic Offices am Wood Quay fort. Der Record Tower des Dublin Castle ist ein weiterer Überlebender, so auch der Sockel des Bermingham Towers und die Fundamente des Powder Towers, die Besucher bei einer Schlossführung in einer unterirdischen Kammer besichtigen können. Die Reste des Genevel's Tower sind in einer unterirdischen Kammer in der Ross Road erhalten, aber aktuell für die Öffentlichkeit nicht zugänglich. In der Exchange Street Lower können die Fundamente von Isolde's Tower in einem düsteren Schacht unter einem Wohnblock besichtigt werden. Mehr über den Verlauf der Stadtmauern erfährt man, wenn man dem „virtuellen" Umriss anhand mehrerer Granitmarkierungen an verschiedenen Stellen im historischen Stadtzentrum folgt. Bronzetafeln in den Markierungen zeigen eine Übersicht über die mittelalterliche Stadt.

DIE KIRCHE DES HL. NIKOLAUS VON MYRA (AUẞERHALB) ㉔

Der Nikolaus und die Axtmörder

Church of St Nicholas of Myra (Without), Francis Street, Dublin 8
01 454-0387 – francisstreetparish.ie
Montag bis Freitag: 9.30–12 Uhr; Samstag 9.30–12 Uhr und 16.30–18.30 Uhr; Sonntag: 10–12 Uhr
Die Dublin-Bus-Haltestelle Nr. 2383 befindet sich an der nahegelegenen Patrick Street, Haltestelle Nr. 7413 liegt ebenfalls in der Nähe an der Coombe; Harcourt Street (Luas, Grüne Linie; 15 Min. Fußmarsch)

Betritt man die Kirche des hl. Nikolaus von Myra, macht man eine Zeitreise in die Vergangenheit.

Wochentags gegen 10.30 Uhr, kurz nach der Messe, betet dort eine kleine Gemeinde den Rosenkranz. Alte Frauen massieren ihre Perlen mit wächsernen, schrumpeligen Fingern, während ein überraschend schöner Innenraum sie wie eine Blüte umgibt.

Die 1829 fertiggestellte Kirche geht auf ein Franziskanerkloster aus dem 13. Jahrhundert zurück.

Der Zusatz „Außerhalb" bezieht sich darauf, dass es außerhalb der mittelalterlichen Stadtmauern lag, im Gegensatz zur Church of St Nicholas of Myra (Within). Versteckt zwischen Innenstadthäusern, ist der perfekt erhaltene Innenbereich voller kleiner Nischen und Schreine sowie leuchtender Statuen von Jesus, Maria, Josef und dem hl. Anton. Über dem Altar zeigt eine Pietà des Bildhauers John Hogan einen Christus, der nach seiner Kreuzigung am Boden liegt. Seine Mutter will seinen Kopf gerade in ihre Hände legen. Unter den prächtigen Buntglasfenstern ist auch Harry Clarkes Darstellung der Hochzeit von Maria und Josef sowie des hl. Nikolaus von Myra mit drei goldenen Beuteln und einem Anker zu seinen Füßen zu sehen – ein Hinweis auf seine Rolle als Geschenkebringer und Schutzheiliger der Seeleute. Kirchenbänke reihen sich sauber unter einer reich verzierten Decke aneinander, himbeerrote Wandpanele haben dieselbe Farbe wie die Vorhänge der Beichtstühle, und hinter dem Altar mit seinen flackernden Kerzen säumen mehrere Gipsfriese die Wand. Ein Gedanke zum Tag lautet: „Eines der Geheimnisse des Lebens ist, aus Stolpersteinen Trittstufen zu machen."

Achten Sie beim Betreten der Kirche auf den Stadtplan des mittelalterlichen Dublin. Er zeigt die Standorte verschiedener, dem hl. Nikolaus geweihter Kirchen im Laufe der Jahrhunderte, gemeinsam mit einer witzigen Illustration aus Giraldus Cambrensis *Topography of Ireland* (1188). Sie trägt den Titel *Iren demonstrieren die Axt* und zeigt einen wirr dreinblickenden Wilden, der, trotz des Vorhandenseins eines durchaus fällbaren Baumes, die Funktionsweise seines Werkzeugs an der Stirn seines Kollegen demonstriert.

Wie ihre Namensvetterin außerhalb der Stadtmauern hat auch die Church of St Nicholas (Within) eine lange Geschichte, die bis ins 11. Jahrhundert zurückreicht. Sie erlebte im Laufe der Jahrhunderte Höhen und Tiefen, und leider ist das Einzige, was von ihr übrig ist, ein zugemauerter Teil ihres Eingangs an der Kreuzung Nicholas Street und Christchurch Place neben dem Peace Park.

DIE BRONZETAFELN 

„Ich werde dich selbst gesund machen“

Nicholas Street, Bride Street, Bride Road, & Ross Road, Dublin 8
chrisreidartist.com
Tara Street (DART; 20 Min. Fußmarsch); Harcourt Street (Luas, Grüne Linie; 10 Min. Fußmarsch); die Dublin-Bus-Haltestellen Nr. 2385 und 2310 befinden sich ganz in der Nähe

„Ich habe mit meinem Vater nie wirklich ein Gespräch geführt. Einmal in den 1960ern erwischte er mich beim Schule schwänzen und verpasste mir eine schreckliche Tracht Prügel. Er riss mir die Kleider vom Leib, schlug mich mit dem Gürtel und rammte mir die Faust ins Auge.“

Enthüllungen wie diese lassen uns zusammenzucken, wenn sie in einem Buch, einem Interview oder vertraulich bei einer Tasse Tee oder einem Bier vorgebracht werden. Doch hier sind sie – dieselben Worte, in Bronze gegossen und an den Mauern der Nicholas Street angebracht. Und sie sind nicht die einzigen. Hält man die Augen offen, findet man im Straßenbild entlang der viktorianischen Backsteinbauten in der Bride Street, der Bride Road und der Ross Road etwa zwanzig weitere. Ernüchternde Bekenntnisse, kleine sozialhistorische Fragmente und Erinnerungen an alte Zeiten: Diese Mauern können wirklich sprechen.

Die Tafeln basieren auf Aufzeichnungen des Künstlers Chris Reid von Ortsansässigen und wurden im Rahmen des Public Art Programm der Stadtverwaltung in Auftrag gegeben. Durch den Bronzeguss und das nostalgische Erscheinungsbild, das an offizielle Gedenkstätten erinnert, unterstreicht Reid den Umstand, dass Stimmen wie diese zu selten gehört werden. Ein Bewohner merkt an, wie toll es wäre, wenn es im Viertel ein Gemeindezentrum gäbe. Andere erinnern sich an die freundschaftliche Atmosphäre in den Pubs, Männer die Wetten abschlossen und hinter den Iveagh Baths Münzen in einen Topf warfen, Nachbarn, die sich beim Putzen ihrer Treppen zusammentaten oder den Lumpensammler, der die Kinder beschwatzte, teure Kleidung gegen Goldfische zu tauschen.

Professor Declan McGonagle von der University of Ulster meint, dass die Texte „die Geschichte von innen heraus zum Ausdruck bringen". Und diese Einblicke in eine Welt außerhalb ihres Blickfelds können in ihrer Einfachheit für viele Dubliner erschreckend sein. „Meine Mutter vertraute den Ärzten nicht", steht auf einer anderen. „Sie konnte sich eine Behandlung ohnehin nicht leisten. Alle Mütter waren gleich. Sie hatten diese altmodischen Heilmittel. ‚Ich werde dich selbst gesund machen', sagte meine Mutter immer." Seit die Tafeln 2009 angebracht wurden, hat Reid ein Buch herausgebracht – *Heirlooms & Hand-me-downs* –- das Hintergründe zu den Geschichten und Erinnerungen liefert.

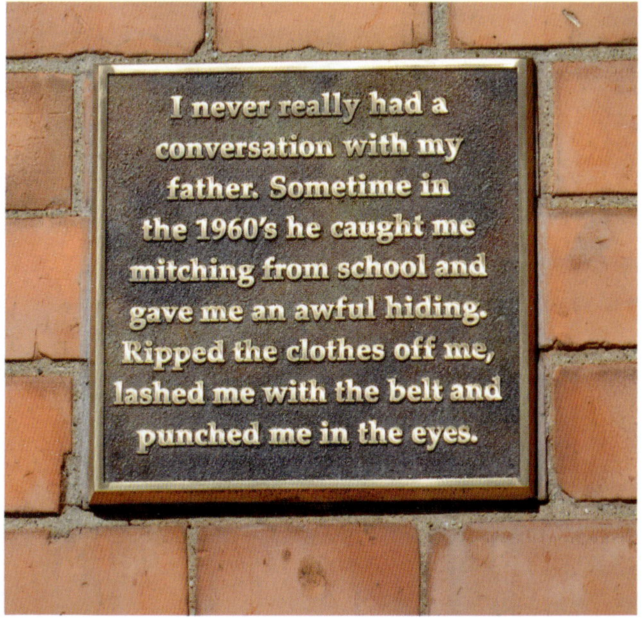

DIE MUSEUMSWOHNUNG

(26)

Die Wohnung, in der die Zeit stillsteht

3B Iveagh Trust, Patrick Street, Dublin 8 – 01-454-2312 – theiveaghtrust.ie
Die sporadischen Öffnungszeiten finden Sie auf der Homepage. Die Museum Flat ist auch während spezieller Veranstaltungen wie dem Open House Dublin geöffnet
Tara Street (DART; 20 Min. Fußmarsch); Harcourt Street (Luas, Grüne Linie; 10 Min. Fußmarsch); die Dublin-Bus-Haltestellen Nr. 2385 und 2310 befinden sich ganz in der Nähe

„Es ist wie Narnia im Wandschrank“, sagt der Mann, der die Tür von Nr. 3B öffnet. Und das aus gutem Grund. Die letzte Mieterin dieser winzigen Wohnung, die 95-jährige Nellie Molloy, ließ die Räume ihr ganzes Leben lang mehr oder weniger so wie sie waren, als sie 1915 mit ihrer Familie hier einzog.

Das unterscheidet es von allen anderen Museen der Stadt: Es ist ein lebendiger Raum, in dem die Zeit stehengeblieben ist. In der Mitte des Wohnzimmers steht ein alter Lambert-Kamin, in dem Zeitungspapier darauf wartet, angezündet zu werden. Darüber befindet sich eine Messingschiene, auf der man Kleidung aufhängen konnte. Die Ofenbürsten sind hinter einem mit Quasten besetzten gelben Tuch versteckt. Vor den Schiebefenstern hängen Spitzenvorhänge und geblümte Tapeten sind mit alten Familienporträts, Heiligenbildern, Kreuzen und verschiedenen Figuren wie dem Prager Jesulein geschmückt. Der Iveagh Trust versuchte schon öfter, Nr. 3B zu modernisieren (es gibt kein Badezimmer oder fließendes Wasser), doch Nellie weigerte sich jedes Mal. Sie wollte die Wohnung so bewahren, wie ihre Familie sie eingerichtet hatte, vielleicht auch aus Angst, nach einer Renovierung nicht mehr zurückkehren zu dürfen. Im Schrank steht altes Geschirr. Auf Nellies Kommode finden sich Haarspangen, Parfum und Weihwasser. Darüber hängt ein kleines Kissen mit Stecknadeln.

Der Iveagh Trust wurde 1890 von Sir Edward Cecil Guinness gegründet, um erschwinglichen Wohnraum in Dublin und London zu schaffen. Nr. 3B wurde erstmals 1904 vermietet: Nellies Vater, ein britischer Armeeveteran namens Henry Molloy unterzeichnete seinen Mietvertrag am 7. Juni 1915. Nellie und ihre vier Geschwister schliefen in einem Zimmer, Mädchen und Jungs durch einen Vorhang getrennt, der an einer Messingschiene hing. Ihre Eltern schliefen im anderen Schlafzimmer unter einem großen Schrein der Jungfrau Maria, den Henry mit einer Messingleiste aus einem alten Artilleriegeschoss geschmückt hatte. Das Klavier im Wohnzimmer ist nicht nur Zierde. Die Familie liebte Feste und nach Hochzeitsfeiern in der Wohnung wurden gemeinsam Lieder gesungen.

Als junge Frau arbeitete Nellie für eine Stoffmanufaktur in Harold's Cross und war sogar Gewerkschafterin, bevor sie schließlich kündigte, um ihre alte Mutter zu pflegen. Sie hatte nie einen Partner oder Kinder und soll in den 1940ern den Heiratsantrag „eines enttäuschten Mannes aus Kilkenny“ abgelehnt haben. Sie starb am 29. Oktober 2002, auf den Tag genau 35 Jahre nach ihrer Mutter. Nach Verhandlungen mit ihrer Familie kaufte der Iveagh Trust das Inventar der Wohnung und führt diese jetzt als Museum, das mit jedem Jahr, das vergeht, an Zauber gewinnt.

GULLIVERS REISEN

27

Legendäre Figuren in Stein

Golden Lane & Bride Street, Dublin 8
Tara Street (DART; 15 Min. Fußmarsch); Dublin-Bus-Haltestelle Nr. 2383 (2–3 Min. Fußmarsch); St Stephen's Green (Luas; Grüne Linie, 5–10 Min. Fußmarsch)

Jonathan Swift hinterließ nicht nur in der St. Patrick's Cathedral seine Spuren. Nicht weit von dem herrlichen Gebäude, in dem Swift von 1713 bis 1745 als Dekan diente, wird sein berühmtestes Werk in Form mehrerer Medaillons gewürdigt, die in die Fassade der Sozialwohnungen entlang der Golden Lane und der Bride Street eingelassen sind. Acht Keramikscheiben zeigen Szenen aus dem Klassiker *Gullivers Reisen*.

Was den sozialen Wohnbau in Dublin betrifft, ist das hier das Beste, was er zu bieten hat. Die Wohnungen wurden 1998 von der damaligen Dublin Corporation gebaut. Eine robuste Backsteinfront mit in die Ecken eingelassenen Glasbausteinen, weißen Stahlgeländern und den Keramikfiguren. Die Medaillons wurden kurz vor der Fertigstellung der Gebäude von Terry Cartin von Cartin Ceramic angefertigt. Cartin studierte die Bilder in der Gilbert Library in der Pearse Street, bevor er den Ton formte und bearbeitete. Dann erhitzte er ihn auf 1200 Grad und setzte die Teile von einem Hubkorb aus in einem Rekordsommer zusammen. Das Ergebnis wird von den Bewohnern der Häuser sehr geschätzt und ist eine kreative Art, diesen Teil Dublins mit einem großartigen Werk satirischer Literatur zu verknüpfen. Swifts Meisterwerk wurde 1726 veröffentlicht, und Szenen wie jene, in der Gulliver aufwacht und sieht, dass seine Arme, Beine und Haare von den winzigen Bewohnern Lillliputs festgebunden wurden, oder der Riese die Hand der Königin durch ihr Fenster hindurch küsst und feindliche Schiffe mit seinen Händen fortzieht, sind für alle, die das Buch gelesen haben, leicht erkennbar.

ST. PATRICK'S WELL

Ein unterirdisches Geheimnis im St. Patrick's Park

St Patrick's Park, Patrick Street, Dublin 8
dublincity.ie
St Stephen's Green, (Luas, Grüne Linie; 5 Min. Fußmarsch); die Bushaltestellen Nr. 2383 und 2385 liegen ganz in der Nähe an der Patrick Street

Es gibt nur sehr wenige konkrete Informationen über das Leben des hl. Patrick. Doch trotzdem findet man in ganz Irland jede Menge

Geschichten über den Heiligen. Angefangen bei düsteren Orten wie dem Croagh Patrick, wo er eine Zeit lang in der Wildnis lebte, bis hin zur Down Cathedral, wo er angeblich begraben ist, und skurrilen Treffern wie dem Heiligen Brunnen von Struell, wo er angeblich, nächtelang und nackt, Psalmen gesungen haben soll.

In Dublin erzählt man, dass der hl. Patrick die ersten irischen Christen in einem Brunnen getauft hat, der sich auf dem Gelände des heutigen St. Patrick's Park befunden haben soll. Vermutlich holte sich der Heilige für seine Aufgabe Wasser aus dem River Poddle, der heute unterirdisch fließt, und eine kleine Pfarrkirche, die auf einer Insel zwischen den beiden Flussarmen stand, war die ursprüngliche St. Patrick's Church. Die Kirche erhielt 1213 den Status einer Kathedrale und ist heute bei einem Dublin-Besuch einfach Pflicht. Sowohl sie als auch der Park profitierten von der Großzügigkeit der Guinness-Familie. Sir Benjamin Guinness steckte 1860 ein Vermögen in die Renovierung der Kathedrale und Sir Edward Cecil Guinness, Lord Iveagh, gestaltete den St. Patrick's Park, der 1904 fertiggestellt wurde. Dort findet man in einem kleinen mit Büschen bepflanzten Beet eine Steintafel, die darauf hinweist, dass sich der St. Patrick's Well „angeblich hier in der Nähe“ befand.

Und das ist nicht nur Legende. 1901 wurden bei Bauarbeiten neben der Kathedrale sechs keltische Grabplatten gefunden, die man auf das 10. Jahrhundert datierte. Eine der Granitplatten scheint die Reste eines alten Brunnens abgedeckt zu haben. Zwei davon können heute in der Kathedrale besichtigt werden, wo eine Tafel sie zwischen 800 und 1100 einordnet. Der Stein auf der linken Seite ist der interessante. Er ruht auf einem Sockel, der erklärt, dass er 1,28 Meter unter der Erde, auf dem historischen Standort des St. Patrick's Well gefunden wurde. Leider gibt es keine Informationen darüber, ob der Heilige bei seinem Besuch nackt war.

DAS COOMBE-DENKMAL

Dubliner Charaktere, in Stein verewigt

The Coombe, Dublin 8
Dublin-Bus-Haltestelle Nr. 5025; Harcourt Street (Luas; Grüne Line; 15 Min. Fußmarsch)

Ende 1825 kamen zwei Frauen mit ihren neugeborenen Babys bei starken Schneefällen ums Leben, als sie gerade versuchten, zum Rotunda Hospital zu gelangen. Als diese herzzerreißende Geschichte publik wurde, setzten sich einige wohlgesonnene Leute zusammen und gründeten die Entbindungsklinik Coombe Lying-In (Maternity) Hospital für arme Frauen. Es wurde Geschichte geschrieben.

Darüber informiert uns die Tafel, die an diesem Dubliner Denkmal befestigt ist. Ein eindrucksvoller Säulengang, der aussieht, als wäre er hier neben eine Wohnanlage auf dem Coombe herabgebeamt worden. Tatsächlich ist es andersherum. Der Säulengang war vor der Wohnanlage da und diente als Eingang ins Coombe Hospital, bis die Einrichtung 1967 an ihren heutigen Standort in Dolphin's Barn übersiedelte. Obwohl das Krankenhaus selbst schon seit 1770 bestand, wurde die Entbindungsstation, für die es bekannt ist, erst 1826 eröffnet, als zur Erinnerung an die beiden unglückseligen Mütter aus Dublin 100 Pfund gespendet wurden. Nach ihrer Übersiedelung wurde das Krankenhausgebäude abgerissen, um für das moderne Backsteingebäude, das heute dort steht, Platz zu machen. Der Säulengang aus Granit wurde von der Dublin Corporation als Gedenkstätte für Mütter renoviert, die im Krankenhaus „zukünftige Bürger Irlands" zur Welt brachten, sowie für seine Angestellten und Freunde.

Diese Bürger waren ein bunter Haufen, glaubt man den Stufen auf der Rückseite des Säulengangs.

Bei genauem Hinsehen erkennt man die Namen einiger lokaler Persönlichkeiten, die in den Stein gehauen sind: Menschen wie P. J. „Johnny Forty Coats" Marlow (der immer drei oder vier Mäntel trug, egal bei welchem Wetter), Skin the Rasher, Shell Shock Joe, The Tuggers, der Hairy Yank, Lady Hogan, der Prinz von Dänemark, der Earl von Dalcashin, Bugler Dunner, Jembo No Toes und vielleicht am beliebtesten – Thomas „Bang Bang" Dudley.

Bang Bangs Spitzname basiert auf den „Abschüssen", die er mit seiner „Pistole", einem großen Kirchenschlüssel, inszenierte. Er liebte Cowboy-Filme und die Anrainer spielten wohlwollend mit, indem sie auf der Straße „zurückschossen". „Trotz seiner fortschreitenden Augenerkrankung, setzte Bang Bang sein tägliches Treiben in der Stadt fort und sorgte für Aufsehen, wenn er auf Busse aufsprang und sich auf sein Hinterteil klatschte, als wäre er ein Pferd", hieß es nach seinem Tod 1989 im Nachruf des *Irish Independent.*

DAS BINSENLICHT

30

Das Licht in Dekan Swifts Leben …

St Patrick's Cathedral, St Patrick's Close, Dublin 8
01-453-9472
stpatrickscathedral.ie
März bis Oktober Montag bis Freitag 9–17.30 Uhr, Samstag 9–18.30 Uhr, Sonntag 9–11: Uhr, 13–15 Uhr & 16.30-18.30 Uhr; November bis Februar: Montag bis Freitag 9.30–17 Uhr, Samstag 9–17.30 Uhr, Sonntag 9–11 Uhr & 13–15 Uhr
Luas (Grüne Line) (5–10 Min. Fußmarsch von St Stephen's Green); die Dublin-Bus-Linien 49, 54a, 27, 56a, 77a und 150 halten alle neben der St Patrick's Cathedral

Es gibt viele Erinnerungsstücke an Jonathan Swift in der St. Patrick's Cathedral, da Swift hier bekanntlich von 1713 bis zu seinem Tod 1745 als Dekan diente. Neben der Kanzel, von der er predigte, können Besucher zwei recht spitznasige Totenmasken, Swifts Grab, einen Abguss seines Schädels und einen Tisch besichtigen, an dem er die Eucharistie in seiner Landgemeinde im County Meath feierte. Angesichts seines Rufs als Schriftsteller verwundert es nicht, dass die Kathedrale auch einige frühe Werkausgaben besitzt.

Swift war fast 78, als er starb. Damals ein unglaublich hohes Alter, das zu Spekulationen Anlass gab, dass seine Vorliebe für Bewegung und Reinlichkeit sich vielleicht bezahlt gemacht hatten. „Zu einer Zeit, als sich die Menschen nur selten wuschen, war Swift von Sauberkeit fast besessen", erklärt man uns. „Er war auch jeden Tag in Bewegung. Bei gutem Wetter ging er spazieren oder ritt aus. Wenn er aufgrund schlechten Wetters nicht nach draußen konnte, rannte Swift die drei Treppenabsätze im Dekanat auf und ab." Er war seiner Zeit eindeutig voraus.

Doch das spannendste Objekt ist eines, das kaum Erwähnung findet. Man entdeckt es in der Vitrine neben seinen wächsernen Totenmasken. Es ist ein Binsenlicht, in dessen Lichtschein Swift und seine engste Freundin Esther Johnson (auch Stella genannt) angeblich gemeinsam gelesen haben. Damals galten Binsenlichter als Lampen der Armen. Dafür wurden Schilfhalme angezündet, die man zuvor in brennbare Substanzen wie Wachs tauchte, denn Kerzen waren zu teuer. Swift heiratete nie, und die Forschung ist sich nicht einig, welcher Natur die Beziehung zu seiner Muse war. Doch Stellas Gesellschaft bereitete ihm offensichtlich Freude. Er schrieb ihr täglich, wenn er nicht in London war und komponierte auch Lieder für sie. „Since I first saw thee at 16 / The brightest virgin on the green / So little is thy form declined / Made up so largely in thy mind", schrieb er an ihrem 34. Geburtstag. Die Zuneigung beruhte auf Gegenseitigkeit, und Stella, die Swift zum ersten Mal begegnete, als er für Sir William Temple auf seinem Anwesen in Surrey arbeitete, zog nach Irland, um in seiner Nähe zu sein.

Welcher Art ihre Beziehung auch immer gewesen sein mag, dieses kleine Binsenlicht hat etwas unsagbar Romantisches an sich. Man kann sich das Paar fast vorstellen, wie es sich im Inneren der Kathedrale aneinander kuschelte. Stella starb 1728 im Alter von nur 46 Jahren (wir wissen nichts über ihr Trainingsprogramm). Von Trauer überwältigt, zog Swift aus seinen angestammten Räumen aus, um nicht sehen zum müssen, wie sich ihre Grablichter in den Fenstern der Kathedrale spiegelten.

DIE MARSH'S LIBRARY

(31)

Irlands erste öffentliche Bibliothek

St Patrick's Close, Dublin 8
01-454-3511
marshlibrary.ie
Dienstag bis Freitag 9.30–17 Uhr; Samstag: 10–17 Uhr
Der Lesesaal ist nur nach vorheriger Anmeldung zugänglich.
Luas (Grüne Line) (5–10 Min. Fußmarsch von St Stephen's Green); die Dublin-Bus-Linien 49, 54a, 27, 56a, 77a und 150 halten alle neben der St Patrick's Cathedral

Sie ist die erste öffentliche Bibliothek Irlands, doch ein beträchtlicher Teil der Dubliner hat noch nie von ihr gehört oder sie gar besucht: die versteckte Marsh's Library auf dem St. Patrick's Close.

Die Bibliothek wurde nach Erzbischof Narcissus March (1638–1713) benannt, unter dem sie 1701 erbaut wurde. Entworfen von Sir William Robinson, dem Architekt des Royal Hospital von Kilmainham, ist ihre Sammlung mit 25.000 Büchern das perfekte Beispiel dafür, wie eine verstaubte, alte Bibliothek auszusehen hat. Man schreitet durch das mit Efeu bewachsene Eingangstor, schlendert das feuchtkalte Treppenhaus hinauf, klingelt und wird schließlich in die ruhigen Innenräume geleitet. Man zahlt dem Pförtner 5 € und gönnt seinen Augen dann einen Moment, um sich an die vielen Brauntöne zu gewöhnen: die Bücherregale aus Eiche, die beschrifteten Seitenwände und die herrlich taktilen, in Leder gebundenen Bücher selbst. Man hat das Gefühl, als könnte man hier über ein vergessenes literarisches Geheimnis, ein altes Heilmittel oder die Anfänge eines Mordfalls stolpern (einige der Bücher weisen sogar Einschusslöcher vom Osteraufstand 1916 auf).

Die Bücher selbst stammen großteils aus dem 16. bis 18. Jahrhundert und beschäftigen sich mit Religion, Medizin, Recht, Reisen, Wissenschaft, Mathematik, Musik und klassischer Literatur. Von dicken Wälzern bis zu winzigen Kuriositäten ist hier alles dabei: ein kleiner Gedichtband zum Beispiel enthält ein Gedicht für Queen Elizabeth I. von Sir Walter Raleigh. Die Marsh's Library umfasst auch etwa 300 Manuskripte, darunter eines, *Lives of the Irish Saints*, das aus dem Jahr 1400 stammt und ein hebräisches Buch, gedruckt 1491, das eine handschriftliche Anmerkung des Erzbischofs selbst trägt: „*Liber rarissimus*" („seltenes Buch"). Zwischen den Bücherregalen gibt es sogar spezielle „Käfige", in die Leser früher eingesperrt wurden, während sie in seltenen Büchern schmökerten.

Doch die Bibliothek ist mehr als nur eine Sammlung alter Bücher. „Probier mich aus!", steht in einem Kassenbuch und lädt die Besucher dazu ein, verschiedene Schreibfedern zu testen. Man findet hier eine Totenmaske von Jonathan Swift und einen Abguss des Schädels seiner Freundin und Muse, Stella. Regelmäßige Ausstellungen rund um Themen der Bücher öffnen ganz neue geheimnisvolle und herrliche Welten, wie zum Beispiel das zufällig entdeckte *Anatomical Account of the Elephant Accidentally Burnt in Dublin on Friday, June 17, in the Year 1681 (Der anatomische Bericht über einen Elefanten, der aus Versehen am Freitag, den 17. Juni im Jahr 1681 in Dublin verbrannte)*. Wer hätte das gedacht!

Zwischen all den Reliquien stolpert man vielleicht auch über Narcissus Marsh selbst. Es heißt, der Erzbischof war erschüttert, als seine Nichte Grace durchbrannte, um heimlich zu heiraten. Grace schrieb ihrem Onkel einen Brief, den sie in einem seiner Bücher versteckte, doch Marsh konnte ihn offenbar nicht finden. Bis heute sucht sein Geist danach …

DIE CABBAGE GARDENS

„Denk an Gott und folge mir"

Cathedral Lane, zweigt von der Kevin Street ab, Dublin 8
dublincity.ie
Täglich, Dezember & Januar: 10–17 Uhr; Februar & November: 10–17.30 Uhr; März & Oktober: 10–18.30 Uhr; April & September: 10-20.30 Uhr; Mai & August: 10–21.30 Uhr; Juni & Juli: 10–22 Uhr
Eintritt: frei
Die Dublin-Bus-Haltestelle Nr. 2311 befindet sich in der Nähe an der Kevin Street Upper; die Buslinien 150, 151, 27, 26a und 77a halten hier; Harcourt Street (Luas, Grüne Linie; 10 Min. Fußmarsch)

Trotz des erdigen Titels kann man hier keinen Kohlkopf kaufen. Am oberen Ende der Cathedral Lane liegen die Cabbage Gardens, ein kleiner Park, der seinen Namen deshalb trägt, weil Oliver Cromwell und seine Soldaten nach ihrer Ankunft im Jahr 1649 hier Gemüse gepflanzt haben sollen. Kohl wurde davor in Irland nicht angebaut, weshalb er recht exotisch gewirkt haben muss (die Cathedral Lane selbst wurde bis 1792 Cabbage Garden Lane genannt). Doch heute findet man hier eine grüne Oase, an deren Mauern Grabsteine lehnen und die von Sozialwohnungen und einem kleinen Fußballplatz umgeben ist.

Die Grabsteine kamen nach den Kohlköpfen und gehen bis ins Jahr 1666 zurück, als der Dekan und das Domkapitel den Park der Pfarre von St. Nicholas Without als Friedhof überließen. Viele örtliche Gemeindemitglieder wurden hier begraben (wie eine Informationstafel erklärt), darunter Schuhmacher, Tuchhändler, Krämer und Holzhändler. 1681 gesellten sich französische Hugenotten dazu, die einen schmalen Streifen Land in der nordwestlichen Ecke des Parks pachteten. Einer der berühmtesten ist David Digues La Touche des Rompières, der, gemeinsam mit seinem Weberkollegen Nathaniel Kane, 1722 die La Touche Bank gründete, den Vorläufer der heutigen Bank of Ireland. Er wurde 1745 hier begraben. Obwohl die Stadtverwaltung Dutzende Grabsteine an den Rand des Parks verlegte, als er 1982 für die Öffentlichkeit zugänglich gemacht wurde, sind viele Inschriften noch immer deutlich lesbar. Ein Grabstein zum Beispiel, der von Henry Medcalfe „of the Poddle" zur Erinnerung an seinen 20 Jahre alten Sohn John errichtet wurde, trägt den fröhlichen Hinweis:

Passengers as you pass by (Passanten, wenn ihr hier vorbeikommt)
As you are now so once was I (Was ihr jetzt seid, das war ich einst)
As I am now so shall you be (Was ich jetzt bin, werdet ihr bald sein)
Think of God and follow me (Denkt an Gott und folget mir)

Nach dem sich zunehmend verschlechternden Zustand der Grabsteine zu schließen, werden solche Botschaften leider nicht mehr lange zu sehen sein. Vor allem die Gedenktafeln in der nordwestlichen Ecke wurden von Vandalen schwer beschädigt. Der Stein zerbrochen, mit zerbröselnden Inschriften und einem Vermächtnis, das auf dem mit zersplittertem Glas und Zigarettenstummeln verschmutzten Kies zerfällt.

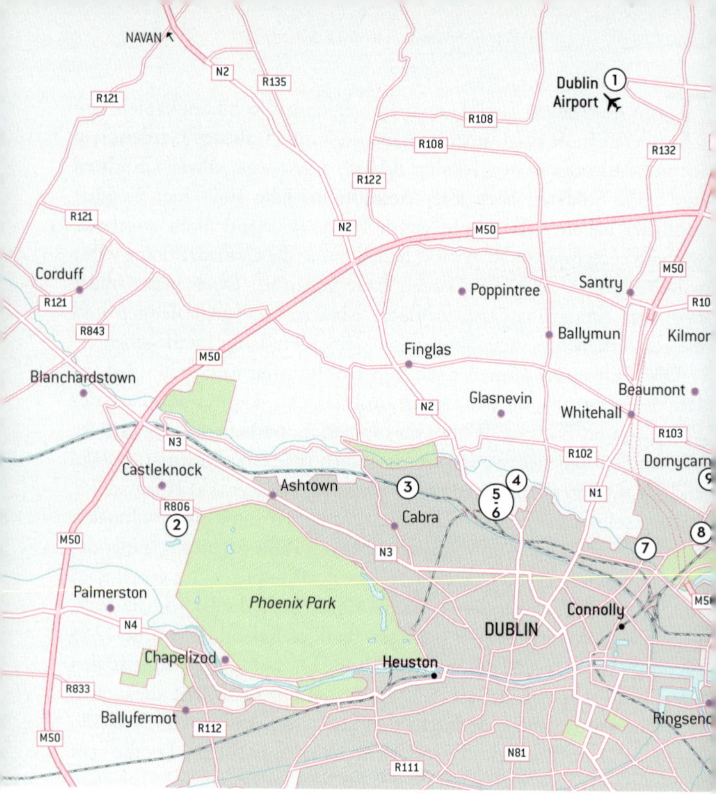

Nördlich des Zentrums

OGHEDA
0
500
1 000 m
N
R107
Kinsaley
R124
Portmarnock
R106
R123
N32
R106
Ireland's Eye
R809
Donaghmede
Baldoyle
Darndale
R107
Edenmore
R104
Kilbarrick
R105
Coolock
R105
Sutton
Howth
Artane
Raheny
R105
Saint Anne's Park
Clontarf
Dollymount
R807
R105
ndymount

DAS ALTE FLUGHAFEN-TERMINAL ①

Das goldene Zeitalter der irischen Luftfahrt

Dublin Airport, County Dublin
dublinairport.com
Am alten Terminal finden gelegentlich Führungen statt, z. B. während des Open House Dublin, dem jährlich stattfindenden Tag der offenen Tür der Irish Architecture Foundation (openhousedublin.com).
Die Dublin-Bus-Linien 16 und 41 sowie private Bus-Dienste verbinden den Flughafen mit der Stadt

Der Dublin Airport nahm am 19. Januar 1940 offiziell seinen Betrieb auf, als eine Lockheed-14-Propellermaschine der Air Lingus an einem kühlen Donnerstagmorgen Richtung Liverpool abhob.

Inzwischen ist der Flughafen ein weitläufiger Komplex, der pro Jahr 30 Millionen Passagiere abfertigen kann. Der ursprüngliche Bau wird von einem Gewirr aus Terminals, Rollbahnen, Zufahrtsstraßen und Bürogebäuden verschluckt, doch Passagiere, die zwischen Terminal 1 und Pier D die Skybridge überqueren, können einen Blick auf die schneeweiße Fassade und die geschwungene Architektur in all ihrer nostalgischen Pracht erhaschen. Überraschenderweise ist dieses modernistische Juwel noch immer in Verwendung. Es beherbergt die Büros des DAA, die

Flughafenniederlassung der Met Office und einige Passagierflugsteige und wird noch immer als Terminal genutzt.

Ende der 1930er begann man mit dem Bau des Gebäudes nach einem Entwurf von Desmond FitzGerald. Die abgestuften Etagen ahmten die Form eines Ozeandampfers nach, heranrollende Flugzeuge wurden von der abgerundeten, langen Fassade empfangen, und die kleinere konkave Wölbung sollte ankommende Passagiere willkommen heißen. Die Check-in-Schalter im Inneren sind zum hohen Foyer hin ausgerichtet. Besucher konnten die Balkone als Aussichtsplattform nutzen, und die Treppe mit ihren Travertinstufen und dem Messinggeländer gibt es immer noch. Das gilt jedoch nicht mehr für ein Restaurant (geleitet vom legendären Johnny Opperman) mit Blick auf das Rollfeld oder die Tanzabende, die hier veranstaltet wurden – heute irgendwie unvorstellbar. Doch damals wurden Tickets noch per Hand ausgeschrieben, es gab Reiseanzüge und Security-freie Zonen – das goldene Zeitalter der Luftfahrt, verewigt auf der Pinterest-Seite des Dublin Airport (pinterest.com/dublinairport). Als 1958 Dublins erster Transatlantikflug startete, zitierte Eamon de Valera Charles Lindbergh: „Was die Weiterentwicklung der Transatlantikflüge angeht, nimmt Irland jedes Mal eine Schlüsselrolle ein."

Natürlich war nicht alles romantisch. Flugreisen waren vor der Ära der Billig-Airlines unheimlich teuer, und viele der Menschen, die diesen schönen alten Terminal passierten, waren Auswanderer. Manche kehrten nie zurück. Mit der Zeit nahm die Zahl der Flüge in Dublin deutlich zu. Das ursprüngliche Gebäude, das für lediglich 100.000 Passagiere pro Jahr konzipiert worden war, erwies sich Ende der 1950er-Jahre als schlicht zu klein, und ein neues Nordterminal wurde ergänzt.

DAS DUNSINK-OBSERVATORIUM ②

Der Goldschatz auf einer Müllhalde

Castleknock, Dublin 15 – dunsink.dias.ie
Im Winter werden einige kostenlose öffentliche Veranstaltungen und Besuchernächte angeboten – irishastrosoc.org
Fährt man mit der Dublin-Bus-Linie 38, erwartet einen ein 1,5 km langer Fußmarsch entlang der Dunsink Lane

Tief in den Vororten von Castleknock erwartet man kaum, auf das älteste wissenschaftliche Forschungszentrum Irlands zu treffen. Doch genau darum handelt es sich beim Dunsink-Observatorium.

Dunsink, das 1785 als eine Einrichtung des Trinity College eröffnet wurde, war besonders als Wirkungsstätte des großartigen Rowan Hamilton (1805–1865) bekannt, kann aber auch noch skurrilere Geschichten bieten.

Das Observatorium ist heute Teil des Dublin Institute for Advanced Studies und, obwohl es für die Allgemeinheit nicht zugänglich ist, wird es für die Öffentlichkeitsarbeit genutzt: Hier finden während der Science Week im November, der Culture Night im September, dem Open House im Oktober oder bei den Open Nights, die von der Irish Astronomical Society initiiert werden, Veranstaltungen statt. Sie umfassen Vorträge, Frage-und-Antwort-Runden und, je nach Wetter, einen Blick durch das historische Grubb-Teleskop in der Südkuppel. Es stammt von 1868.

Im Inneren des Hauses erinnern verschiedene alte Uhren an die frühere Aufgabe des Observatoriums, Irlands Standardzeit festzulegen (25 Minuten und 21 Sekunden hinter GMT, der Greenwich-Zeit).

Nixons „Goodwill Moon Rocks"

Bei einem der Vorträge könnte man nachfragen, wie Mondgestein im Wert von vier Millionen Euro auf der nahen Mülldeponie landen konnte. Die Geschichte geht auf Richard Nixons Präsidentschaft zurück, als hunderte Mondgesteinsbrocken nach der erfolgreichen Apollo-Mission an verschiedenste Nationen der Welt verschenkt wurden. Irlands Mondgestein wurde im Dunsink-Observatorium aufbewahrt, ging aber nach einem Brand am 3. Oktober 1977 verloren. In einem Interview mit der BBC behauptete ein damals dort tätiger Wissenschaftler, dass es mit dem restlichen Schutt zur Dunsink-Deponie gebracht worden sei. „Ein Goldschatz auf einer Müllhalde", formulierte es Joseph Gutheinz Jr., ein Anwalt aus Texas und ehemaliger NASA-Mitarbeiter, gegenüber der BBC. Dieses erbsengroße Juwel zu finden, war natürlich unmöglich, doch die Dubliner können sich damit trösten, dass sie nicht die Einzigen sind. Es heißt, dass fast die Hälfte von Nixons „Goodwill Moon Rocks" vermisst wird.

DIE BROOME BRIDGE

Eine in Stein gemeißelte Formel

Broombridge Station, Cabra, Dublin 7
Die Dublin-Bus-Haltestellen Nr. 286 und 828 befinden sich ganz in der Nähe an der Carnlough Road; die Station Broombridge ist mit dem Commuter Service von der Connolly Station aus in etwa 10 Minuten erreichbar

Am 16. Oktober 1843 hatte Sir William Rowan Hamilton einen Geistesblitz, während er am Royal Canal spazieren ging. In diesem Moment, an den eine Tafel auf der Broome Bridge erinnert, fiel dem Physiker, Astronomen und Mathematiker die Grundformel für die Multiplikation der Quaterionen ein, „die er in einen Stein dieser Brücke ritzte". Archimedes hatte seinen Heureka-Moment im Bad. Hamilton (1805–1865) bei einem Spaziergang mit seiner Frau. Viele Jahre hatte der Dubliner überlegt, wie man komplexe Zahlen auf drei Dimensionen erweitern könne. Doch plötzlich kam er auf die Idee, stattdessen vier Dimensionen zu verwenden. „Eine Reihe seltsamer mathematischer Spekulationen kam mir in den Sinn", schrieb er am nächsten Tag in einem Brief. Hamilton nahm sein Taschenmesser und ritzte die Formel in den Stein: $i^2+j^2+k^2 = ijk = -1$

1958 enthüllte hier Éamon de Valera, selbst begeisterter Mathematiker, der in seiner Jugend die Brücke stundenlang nach der Formel abgesucht hatte, eine Gedenktafel. Seine Suche blieb erfolglos. „Die Witterung hatte gute Arbeit geleistet", erinnert sich der bei der Enthüllung anwesende Prof. Annraoi de Paor vom UCD in seinem Essay *An Unworldly Scholar*. Quaternionen, vierdimensionale Zahlen, für die das Kommutativgesetz der Multiplikation nicht gilt, haben die Algebra revolutioniert. Basierend auf Hamiltons Entdeckung gelangen mehrere wissenschaftliche Durchbrüche, wie die Entwicklung der Vektoranalyse und die Theorie der elektromagnetischen Wellen. Noch heute sind Quaternionen für Rotationsberechnungen in 4D, für Special Effects in Filmen, der Fernsteuerung von Raumfahrzeugen und in der Computer-Grafik von Bedeutung. So nutzte man sie zum Beispiel im Computerspiel Tomb Raider, um Lara Croft zu erschaffen. Hamilton erfand außerdem Biquaternionen, leistete einen wesentlichen Beitrag auf den Gebieten der Mechanik, Optik und Geometrie und wurde 1835 zum Ritter geschlagen.

Leider ist die Broome Bridge heute kein sehr inspirierender Ort mehr. Eingeklemmt zwischen einem Bahnhof und einem Industriegelände wird sie regelmäßig zugemüllt und mit Graffiti besprüht und nur hier und da von einer Ente oder einem Schwan aufgehellt. Doch jedes Jahr am 16. Oktober findet die Hamilton-Wanderung statt, die an seinem ehemaligen Arbeitsplatz, dem Dunsink-Observatorium, beginnt.

WITTGENSTEINS STUFE

„Da ich die Gunst der Stunde nützen möchte …“

National Botanic Gardens, Glasnevin, Dublin 9
01-857-0909 (Besucherzentrum)
botanicgardens.ie
Winter: Montag bis Freitag 9–16.30 Uhr, Wochenende und Feiertage 10–16.30 Uhr
Sommer: Montag bis Freitag 9–17 Uhr, Wochenende und Feiertage 10–18 Uhr
Eintritt: frei
Hier halten die Dublin-Bus-Linien 4 und 9 (von der O'Connell Street) sowie 83 (Kimmage/Harristown).

Die botanischen Gärten beherbergen etwa 17.000 Pflanzenarten. Doch die dezente Bronzetafel im viktorianischen Palmenhaus ist mindestens genauso exotisch. Sie markiert die Stelle (besser gesagt, die Stufe), auf der Ludwig Wittgenstein (1889–1951) in einem Winter Ende der 1940er-Jahre, während eines kurzen, aber sehr produktiven Aufenthalts in Dublin saß und in sein Notizbuch schrieb.

Damals residierte der Philosoph aus Wien im *Ross Hotel* in der Parkgate Street. Dublin soll ihm gefallen haben, er beschrieb sie „als echte Hauptstadt“ und verbrachte 1948 seine Zeit hier mit Schreiben, Nachdenken und Spazierengehen, trank schwarzen Kaffee, aß Omelettes im Bewley's in der Grafton Street und ließ es sich mit seinem Freund, dem irischen Arzt Dr. Con Drury, gutgehen, schreibt Richard Wall in seinem Buch *Wittgenstein in Dublin* (Reaktion Books, 2000). Sein Aufenthalt war scheinbar erfolgreich. „Als ich hier ankam, war Arbeiten erstaunlicherweise wieder möglich; und da ich die Gunst der Stunde nutzen möchte, habe ich beschlossen … hier zu bleiben, wo ich über ein warmes und ruhiges Zimmer verfüge“, schrieb der Philosoph in einem Brief vom 6. November 1948. Wittgenstein hatte in diesem Winter gesundheitliche Probleme, die ihn jedoch nicht von regelmäßigen Besuchen in den botanischen Gärten abhielten, dessen viktorianisches Palmenhaus ihn vielleicht an Wien erinnerte. Er saß vor Wind und Wetter geschützt in dieser herrlichen Raumkapsel, und man kann sich gut vorzustellen, wie er hier an seinem posthum veröffentlichten Werk *Philosophische Untersuchungen* (1953) arbeitete. Wittgenstein, der bei vielen als größter Philosoph des 20. Jahrhunderts gilt, veröffentlichte zu Lebzeiten nur ein einziges Buch. Das 75 Seiten umfassende *Tractatus Logico-Philosophicus*.

Die National Botanic Gardens wurden 1795 eröffnet und beherbergen Irlands größte Pflanzensammlung. Über 300 davon sind seltene oder gefährdete Exemplare, sechs von ihnen sind in der Natur praktisch ausgestorben. Das Palmenhaus wurde 1883 errichtet, nachdem ein früherer Bau bei einem Sturm beschädigt worden war.

DANIEL O'CONNELLS KRYPTA

⑤

„Mein Leib Irland, meine Seele Gott, mein Herz Rom"

Glasnevin Cemetery, Finglas Road, Dublin 11
01-882-6500
dctrust.ie
8–18 Uhr; Besichtigung nur im Rahmen planmäßig stattfindender Führungen
Mit einem Tower-Tour-Ticket kann man die Krypta und den Turm besichtigen (Mindestalter 8 Jahre; ein gewisses Maß an Fitness ist für den Aufstieg über die Treppe Voraussetzung).
Dublin-Bus-Linie 140 von der O'Connell Street

Ein 52 Meter hoher Granitturm, der die Grabstätte von Daniel O'Connell (1775–1847) kennzeichnet, dominiert den Glasnevin-Friedhof. Es ist unmöglich, sich George Petries Denkmal zu entziehen, sobald man durch die Friedhofstore tritt. Tatsächlich ist der Bau, als höchster Rundturm Irlands, mehrere Kilometer weit zu sehen. Seit 2018 können Besucher wieder die 198 Stufen zu einer der besten Aussichten der Stadt erklimmen – aber gehen Sie es nicht zu flott an. Den größeren Eindruck hinterlässt allerdings die Krypta, die sich unter diesem faszinierenden Bau befindet. O'Connells letzte Ruhestätte wurde noch vor dem Turm und seiner Treppe renoviert und enthält einen Altar aus Kilkenny-Marmor mit einem Durrow Cross (keltisches Hochkreuz) in der Mitte. Der Raum, in dem der Sarg steht, ist mit christlichen und keltischen Symbolen, einem Mosaikboden sowie einer gemeißelten Kreuzigungsszene geschmückt. Hier findet sich auch O'Connells letzter Wunsch, mit goldenen Buchstaben auf ein grünes Band geschrieben: „Mein Leib Irland, meine Seele Gott, mein Herz Rom"

Der „Befreier" starb in Genua auf einer Pilgerreise nach Rom, und seinem Wunsch gemäß wurde sein Herz ins Irish College von Rom gebracht und sein Körper in Glasnevin begraben. Der mit Blei ausgekleidete Eichensarg kann durch mehrere kleeblattförmige Öffnungen im Stein von den Besuchern berührt werden. Das soll Glück bringen, und an den Rändern, wo der Zugriff am einfachsten ist, ist das Holz mittlerweile schon ganz glatt. Beugt man sich hinunter und späht direkt durch die Öffnungen, kann man ein von Staub bedecktes Kreuz sowie eine Inschrift erkennen. Die Nähe fühlt sich irgendwie außergewöhnlich an, vor allem, wenn man bedenkt, dass das Bauwerk in den 1970ern Ziel eines, vermutlich von Loyalisten geplanten, Bombenangriffs war – der Grund, warum der Turm jahrzehntelang geschlossen blieb.

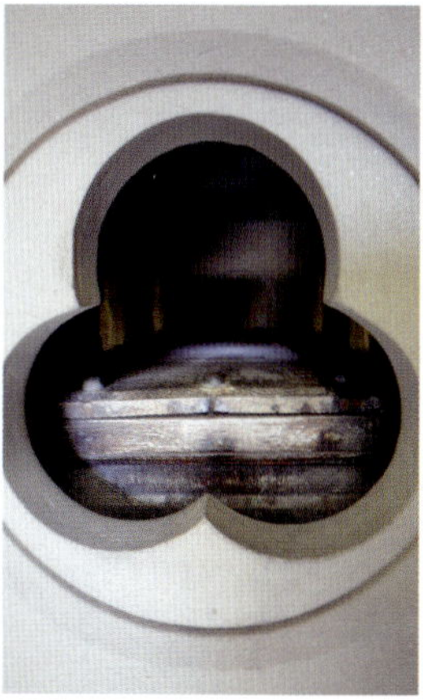

O'Connell, der die katholische Emanzipation sicherte, war auch für die Gründung des überkonfessionellen Glasnevin-Friedhofs 1832 verantwortlich. Damals gab es keinen eigenen Friedhof für irische Katholiken, und so kaufte er das Land, um „Menschen aller bzw. keiner Religionszugehörigkeiten" bestatten zu können. Mehrere Mitglieder der O'Connell-Familie wurden ebenfalls unter dem Turm begraben. Ihre aufeinander gestapelten Särge kann man in einem kleinen Raum sehen, der von der Hauptkrypta abzweigt.

MICHAEL COLLINS HEIMLICHE VEREHRERIN

⑥

Blumen für den „Big Fella"

Glasnevin Cemetery, Finglas Road, Dublin 11
dctrust.ie
Montag bis Sonntag 8–18 Uhr
Dublin-Bus-Linie 140 von der O'Connell Street

Auf dem Glasnevin-Friedhof liegen etwa 1,2 Millionen Menschen begraben. Darunter politische Anführer wie Daniel O'Connell, Charles Stewart Parnell und Éamon de Valera, aber auch die namenlosen Opfer der Hungersnot und der Choleraausbrüche in Irland. Doch was die „Star-Power" angeht, kann es niemand mit dem Kult rund um Michael Collins (1890–1922) aufnehmen. Sein Grab ist das meistbesuchte des Friedhofs.

Es liegt gleich hinter dem auffälligen Friedhofsmuseum mit Café und ist oft mit Blumensträußen geschmückt, die sich täglich zu erneuern scheinen. „Das hat nichts mit uns zu tun", erzählt uns ein Guide bei einem unserer Besuche, als er die vielen Menschen beschreibt, die mit Blumen, Karten und sogar Liebesbriefen zur letzten Ruhestätte dieses charismatischen Helden kommen, der im Alter von 32 Jahren ermordet wurde. Einige der frischen Blumen werden von einer mysteriösen französischen Dame geschickt oder hier abgelegt. „Ich glaube, sie heißt Véronique."

Ja, so heißt sie tatsächlich. Der *Sunday Independent* identifizierte Véronique Crombé, eine Museumsführerin und Dozentin aus Paris, als Collins heimliche Verehrerin. In einem Interview mit der Zeitung beschrieb Crombé das „überwältigende" Bedürfnis, sein Andenken hochzuhalten – ein Bedürfnis, das in ihr erwachte, nachdem sie Neil Jordans Film *Michael Collins* (1996) gesehen hatte. Am 22. August 2000, dem Jahrestag von Collins Tod in Beál na Bláth, verspürte Crombé das unerklärliche Verlangen, in die Kathedrale zu laufen und eine Kerze anzuzünden. „Der 22., der Tag an dem er erschossen wurde, war der Moment, der mich begreifen ließ, dass ich früher oder später nach Irland gehen musste, um mehr zu erfahren und dass ein Besuch an seinem Grab mir den Weg weisen würde. Dass Michael höchstpersönlich mich lenkte, um seine Geschichte weiterzutragen." Ihr erster Besuch in Glasnevin war sehr eindrücklich, sagt sie. „Es war der Beginn von etwas, das nach wie vor in mir arbeitet. Wenn ein junger Mensch stirbt, lässt er eine Energie zurück. Eine Energie, die nicht erledigte Dinge betrifft."

Crombé schickt noch immer Blumen an besonderen Jahrestagen (sie kam zum 100. Todestag von Collins 2022 nach Irland). Doch mit ihrer Bewunderung ist sie nicht die Einzige. Jahrelang wurde das Grab des „Big Fella" von einem weiteren Bewunderer gepflegt: von Dennis Lenihan. Ein paar andere Männer, die ein ähnliches Interesse verband, schlossen sich ihm an. Darunter James Langton, Paul Callery, Ronnie Daly, Paul Fleming und Rod Dennison. Der Verein Collins 22 pflegt das Grab und schmückt es mit Blumen. Die „geheimnisvolle französische Dame" habe eine romantische Anziehungskraft, räumt Véronique ein, doch sie mahnt, die Hingabe ihrer Freunde nicht zu vergessen.

DER JÜDISCHE FRIEDHOF ⑦

Errichtet im Jahre 5618

67 Fairview Strand, Ballybough, Dublin 3
dublincity.ie
Besichtigung nur nach Voranmeldung
Clontarf Road (DART; 10–15 Min. Fußmarsch); die Dublin-Bus-Linie 123 hält an der Bushaltestelle Nr. 4518 am Fairview Strand an der Richmond Road

„Errichtet im Jahre 5618“: Wenn je eine Tafel mit dem Vorsatz gestaltet wurde, Aufmerksamkeit zu erregen, dann diese. Sogar ihr Kontext ist rätselhaft. Sie ist an der Mauer eines winzigen Pförtnerhäuschens angebracht, das aussieht, als könnte es jeden Moment davonschweben, wie Mr. Fredricksens Haus im Film *Oben*. Was steckt also dahinter?

Zuerst einmal: Der Fairview-Strand ist kein Fleck im Raum-Zeit-Kontinuum. 5618 ist ein Datum aus dem hebräischen Kalender, der auf Mondmonaten basiert. Das entsprechende Jahr im gregorianischen Kalender ist 1857 – das Jahr, in dem das Häuschen errichtet wurde. Und dahinter liegt der jüdische Friedhof von Fairview.

Der Friedhof selbst entstand 1718, als ihn Captain Chichester Phillips von Drumcondra Castle pachtete. Er wurde 1748 aufgekauft, „als Erbpachtgrundstück für 1000 Jahre zu einer jährlichen Pacht von einem Pfefferkorn“, wie Diarmuid G. Hiney in *Dublin Historical Record* (Vol. 50, No. 2, 1997) schreibt, und diente bis 1900 als Friedhof für Juden in Dublin, als ein größerer Friedhof in Dolphin's Barn eröffnet wurde. Das letzte Begräbnis fand hier 1958 statt.

Auch wenn die Gegend heute etwas verlottert wirkt, war Fairview Strand einst ein angesagter Ort mit schönem Ausblick auf die Dublin Bay. Die Hütte bzw. das Totenhaus wurde zur Unterbringung eines Leichenbestatters gebaut. Man errichtete hohe Mauern für mehr Intimsphäre und zum Schutz vor Grabräubern, die damals eine Plage auf Dublins Friedhöfen waren. „1839 legte die jüdische Gemeinde Dublins per Gesetz fest, dass nach jedem Begräbnis die Leichname für eine Woche bewacht werden sollten“, schrieb Hiney. „Eine kuriose Anekdote gibt es zum verschwundenen Grabstein von Solomon Cohen. Einer seiner Söhne, der einen christlichen Freund in der Gegend besuchte, merkte an, dass sein Vater in der Kaminverkleidung begraben worden sei.“ Man fragt sich, ob sich Mr. Cohen noch immer in besagtem Gebäude aufhält.

Vor kurzem übernahm die Dubliner Stadtverwaltung das Areal vom Jewish Board of Guardians in Dublin. Obwohl der Friedhof sehr verfallen ist, wurde er bei unserem letzten Besuch gerade renoviert und soll irgendwann wieder öffentlich zugänglich sein. Die Tür und die Fensterrahmen des Häuschens sind heute auffällig schwarz, doch vor nicht allzu langer Zeit war das einzige Fenster über dem 5618-Schild mit katholischen Figuren wie dem Jesulein von Prag, der Jungfrau Maria und dem hl. Antonius dekoriert – inklusive Spitzengardine. Wenn Sie neugierig sind, setzen Sie sich oben in den Doppeldeckerbus der Linie 123. Er fährt direkt am historischen Friedhof vorbei und erlaubt Ihnen vielleicht einen Blick über die Mauer.

DIE „SPITE ROW“

⑧

Bram Stokers Geburtsort

Marino Crescent, Clontarf, Dublin 3
Anfahrt: Clontarf Road (DART; 2–3 Min. Fußmarsch); die Bushaltestelle Nr. 613 befindet sich in der Nähe der Howth Road, neben dem Marino Crescent

Warum heißt die hübsche Marino Crescent auch „Straße der Boshaftigkeit“? Die Antwort liegt im nahen Casino von Marino, dessen Ausblick über die Bucht von Dublin sein Besitzer Lord Charlemont mit der Bucht von Neapel verglich (er baute sogar Dienstbotentunnel, damit ihm seine Angestellten beim Kommen und Gehen die Aussicht nicht verdarben). Als der Bauunternehmer Charlie Ffolliott Wohnungen zwischen dem Casino und dem Meer bauen wollte, war der Earl entsetzt und verlangte hohe Mautgebühren für Baumaterialien, die über sein Land transportiert wurden. Daraufhin ließ Ffolliott die Materialien per Lastenkahn bringen und baute die Marino Crescent, die 1792 fertiggestellt wurde, wie einen Wandschirm, der dem Casino die Aussicht nahm.

Darüber hinaus soll Ffolliott die Rückseite der Reihenhäuser, die dem Marino House zugewandt war (Lord Charlemonts Hauptwohnsitz ganz in der Nähe), besonders verschachtelt gestaltet haben, um sie noch hässlicher zu machen, berichtete der *Irish Independent*, als eines der Häuser kürzlich verkauft wurde. „Die zwei größten Reihenhäuser, die nebeneinander lagen, wurden absichtlich höher gebaut, nur um die Aussicht aus dem Wohnzimmerfenster des Marino House zu stören.

Heute ist die Crescent eine grüne Wohnstraße, die sich an den ovalen Bram Stoker Park schmiegt. Benannt nach dem Autor von *Dracula*, der in einem der georgianischen Häuser geboren wurde. Bram kam 1847 als Sohn von Abraham Stoker und Charlotte Mathilda Blake Thornley, die in der Nr. 15 wohnten, zur Welt, in einem schmalen dreistöckigen Gebäude, das bis heute in Privatbesitz ist. Stoker, das dritte von sieben Kindern, war ein kränklicher Junge und bis zum Alter von sieben Jahren aufgrund einer geheimnisvollen Krankheit bettlägerig. „Ich war von Natur aus nachdenklich, und die lange Krankheit gab mir genug Zeit für Gedankenspiele, die später von Erfolg gekrönt waren“, schrieb er. Hatte ihm seine Mutter damals vielleicht Horrorgeschichten von Choleraopfern erzählt, die in ihrem Heimatort Sligo lebendig begraben worden waren? Es ist verlockend, dies zu glauben.

Die Geschichte der russischen Kronjuwelen

In der Nr. 15 verbargen sich nicht nur die Geheimnisse von Dracula. Es wurde auch mit der Familie des IRB-Mitglieds Harry Boland (1887–1922) in Verbindung gebracht und war über Jahrzehnte das Versteck russischer Kronjuwelen, die Irland 1920 von Lenins neuer Regierung als Sicherheit für einen Kredit erhalten hatte. Im Tumult des Bürgerkriegs hatte Boland seine Familie gebeten, sie bis zur Etablierung einer Irischen Republik aufzubewahren. 1937, als die Verfassung in Kraft trat, leisteten sie seinen Anweisungen Folge, und die Juwelen wurden schließlich wieder nach Russland gebracht.

DAS CASINO VON MARINO

9

Ein kleines Haus mit großem Namen

Cherrymount Crescent, hinter der Malahide Road, Marino, Dublin 3
heritageireland.ie
10–17.30 Uhr (letzte Führung um 16.00 Uhr)
Clontarf (DART; 15 Min. Fußmarsch); die Dublin-Bus-Linien 14, 27, 27a, 27b, 128 (vom Eden Quay) und 42, 43 (von der Abbey St Lower) halten an der Bushaltestelle Nr. 665 an der Malahide Road

Es ist Dublins kleinstes großes Haus. Oder besser sein größtes kleines Haus.

Entworfen von Sir William Chambers als Träumerei für James

Caulfield, den ersten Earl of Charlemont, wirkt das Casino von Marino wie der verschwenderische Prachtbau eines Landbesitzers.

„Man hält es für ein einstöckiges neoklassizistisches Gebäude", meinte der Guide bei unserem Besuch. „Aber ist es das? Täuschung und Schein werden bei diesem Bau großgeschrieben."

Obwohl man nur wenige Fenster sieht, hat das Casino (italienisch für „kleines Haus") 16 Zimmer, die reich an Raffinesse und aufwendigem Design sind. Es ist „einer der faszinierendsten, in Stein gehauenen Essays Irlands", schrieb David Newman Johnson in der *Irish Arts Review*. Details wie die Stuckarbeiten mit aufwendigen Leisten aus Eiern, Eicheln und Mäandern oder Intarsienböden und gerundete Mahagonitüren sind erstaunlich. So auch das von außen unsichtbare Prunkzimmer im 3. Stock oder ein kleiner „Sternzeichensaal", dessen Kuppeldecke eine optische Täuschung ist und die tatsächliche Höhe nur schwer erraten lässt.

Lord Charlemont ließ sich von seiner Bildungsreise durch Europa inspirieren. Damals galt es als mondän, sein Anwesen mit Gartentempeln, Jagdhütten, Kapellen etc. zu dekorieren. Doch das Casino, an dem ab 1760 über zwei Jahrzehnte gebaut wurde, war eine eher ungewöhnliche Miniatur. Die Grundform bildet ein griechisches Kreuz, das von etwa einem Dutzend dorischer Säulen umgeben ist. Die Reliefs aus Portland-Stein sind herrlich ausgearbeitet, die Urnen auf dem Dach verdecken die Schornsteine und im Inneren wartet eine weitere Überraschung: zwei Stockwerke und ein Keller mit acht Gewölbezimmern für die Bediensteten. Im Salon wurde den Gästen Schildkrötensuppe, flambierter Dachs oder – besonders modisch – Ananas (auch in den Stuckarbeiten zu finden) serviert. Aufgrund seines Detailreichtums gilt das Casino auch 250 Jahre später als einer der schönsten neoklassizistischen Gartentempel Europas, und die Zeit vergeht bei einer Führung wie im Flug.

Und erst die unter dem Rasen verborgenen Tunnel – um sie ranken sich allerlei Geschichten. Einige behaupten, dass sie einst bis zu den Wicklow Mountains und dem Hellfire Club reichten. Bei der Tour erfährt man jedoch nicht, dass Michael Collins und seine Männer 1921 in einem der Tunnel Schussübungen mit einer Thompson („Tommy") Maschinenpistole machten. Einige Einschüsse sind noch heute in den Mauern gegenüber dem Eingang zu sehen.

DIE ST. ANTHONY'S HALL

⑩

Der Geburtsort der Nation?

Clontarf Road, Dublin 3
01-833-3459
stanthonysclontarf.ie
Clontarf (DART; 10 Min. Fußmarsch); die Dublin-Bus-Linien 130 und 32x halten an den Bushaltestellen Nr. 1737 und 1742 an der Clontarf Road

Wo genau befindet sich der Geburtsort der heutigen irischen Nation? Im GPO, wo Padraig Pearse im April 1916 die Republik Irland ausrief? Im Kilmainham Gaol, wo die Anführer des Aufstandes hingerichtet wurden? Im *Shelbourne Hotel*, wo 1922 die Verfassung ausgearbeitet wurde?

Oder vielleicht an einem weniger eindrucksvollen Ort? Zum Beispiel in einem Gemeindehaus in Clontarf?

Auf den ersten Blick wirkt die St. Anthony's Hall wie eine Kirche. Und tatsächlich war das über mehrere Jahrzehnte ihre Funktion, bevor die heutige Pfarrkirche (gleich dahinter) 1975 gebaut wurde. Doch vor 1925 diente sie als Rathaus und wurde von der Dublin Corporation für Konzerte, Kino- und Tanzabende oder Ähnliches vermietet. Bei einer dieser Veranstaltungen wurde Geld für Peadar Kearney gesammelt, den Verfasser der Nationalhymne, nachdem er sich bei Schießübungen mit der Dublin Brigade der Irish Republican Brotherhood in den Fuß geschossen hatte.

Mitglieder der IRB nutzten den Ort einige Jahre für Treffen, so auch am Sonntag, den 16. Januar 1916. An diesem Abend traf der Oberste Rat der IRB hinter verschlossenen Türen eine Entscheidung, die den Verlauf der irischen Geschichte veränderte, auch wenn sich viele dessen nicht bewusst waren. Der Militärrat drängte auf den Ostersonntag als Datum für einen Aufstand in der Stadt, und bei besagtem Treffen forderte Sean McDermott, dass die IRB sich „so bald wie möglich" erheben sollte. Einer der Anwesenden „wandte ein, dass [Padraig] Pearse für Ostern plädiert hatte, worauf jemand antwortete, dass die Bauern zu dieser Zeit viel zu tun hätten", wie Austen Ogran in seiner Biographie über James Connolly schreibt. „Der oberste Rat, der nichts von den Plänen für Ostersonntag wusste, stimmte zu." So nahm die Geschichte ihren Lauf.

Leider wurde 1998 ein wesentlicher Teil der alten Town Hall abgerissen, darunter auch der historische Raum, in dem die IRB dem Osteraufstand zustimmte.

Zwei Jahre vor dem Osteraufstand fand in Clontarf ein weiteres Geplänkel statt, das den Verlauf der Geschichte beeinflussen hätte können. 1914 schmuggelten die Volunteers bei Howth Waffen ins Land und wurden in Clontarf von Polizei und Soldaten abgefangen. „Verhandlungen wurden geführt", wie Michael Collins dem Autor Hayden Talbot erzählte. „Es kam zum Schusswechsel, und ein Volunteer starb durch eine Bajonett-Attacke. „Damals kämpfte nur mehr die vorderste Linie unserer Kräfte! Der Rest von uns … hatte sich über die Felder davongemacht! Und so ging keine Waffe verloren!"

DIE FOLLIES IM ST. ANNE'S PARK ⑪

Die letzte Demesne-Landschaft der Stadt

St Anne's Park, Clontarf
dublincity.ie
10 Uhr bis Einbruch der Dunkelheit (17–22 Uhr, je nach Jahreszeit)
Eintritt: frei
Die Dublin-Bus-Linien 29a und 130 verbinden das Stadtzentrum mit dem St. Anne's Park und halten neben dem Eingang an der Mount Prospect Avenue

Ein elf Meter hoher „romanischer Turm", der einst auf dem Dach der Guinness-Familienresidenz stand; ein „Pompeji-Tempel", der früher als Teestube genutzt wurde; eine „Einsiedlerhöhle", die in eine dekorative Brücke gehauen wurde; künstliche Ruinen, ein Uhrturm mit einer 1,2 Meter hohen Glocke, die noch immer durch Clontarf tönt und vielleicht am eindrucksvollsten, ein „Muschelhaus", in dem früher eine exotische Farnsammlung untergebracht war. Für Besucher bergen die Wälder, Spielfelder und Wasserelemente im St. Anne's Park viele Überraschungen, und obwohl viele Einheimische von den Bauten gehört haben, wissen nur wenige wie viele es sind oder warum sie dort stehen.

Die Antwort? Es handelt sich um sogenannte Follies (eine Art Staffagebauten) aus dem 19. Jahrhundert, als der St. Anne's Park ein Anwesen im Besitz der Guinness-Familie war. Zu viktorianischen Zeiten war es unter superreichen Aristokraten üblich, seine Ländereien mit romantischen Andenken an „Bildungsreisen" durch Europa zu dekorieren. Angesichts ihres Vermögens machte die Familie (der auch das Ashford Castle gehörte) keine halben Sachen. Sir Benjamin Lee Guinness und später Lord und Lady Ardilaun waren für die Gestaltung des Parks rund um ihr Herrenhaus im Norden Dublins verantwortlich (1943 leider bei einem Brand zerstört).

Das Muschelhaus war, ähnlich wie ein weiteres irisches Exemplar im Carton House im County Kildare, ein angesagtes Detail zu einer Zeit als Damen sich mit „Muschelarbeiten" die Zeit vertrieben. Queen Victoria ging unter einer der künstlichen Ruinen hindurch, einer von Türmchen gekrönten Brücke, als sie während eines Staatsbesuchs im Jahr 1900 in Clontarf vorbeischaute. Eine runde Eibenhecke, die ein Marmorbecken umgab, war einst mit allegorischen Statuen bestückt, die die Kontinente darstellten. Obwohl er heute viel kleiner ist, ist dieser weitläufige grüne Park „das letzte verbleibende Exemplar einer irischen Demesne-Landschaft (eine Art Landgut) in der Hauptstadt", schrieb Maryann Harris, Senior Executive Parks Superintendent, 2009 in einer Studie für die Dubliner Stadtverwaltung.

Heute umfasst der St. Anne's Park, dessen Name auf einen heiligen Brunnen (heute ausgetrocknet) nahe dem Teich zurückgeht, Waldwege, Spielfelder, Schaugärten und lange, gerade Alleen sowie ein Restaurant und einen Bauernmarkt in den früheren Stallungen des Herrenhauses. Nach Jahren des Kampfes gegen den Verfall, Überwucherung und Vandalismus wurden die Follies der Familie Guinness glücklicherweise vom Gartenbauamt der Stadt restauriert. Die alten Prachtstücke werden wieder zum Leben erweckt. Doch leider ist das Muschelhaus, das sich in einer Baumschule des Parks und auf dem Lagergelände befindet, nicht öffentlich zugänglich.

REALT NA MARA

Stern des Meeres

Bull Island, Clontarf, County Dublin
Clontarf Road (DART; 30 Min. Fußmarsch); die Dublin-Bus-Haltestellen Nr. 1751 und 1727 befinden sich ganz in der Nähe auf der Clontarf Road, die Buslinie 130 von der Lower Abbey Street hält hier

1950 begannen die Dubliner Hafenarbeiter, regelmäßig einen Shilling in einen Fonds einzuzahlen, der für die Errichtung einer Statue der Jungfrau Maria in der Dublin Bay eingerichtet worden war.

Sobald ein Guinea (21 Shillinge) zusammenkam, wurde dafür ein unterzeichnetes Zertifikat ausgestellt: Ein Dokument, das stolz in vielen Häusern hing.

Durch Verzögerungen bei der Suche nach einem Standort wurde Clontarfs hoch aufragender *Realt na Mara* („Stern des Meeres") erst 1972 enthüllt. Doch die unzähligen Schillinge wurden letztendlich für einen guten Zweck verwendet.

Für den ebenso nostalgischen wie erfrischenden Spaziergang hinüber zu *Realt na Mara*, der am Ende des North Bull Wall liegt, muss man zuerst die legendäre einspurige Holzbrücke von Bull Island überqueren. Man passiert Badeplätze und kann Kite-Surfer und exotische Vögel beobachten, die über dem Dollymount-Strand schweben (manchmal sind sie schwer zu unterscheiden). Die Madonna selbst liegt am Ende des Fußwegs, an einer windigen Stelle, wo der Blick bis Howth und Bray Head reicht. Die Bronzestatue, die in 21 Meter Höhe auf einem Dreibein aus Beton thront und mit nach außen gekehrten Händen und nach oben gerichteten Handflächen über die Dublin Bay wacht, wurde von Cecil King gestaltet. Sie wird von drei Säulen aus Beton und Connemara-Marmor getragen. Später setzte man zwölf Sterne aus geschliffenem Glas (gespendet von Waterford Crystal) in ihren Heiligenschein ein. Die Sterne funkeln in der Sonne oder scheinen zu glänzen, wenn sich das von unten kommende Licht der Scheinwerfer in ihnen spiegelt.

Auch ohne den katholischen Kontext ist das Gefühl, dass ein Engel über das Wasser wacht, seltsam tröstlich. William Nelson, eines der Mitglieder des Hauptausschusses, der die Errichtung von Realt na Mara in Dublin veranlasste, war gleichzeitig ein Matrose, dessen Kohleschiff 1917 von einem deutschen U-Boot angegriffen wurde. Sein Glaube an die Jungfrau Maria habe ihn bestärkt, und er habe sich behütet gefühlt, erklärte er. „Er war fest entschlossen, diese Statue zu bauen, damit sie über die Arbeiter und Seefahrer im Hafen von Dublin wachen und sie beschützen könne", erzählte sein Enkel Bill Nelson dem *Irish Independent* am 50. Geburtstag der Statue im Jahr 2022.

DIE VÖGEL VON BULL ISLAND

⑬

Ein Grund, warum die Dublin Bay heute ein UNESCO-Biosphärenpark ist

Clontarf, County Dublin
bullislandbirds.com – birdwatchireland.ie
Anfahrt nach Bull Island über die Holzbrücke bei Clontarf oder etwas weiter nördlich über die Causeway Road; die Dublin-Bus-Linie 130 hält an der Holzbrücke (Haltestellen Nr. 1727 und 1572).
Man kann an der Causeway Road parken, die auch etwa 1,2 Kilometer von der DART-Station Raheny entfernt liegt

© Failte Ireland / Gareth McCormack

Bull Island liegt wirklich noch in den Windeln. Vor der Fertigstellung der beiden Dubliner Dämme Great South Wall 1795 und North Bull Wall 1824 existierte sie noch gar nicht.

Die Dämme verursachten Sand- und Schlickablagerungen, die sich am North Bull ansammelten. Stück für Stück entwickelte sich die Insel zu einer wogenden, sandigen und grasigen Oase, die aussieht, als wäre sie schon immer hier gewesen. Heute ist sie fünf Kilometer lang und Besucher können sie auf verschiedenste Weise nutzen: zum Schwimmen und Kitesurfen auf dem weitläufigen Dollymount-Strand (wo viele der Einheimischen das Autofahren gelernt haben), zum Spazierengehen in den Dünen auf den Dammwegen und im Sand. Man kann verschiedenen Wanderwegen folgen und eine Zeit lang herumspazieren oder über mehrere Stunden zehn Kilometer oder mehr zurücklegen. Die Wege sind nicht markiert, sich zu verirren ist aber quasi unmöglich. Beliebte Stellen sind schnell überfüllt, vor allem an Sommerwochenenden, doch je weiter nördlich man kommt, desto weniger Menschen trifft man. Der nördlichste Punkt der Insel bietet überraschende Ausblicke auf die Dublin Bay – von den Hügeln bei Howth bis zum Poolberg-Leuchtturm und den Pigeon House Towers. Halten Sie Ausschau nach Containerschiffen, die in den Dubliner Hafen einlaufen möchten und sich langsam durch die Dämme zwängen. Das wechselnde Licht, der peitschende Wind und die weiß schäumenden Wellen lassen das Meer fast malerisch aussehen. Alles fühlt sich gleichzeitig urban und überaus wild an.

Die verschiedenen Lebensräume auf North Bull Island – Schlickwatt, Sandwatt, sandige Marsch und Dünen – sind bei Vögeln (und Vogelbeobachtern) sehr beliebt. Im Winter nisten hier tausende Wat- und Wildvögel und Möwen. Mit sehr viel Glück kann man Ringelgänse aus der kanadischen Arktis sowie Sumpfohreulen und Schneeammer sehen. Küstenseeschwalben und Flussseeschwalben kommen im April, und im Sommer kann man nach Watvögeln wie Austernfischern, Curlew sowie Pfuhl- und Uferschnepfen Ausschau halten. Auch Turm- und Wanderfalken kann man beobachten.

Die Artenvielfalt, die Bull Island in den 1930ern zu Irlands erstem Vogelschutzgebiet machte, ist auch ein Grund, warum die Dublin Bay heute ein UNESCO-Biosphärenpark ist. Diese kleine Landzunge hat gemäß der Stadtverwaltung von Dublin „von allen Schutzgebieten auf der irischen Insel die meisten Naturschutzausweisungen“. 2019 wurde in Irland ein Klima- und Biodiversitätsnotstand ausgerufen, und es gibt Probleme mit Verkehr, Müll und nicht an der Leine geführten Hunden. Viele Vögel nisten oder fressen zwischen den Gräsern, im Kies und im Sand. Also egal, ob Sie Spaziergänger oder Hundebesitzer sind, helfen Sie mit, indem Sie auf den Wegen bleiben (und Hunde an die Leine nehmen).

MUCK ROCK

Piraten, Krieger und eine überwältigende Aussicht

Howth, County Dublin
Howth (DART; 5–10 Min Fußmarsch); die Dublin-Bus-Linien 31 und 31a halten an der Haltestelle Nr. 557 an der DART-Station Howth Road, die einen kurzen Fußmarsch von der Abzweigung Richtung Howth Castle entfernt liegt

Die meisten Wanderer kommen wegen des Cliff Paths oder des Tramline-Loops nach Howth Head. So schön sie auch sein mögen, es gibt noch einen anderen Wanderweg, dessen Aussicht alles andere übertrifft.

Um zum Muck Rock zu gelangen, geht man vom Hafen Richtung Westen und durchschreitet die Tore des Howth Castle. Das Schloss stammt in seiner heutigen Form aus dem 16. Jahrhundert und war viele Jahrhunderte lang Sitz der Gaisford-St-Lawrence-Familie. In seiner alten Küche wird heute eine Kochschule betrieben. Es heißt, dass Grace O'Malley, die Piratenkönigin, um 1757 in Howth anlegte und im Schloss vorsprach, weil sie hoffte, dort ein Abendessen und Vorräte zu bekommen. Doch die Tore blieben verschlossen. Zutiefst gekränkt, entführte O'Malley Lord Howths Erben und nahm ihn ins County Mayo mit. Er wurde erst nach dem Versprechen zurückgebracht, die Tore zum Abendessen nie mehr zu schließen und immer ein Gedeck für einen unerwarteten Gast vorzubereiten. Dieses zusätzliche Gedeck wird bis heute aufgelegt.

Um zu dem Felsen zu gelangen, geht man bis zum *Deer Park Hotel* weiter und folgt auf der rechten Seite des Gebäudes dem Golfplatz, bis der Weg in das Dickicht aus Rhododendren eintaucht. Zu gewissen Zeiten im Jahr und bei bestimmten Wetterbedingungen ist das einfacher als sonst – der Hügel ist nicht aufgrund seiner Sauberkeit und seines einfachen Zugangs als Muck (dt.: Dreck) Rock bekannt. Halten Sie auf dem Weg nach Aideen's Grave Ausschau, einem eingestürzten Portal Tomb aus Megalithzeiten Ausschau, das nach Oscar na Fiannas Frau benannt sein soll. Oscar, ein legendärer Krieger, war der Sohn von Oisín und Niamh (of Tir na nÓg) und der Enkel von Fionn Mac Cumhaill. Sein Tod brachte seinen Großvater zum ersten (und einzigen) Mal in seinem Leben zum Weinen, und Aideen starb vor Kummer. Es heißt, dass Oisin das Grab bei Howth, dessen Deckstein über 70 Tonnen wiegt, selbst gebaut hat. Es ist schon lange eingestürzt und nur mehr ein Steinhaufen.

Während man den Hügel erklimmt, lässt man schließlich den Wald hinter sich und hat eine überwältigende Aussicht auf die Dublin Bay. An klaren Tagen sieht man von hier bis zu den Mourne Mountains. Und sogar bei schlechtem Wetter kann man die Kitesurfer am Dollymount-Strand und den Martello Tower auf der vorgelagerten Insel Ireland's Eye sehen. Die kleine Insel erreicht man mit der Fähre vom East Pier. Dort bietet ein verborgener Strand, an dessen Klippen es vor Vögeln nur so wimmelt (darunter Papageientaucher, Seeschwalben und Lummen), einen der besten Picknick-Plätze der Stadt.

Kein schlechter Lohn für einen Aufstieg auf einen schlammigen Felsen.

DAS YE OLDE HURDY GURDY MUSEUM

⑮

Hier spricht E10MAR …

Martello Tower, Howth, County Dublin
sites.google.com/site/hurdygurdymuseum
Mai bis Oktober und November bis April (nur an den Wochenenden) 11–16 Uhr
Howth (DART; 5–10 Min. Fußmarsch); die Dublin-Bus-Linien 31 und 31a halten an der Haltestelle Nr. 557 an der DART-Station Howth Road (10 Min. Fußmarsch)

Ein Hurdy-Gurdy mag offiziell vielleicht ein Musikinstrument sein, doch seit der ehemalige Premierminister Seán Lemass in den 1950ern in das Studio von Radio Eireann kam und den Verantwortlichen fragte: „Wie geht's denn dem alten Hurdy-Gurdy (dt.: Drehleier)?", hat das Ganze eine gewisse Eigendynamik entwickelt.

Zumindest im Kopf von Pat Herbert. Herbert war der Mann hinter dem Ye Old Hurdy Gurdy Museum, einer faszinierenden Sammlung aus Vintage-Radios und Funkgeräten, die im Martello Tower oben auf dem Hügel in Howth ausgestellt werden. Im County Mayo aufgewachsen, führte er seine eigene Liebe zum Radio auf einen Nachmittag zurück, an dem er sich das Finale des 1947 All-Ireland Football Championships anhörte, das live aus New York übertragen wurde. Das Sammeln wurde seine Leidenschaft.

Jede Menge Kuriositäten werden hier ausgestellt. An den 2,4 Meter dicken Wänden des Turms stapeln sich historische Geräte – ein Marconi aus den 1940ern hier, ein Crystal Radio aus den 1920ern dort. Ein Paris-Aerial-Funkgerät sieht aus wie ein gerahmtes Bild von Rita Hayworth, bis man auf seiner Rückseite die Drähte, Wählscheiben und Anleitungen zum Einstellen des Empfangsbereichs findet. Basierend auf einem Funkgerät, das vom französischen Widerstand als Reaktion auf die Störaktionen der Deutschen bei BBC-Nachrichtensendungen im Zweiten Weltkrieg entworfen wurde, war es bald in jedem Haushalt zu finden. Andere skurrile Kreationen sehen aus wie Gewürzregale, Chamäleons oder Autos. Hier gibt es wunderschöne Retro-Fernseher und All-in-One-Radios, alte Ventilmaschinen, einen 110 Jahre alten Edison-Phonographen und Transistorradios aus den 1950ern, die wie Damenhandtaschen aussehen. Doch am faszinierendsten ist wohl das Heathkit-Apache-Amateurfunkgerät, über das der Niemba-Hinterhalt an General Seán McEoin kommuniziert wurde. Am 8. November 1960 lauerten Männer des Baluba-Stammes elf irischen Soldaten auf, die im Kongo auf einer Friedenssicherungsmission waren. Neun von ihnen wurden getötet, und die Nachricht über ihr Schicksal wurde dem Generalstabschef über dieses Gerät übermittelt.

Der Martello Tower, in dem Herberts Sammlung ausgestellt wird, hat ebenfalls seinen Platz in der irischen Geschichte der Funk- und Kommunikationssysteme. Lee De Forest, der amerikanische Radio-Pionier, experimentierte hier 1903 mit Übertragungen, und später beherbergte der Turm eine Marconi-Station. Heute gibt es im Turm und im Museum eine Amateur-Funkstation mit dem Funkrufzeichen „EI0MAR".

DIE FUSSABDRÜCKE VON GEORGE IV.

16

Die Fußsstapfen eines Königs ausfüllen

West Pier, Howth
Anfahrt: Howth (DART; 5–10 Min. Fußmarsch); die Dublin-Bus-Linien 31 und 31a halten an der Haltestelle Nr. 557 an der DART-Station Howth Road, die einen kurzen Fußmarsch vom West Pier entfernt liegt

Man kann mit Recht sagen, dass die Geschichte nicht besonders nett zu George IV. (er herrschte von 1820–1830) war. Aber auch George IV. wiederum war nicht wirklich nett. „Einer der untätigsten Monarchen, der je einen Thron bestiegen hat", wie es der irische Historiker Turtle Bunbury ausdrückt. Angefangen bei seiner Geburt 1762, als der anwesende Höfling ihn als Mädchen vermeldete, bis zu seinem Tod 1830, wurde der König abwechselnd als faul, unfähig, betrunken, fettleibig, törricht, eitel, unbeholfen, grausam, genussvoll, zügellos, als nationale Lachnummer und unverbesserlicher Verschwender beschrieben.

1821, kurz nach seiner Krönung, besuchte George IV. Irland, wo er in Howth in einem Rauschzustand vom Boot getaumelt sein soll. Er hatte sich offensichtlich während der Überfahrt an Gänsepastete und Whiskey gütlich getan. Nachdem er an Land gegangen war, goss der Steinmetz Robert Campbell seine Fußabdrücke, vorne spitz und hinten zierlich, in den West Pier. Von dort fuhr der König fort, die irische Bevölkerung zu beeindrucken, wie Bunbury schreibt: „mit Trinksprüchen, Händeschütteln und, indem er alle Jack und Tom nannte – wie ein populärer Politiker auf Wahlkampftour".

Über 200 Jahre später zieren die Fußabdrücke noch immer den Pier – „16 Schritte in diese Richtung", wie ein Schild hilfreich erläutert – und sind regelmäßig mit Regen- und/oder Meerwasser gefüllt.

Nichts lässt auf die Katastrophen schließen, die vor bzw. nach dem Gießen der Abdrücke geschahen.

George war ebenso für seinen extravaganten Lebensstil wie seine desaströse Ehe bekannt. Tatsächlich war seine Frau, Caroline von Brunswick, erst fünf Tage, bevor er in Howth an Land ging, gestorben. Der Monarch hielt es nicht nur für angebracht, seine Reise fortzusetzen, sondern blieb auch dem Begräbnis fern. Eine seiner dringenden Angelegenheiten war der Besuch bei seiner Geliebten, Elizabeth Conyngham, in Slane Castle. „Es heißt, dass die Straße von Dublin nach Slane eine der geradesten Straßen Irlands sei, da der König schneller am Ziel sein wollte", schreibt Henry Conyngham, der achte Marquis von Conyngham, auf seiner Webseite. Bis heute ist das Schlafzimmer, in dem er nächtigte, als King's Room bekannt.

Selbstredend gedachte man George IV. durchwegs ohne Mitgefühl. Obwohl sein Besuch in Irland ein Erfolg war, schrieb Robert Huish in seiner Biographie 1831, dass er mehr dazu beigetragen habe „die Gesellschaft zu demoralisieren, als je ein Prinz zuvor".

DAS CASINO MODEL RAILWAY MUSEUM

(17)

Eine intime, nostalgische und hypnotisierende kleine Zeitkapsel

Dublin Road, Malahide, County Dublin
modelrailwaymuseum.ie
Dienstag bis Sonntag ab 9.30 Uhr, Montag ab 13 Uhr; letzter Einlass 17 Uhr (April bis September) und 16 Uhr (Oktober bis März)
Die Dublin-Bus-Linien 32 und 42 verkehren vom Stadtzentrum Dublins bis Malahide (Haltestellen Nr. 3485 und 3635 befinden sich beim nahegelegenen Cricket Club); die DART-Station Malahide liegt 5 Minuten zu Fuß entfernt

In einer Welt der Touchscreens und Massenproduktion haben analoge Schätze etwas sehr Reizvolles an sich. Und Cyril Frys liebevoll zusammengestellte Sammlung irischer Modelllokomotiven, -waggons und Fahrzeuge gehört hier absolut dazu. „Man denkt heute einfach, dass alles gleich fertig aus der Schachtel kommt“, sagt Tara Manning, Leiterin des Modelleisenbahnmuseums in Malahide, wo Frys Sammlung ausgestellt ist. Bei diesen Modellen trifft das aber sicher nicht zu.

Fry kam mit 17 zur Midland Great Western Railway, arbeitete später als Eisenbahningenieur und Zeichner bei den Inchicore Railway Works und war leitender Ingenieur bei CIE. Diese Talente spiegeln sich in der Genauigkeit seiner Zeichnungen und Modelle wider, die maßstabgetreu gebaut, akribisch bemalt und ungeheuer einfallsreich sind (eine Lokomotive stieß sogar Rauch aus einem Schlot aus), und deren Räder eigens gegossen wurden. Eine Nachbildung von Frys Schreibtisch lässt seine Liebe zum Detail bei der Herstellung von über 350 Modellen erahnen. Er verwandelte sogar Streichholzschachteln in Schubladen, um auch die kleinsten Schrauben zu verstauen. „Dafür muss man sehr akribisch vorgehen“, sagt Fry-Experte Jonathan Beaumont. „Damals gab es keinen 3D-Drucker.“ Das Museum befindet sich in einem Reethaus, der ehemaligern Jagdhütte des Malahide Castles. Schaukästen, Wappen (auch das der irischen Bahn (CIE), deren Spitzname „die fliegende Schnecke“ ist), Namensschilder aus Messing und vieles mehr erzählen auch die Geschichte der irischen Bahn. Eine interaktive Tafel zeigt, wie großflächig das Schienennetz auf der Insel in der Glanzzeit der Bahn im 19. Jahrhundert war – und wie wenig davon geblieben ist. Frys Modelle reichen von den ersten Straßenbahnen und Lokomotiven bis zur schwarz-orangen B141-Diesel-Lok sowie Wagen aus den 1960ern (er starb 1972). Eine intime, nostalgische und hypnotisierende kleine Zeitkapsel.

Ein Schwarz-Weiß-Foto zeigt Fry mit seiner Tochter Patricia auf ihrem Dachboden in den 1950ern, inmitten seiner von einem automatischen Signalsystem gesteuerten Modelleisenbahnanlage. „Sobald mein Vater ein neues Modell fertig hatte, herrschte im Haus große Aufregung“, erinnert sie sich. Die Modelle, die heute im Museum fahren, sind übrigens nicht die von Fry. Nach Frys Tod bat die Familie, sie nicht mehr in Betrieb zu nehmen.

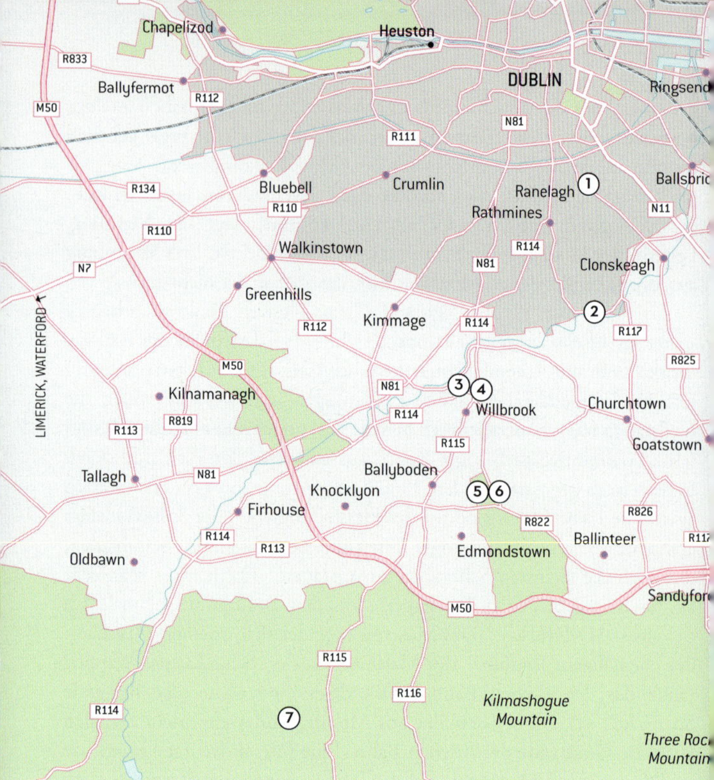

Südlich des Zentrums

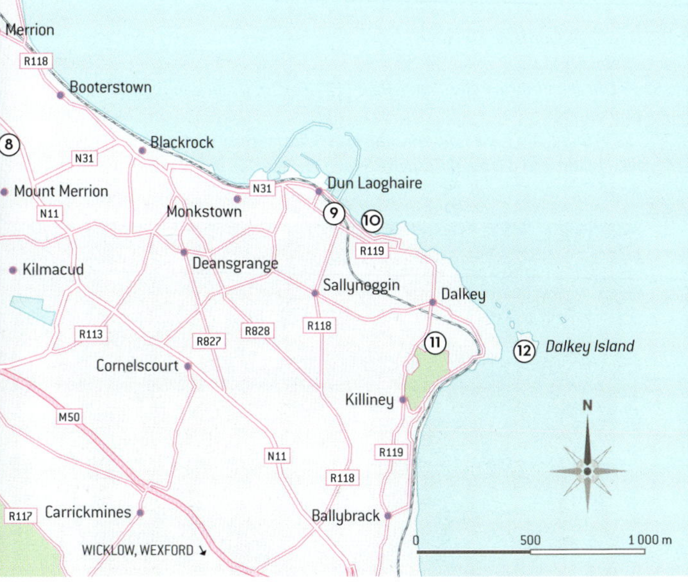
andymount
Merrion
R118
Booterstown
Blackrock
N31
Mount Merrion
N11
Monkstown
N31
Dun Laoghaire
R119
Kilmacud
Deansgrange
Sallynoggin
Dalkey
Dalkey Island
R113
R827
R828
R118
Cornelscourt
Killiney
M50
N11
R119
R118
R117
Carrickmines
Ballybrack
WICKLOW, WEXFORD
N
0
500
1 000 m

IRLANDS ERSTER BEMANNTER FLUG ①

Irlands erster Aeronaut

Ranelagh Gardens, Dublin 6
dublincity.ie
10 Uhr bis Einbruch der Dunkelheit (17–22 Uhr, je nach Jahreszeit)
Eintritt: frei
Die grüne Luas-Linie hält am Ranelagh Village, ganz in der Nähe des Parks; die Dublin-Bus-Linien 44 und 61 halten ebenfalls in der Nähe an der Ranelagh Road

Denkt man in Irland an Flugpioniere, fallen einem sofort gewisse Namen ein: die Wright Brothers, Alcock & Brown, die nach dem ersten Non-Stop-Transatlantikflug 1919 in einem Sumpf in Connemara bruchlandeten, oder moderne Gestalten wie Michael O'Leary von Ryanair. Doch es gab einen irischen Piloten, der sich Ende des 18. Jahrhunderts in die Lüfte erhob und dessen ungewöhnlicher Flug allen anderen den Weg ebnete.

Dieser Mann war Richard Crosbie (1755–1824). Am 19. Januar 1785 (14 Monate, nachdem der erste bemannte Ballonflug der Welt in Frankreich stattgefunden hatte), schrieb der 30-Jährige aus Baltinglass im County Wicklow Geschichte, alss er mit einem selbstgebauten Ballon über die Dublin Bay flog. Crosbies Startplatz waren die neugestalteten Ranelagh Pleasure Gardens und angeblich sahen über 20.000 Menschen zu, als er abhob. „Der Ballon und der Korb waren wunderschön bemalt", schrieb der *Annual Register*, „und das Wappen Irlands prangte elegant darauf". Die Kleidung Crosbies, der ein Entertainer war, stand dem in nichts nach – „sein Gewand war aus geölter Seide, und mit weißem Pelz gesäumt, seine Weste und seine Kniehose aus gestepptem Satin. Dazu trug er marokkanische Stiefel und eine Montero-Kappe aus Leopardenfell."

Doch der 1,91 Meter große Aeronaut kam ins Schwitzen. Zwei Versuche waren bereits misslungen und „er zeigte während der Vorbereitung Anzeichen akuter Angst", wie Brian MacMahon, Autor von *Ascend or Die: Richard Crosbie, Pioneer of Balloon Flight* (History Press Ireland, 2010), schrieb. Doch schließlich schaffte es Crosbie, den Ballon mit Wasserstoff zu füllen und hob ab. Er schwebte über den Merrion Square, schoss auf das Custom House herab, das damals gerade gebaut wurde und landete schließlich auf dem North Strand von Dublin, in der Nähe von Clontarf.

Seine Meisterleistung machte Crosbie zum ersten Iren, der einen bemannten Flug absolviert hatte. Doch sein großes Ziel, ein erster Flug von Dublin nach London blieb letztendlich unerreichbar. Heute gibt es in diesem winzigen einen Hektar großen Park, verborgen in einem Vorortbezirk Dublins, eine dezente Statue des jungen Träumers Rory Breslin, mit Propeller auf der Kappe und Papierflugzeug in der Hand. 1775 war Crosbie von einem fünf Hektar großen Lustgarten umgeben, als er abhob. Heute wirken die Ranelagh Gardens ein wenig wie ein Ballon, aus dem die Luft raus ist.

DAS DODDER-NASHORN

②

„Wir konnten kein Nilpferd bekommen"

Classon's Bridge, Milltown Road, Dublin 6
Die Dublin-Bus-Haltestellen Nr. 2817 und 2898 befinden sich zu Fuß 10 Min. von der Milltown Road entfernt, nahe der Kreuzung mit der Dundrum Road

Der Fluss Dodder ist für seine Tier- und Pflanzenwelt bekannt. Wenn er durch Tempelogue, Bushy Park, Milltown und Donnybrook plätschert, bevor er in Ringsend in die Liffey fließt, kann man entlang seines Verlaufs Fischotter, Eisvögel, Fledermäuse, Bachforellen und Kormorane sehen. Und, äähm … Nashörner.

Oder zumindest ein Nashorn. Es ist aus Bronze, an einer Betonplatte im Wasser, gleich westlich der Classons Bridge, festgeschraubt und sehr geheimnisumwoben. Es heißt, die Skulptur sei 2002 über Nacht aufgetaucht, doch niemand hat sich dazu bekannt oder sich als Eigentümer gemeldet (zumindest offiziell). Die Mitarbeiter des Dropping Well Pubs, der den Fluss an der Kreuzung Milltown Road und Churchtown Road überblickt, geben keinerlei Hinweise auf die Herkunft des Tieres.

„Wir konnten kein Nilpferd bekommen“, war die kryptische Antwort, als wir nachforschten.

Doch der Pub hat es, offenbar nach einer Befragung der Gäste, „Woody“ getauft. Das Nashorn trug zu Weihnachten auch mal eine Weihnachtsmannmütze. Also ist ein PR-Gag vielleicht doch nicht völlig abwegig. Aussterben dürfte auch kein Thema sein. Obwohl es bei Überflutungen schon umgekippt ist und sich regelmäßig Müll in seinen Hufen verfängt, feierte das Dodder-Nashorn vor kurzem seinen 20. Geburtstag.

Der Dropping Well erhielt seine Lizenz während der großen Hungersnot 1847, nicht nur als Pub, sondern auch als Leichenschauhaus. Zu dieser Zeit spazierten hier immer wieder ausgehungerte und von Krankheit geplagte Seelen am Flussufer entlang. Daher muss die Kombination für John Howe, den ersten Pub-Besitzer wohl Sinn ergeben haben. Heute stehen im Essbereich Tische, die einen Blick auf den Fluss, auf eine nach John Classon benannte Granitbrücke (der sie und die Sägemühle baute, die einst am Standort des Pubs stand) und natürlich auf Woody, das Nashorn, gewähren.

DER BAUMLEHRPFAD IM BUSHY PARK ③

Eine der schönsten Grünanlagen Dublins

1 Bushy Park Road, Terenure, County Dublin – dublincity.ie
Januar 10–17 Uhr, Februar 10–17.30 Uhr, März 10–18.30/19.30 Uhr, April 10–20.30 Uhr, Mai 10–21 Uhr, Juni und Juli 10–22 Uhr, August 10–21.30 Uhr, September 10–20.30 Uhr, Oktober 10–18.30/19.30 Uhr November 10–17.30 Uhr, Dezember 10–17 Uhr
Die Dublin-Bus-Linien 15b, 16 und 17 halten an der Dodder Park Road und Dodder Bridge; die Linien 15 und 49 halten entlang der Tempelogue Road

Bushy Park gehört zu Dublins schönsten Grünanlagen mit kleinen Teichen und Spielplätzen, auf einer Seite vom Fluss Dodder begrenzt und von Wegen durchzogen, die einen glauben lassen, man wäre mitten im Wald, obwohl man sich meistens in Hörweite des vorbeifahrenden Verkehrs befindet. Je nach Jahreszeit genießen die Dubliner hier die Sonne, springen Eichhörnchen zwischen herbstlich gefärbten Bäumen umher oder scheinen dunkle Zweige an frostigen Tagen fast den Himmel zu berühren. Doch nur Wenige wissen, wie viele der Baumarten hier in Irland heimisch sind oder welche Wurzeln diese Arten in unserer Kultur oder unserem Boden haben.

Man findet sie im Park, wenn man dem kaum bekannten Baumlehrpfad im Bushy Park folgt, der zwischen 15 heimischen Bäumen verläuft, darunter Stechpalme, Haselnuss, Apfel, Holunder, Erle, Weide, Eiche und Vogelkirsche (auf dublincity.ie gibt es eine Broschüre und eine Karte im PDF-Format zum Herunterladen). Wussten Sie, dass die Haselnuss für ca. 73 Insektenarten Nahrung und Unterschlupf bietet oder dass in Irland Haselruten schon 6000 v. Chr. verwendet wurden, um Unterstände und Mauern zu flechten? Oder dass die Pappel aufgrund der Geräusche, die ihre Blätter machen, als „Flüsterbaum“ bekannt ist oder dass Eiben (yews) Terenure seinen Namen gaben, vom Irischen Tir an lúir („the land of the yew“)? Nehmen Sie einen Bleistift mit. Damit können Sie die Markierungen in ihr Heftchen abpausen.

Der Bushy Park selbst entstand um 1700, als Arthur Bushe, Sekretär der Finanzbehörden, hier das als Bushes House bekannte Gebäude baute, das Anfang der 1950er an die damalige Dublin Corporation verkauft wurde. Er ist einer von mehreren Stadtparks mit ungewöhnlichen Baumlehrpfaden (z. B. Herbert Park, St Anne's und Markievicz Park) und beherbergt auch viele weitere Tier-und Pflanzenarten. Vogelbeobachter können hier Reiher, Teichrallen, Schwäne, Enten, Baumläufer und Eisvögel sehen.

DAS RATHFARNHAM CASTLE ④

Ein faszinierendes „festes Haus“

Rathfarnham, Dublin 14
01-493-9462
heritageireland.ie – rathfarnhamcastle.ie
Ende April bis Ende September täglich 9.30–17.30 Uhr
Ende September bis Ende April: Mittwoch bis Sonntag 10.30–17 Uhr
Die Dublin-Bus-Linien 16, 16a, 17 und 17a halten am Rathfarnham Castle

1912 war Bruder Frank Browne ein angehender Jesuit und Passagier auf der *RMS Titanic*. Er verließ Southampton auf dem ersten Abschnitt der Jungfernfahrt und machte Dutzende Fotos, die später zu legendären Zeitzeugen des Liniendampfers und seiner Passagiere wurden.

Doch er kam nicht weiter als bis Cobh. Obwohl Browne die gesamte Wegstrecke an Bord hätte bleiben können, wartete ein schroffes Telegramm von seinem Provinzial auf ihn, als die Titanic vor der Küste von Cork ankerte. „RUNTER VON DIESEM SCHIFF", stand darauf. 1517 Passagiere und Crew-Mitglieder fuhren weiter und verloren ihr Leben, während Browne mit seinem Schatzkästchen von Bord ging.

Das ist nur einer der interessanten Fakten, die man bei einer Führung im Rathfarnham Castle erfährt, einem außergewöhnlichen Kulturerbe am Stadtrand, das an Faszination gewinnt, je tiefer man darin eintaucht. Das Schloss wurde 1583 von Adam Loftus (1533–1605), dem ehemaligen Erzbischof von Dublin, Lord Chancellor von Irland und ersten Probst des Trinity College gebaut. Es ist wahrscheinlich das früheste Exemplar eines „festen Hauses" in Irland. Diese Gebäude, wie auf der Webseite des OPW (rathfarnhamcastle.ie) betont wird, sind ein wichtiger Meilenstein im Hinblick auf den Übergang von militärischen Festungen zu Landhäusern. Es erklärt in gewisser Weise die seltsam hybride Erscheinung des Schlosses, die durch den Kalkputz noch unterstrichen wird.

Das ursprüngliche feste Gebäude mit seinen Flankentürmen wurde von Henry Loftus, dem Earl von Ely (1709–1783) grundlegend umgebaut. Im 20. Jahrhundert wurden von den Jesuiten zusätzliche Flügel hinzugefügt (mittlerweile abgerissen). Der Orden kaufte das Gebäude 1913, ein Jahr nachdem die Titanic gesunken war, und nutzte es bis in die 1980er-Jahre als Priesterseminar und Refugium. Browne lebte einige Zeit im Schloss und machte währenddessen viele Fotos (einige davon sind im digitalen Archiv der South Dublin County Library zu sehen, southdublinlibraries.ie). Die Highlights der heute kargen, aber schön restaurierten Innenräume umfassen Original-Rokoko-Stuckarbeiten sowie Schießscharten aus dem 16. Jahrhundert und ausladende Räume wie den Ballsaal im ersten Stock. Halten Sie nach einem kleinen Durchgang Ausschau, der Apollo Sunburst Passage genannt wird. Seine Decke ist die Arbeit von William Chambers, während die Medaillons über den Türen von James „Athenian" Stuart gestaltet wurden. Das ist das einzige Haus in Irland, in dem Arbeiten der beiden an ein und demselben Ort besichtigt werden können. Hier warten noch viele Geschichten darauf, entdeckt zu werden.

DIE HUDSON-FOLLIES

5

Robert Emmets Liebesnest

St Enda's Park, Grange Road, Rathfarnham,
County Dublin
01-493-4208
pearsemuseum.ie
November bis Januar 9–16.30 Uhr; Februar 9–17.30 Uhr;
März 9–18 Uhr, April 9–20 Uhr, Mai–August 9–21 Uhr, September 9–20 Uhr
Oktober 9–18 Uhr; an Wochenenden und Feiertagen ab 10 Uhr
Eintritt: frei
Die Dublin-Bus-Linie 16 hält gegenüber dem Park an der Grange Road

Beim Wort „Park" und „Rathfarnham" kommt einem ein Ort in den Sinn: Der Marlay Park diente vielen Generationen als Spielplatz, hier trafen sich sowohl Kinderwagen schiebende Eltern als auch Besucher von Sommerkonzerten und Wanderer, die sich aufmachten, den Wicklow Way in Angriff zu nehmen. Doch ganz in der Nähe liegt ein anderer Park mit 33 Hektar Grünfläche, der zweifelsohne schöner und mit Sicherheit spannender ist.

St. Enda's Park wurde Ende des 18. Jahrhunderts von Edward Hudson (1743–1821), einem reichen Zahnarzt mit einer Praxis in der Grafton Street, gestaltet. Er kaufte das Grundstück, nannte es „The Hermitage" und machte sich daran, die Waldwege mit einer einzigartigen Sammlung an Follies (einer Art Staffagebauten) auszustatten, die auf irischen Denkmälern basierten. Es gibt sie noch heute. Folgt man den Wegen, die sich zwischen den Bäumen hindurchschlängeln, gelangt man zu einer Einsiedlerhöhle, einem Ogham-Stein, einem gewölbten Bogengang, einer Abteiruine und einem Wachturm aus Stein. Im östlichen Waldgebiet gibt es eine künstliche Einsiedelei, die aus einer Ansammlung von Steinen besteht. Der Eingang ist heute geschlossen, doch ein Raum im Inneren beherbergt eine gewölbte Nische und eine Steinbank. Ein Dolmen im Außenbereich dient gleichzeitig als Picknick-Tisch.

Diese Follies würde man vielleicht als Geldverschwendung bezeichnen, gäbe es nicht eine besonders romantische Geschichte dazu. Hudson soll dem irischen Nationalistenführer Robert Emmet erlaubt haben, seine Liebste, Sarah Curran, heimlich auf dem Gelände zu treffen (Currans Familie wohnte in der Nähe, und die Allee, die die nördliche Grenze des Parks bildet, ist heute nach ihr benannt). Man kann sich das flüsternde Paar inmitten der Ruinen gut vorstellen.

Nach dem heimlichen Liebeswerben verlobte sich das Paar 1802. Doch ihre Romanze nahm nach Emmets unglückseliger Rebellion im selben Jahr ein jähes Ende. Er wurde gefangen genommen, als er Curran in Rathfarnham besuchen wollte und anschließend auf einem Henkersblock hingerichtet.

Ebendieser Block, so heißt es, kann heute im Pearse Museum besichtigt werden. Das Museum ist in Hudsons früherem Herrenhaus untergebracht, das später das Heim von Padraig Pearse und seines Jungeninternats wurde. Pearse benannte The Hermitage 1910 in St. Enda's Park um.

DAS MUSEUM UND DER GEBURTSORT VON PEARSE ⑥

Schulen und Ladenfronten

Geburtsort: 27 Pearse Street, Dublin 2 – Museum: St Enda's Park, Rathfarnham
01-493-4208 – pearsemuseum.ie – Eintritt: frei
Museum: November bis Januar: Montag bis Samstag 9.30–16 Uhr; Februar: Montag bis Samstag 9.30–17 Uhr, März bis Oktober: Montag bis Samstag 9.30–17.30 Uhr; an Sonn- und Feiertagen öffnet das Museum um 10 Uhr
Anfahrt Geburtsort: Pearse Street (DART; 5 Min. Fußmarsch); Anfahrt Museum: Die Dublin-Bus-Linie 16 hält gegenüber dem St Enda's Park auf der Grange Road

Padraig Pearse (1879–1916) war einer der wichtigsten Anführer des Osteraufstandes, aber in ganz Dublin steht keine Statue von ihm – und dabei ist er nicht der Einzige. Von den sieben Unterzeichnenden der Proklamation der Irischen Republik ist James Connolly der Einzige, von dem es im Stadtzentrum eine Statue gibt. Doch an Pearse erinnert man sich an anderen Orten und auf andere Weise.

Besucht man den Glasnevin-Friedhof, stößt man vielleicht zufällig auf eine Nachstellung seiner Grabrede bei der Beerdigung von Jeremiah O'Donovan Rossa („Ein unfreies Irland wird niemals friedlich sein …"). In der Pearse Street Nr. 27 trägt eine renovierte viktorianische Ladenfront den Namen des Steinmetzbetriebes seines Vaters (Padraig und sein Bruder Willie wurden in dem Gebäude geboren, das heute das Ireland Institute for Historical and Cultural Studies beherbergt). Und im St Enda's Park in Rathfarnham entdeckt man eines der besten kleinen Museen der Stadt.

Das georgianische Gebäude im Herzen des Parks war eine Zeit lang das Zuhause von Pearse und der Standort seines zweisprachigen Jungeninternats. St Enda's (oder Scoil Éanna) begann in Ranelagh als kulturelles nationalistisches Experiment, mit neuen Unterrichtsmethoden in den Fächern Irisch, Literatur, Geschichte, Musik, Naturkunde und Turnen. 1910 wurde es nach Rathfarnham umgesiedelt und, abgesehen von ein paar Absperrseilen, sieht es so aus, als ob die Jungs noch gestern hier gewesen wären. Im alten Schlafsaal stehen mehrere Reihen von Eisenbetten unter hohen Decken. Es gibt eine karge Schulkapelle und im Arbeitszimmer von Pearse stehen noch sein Schreibtisch und sein Stuhl.

Zu den Austellungsstücken zählen eine Kanonenkugel von der Belagerung von Limerick, ein Druck, auf dem die Folterung Anne Devlins dargestellt wird, historische Schwerter und Pistolen und sogar der grausige Henkersblock, auf dem Robert Emmet angeblich geköpft wurde.

St. Enda's galt weithin als Erfolg, auch wenn nicht allen gefiel, wie die Dinge hier gehandhabt wurden. „Das Schulregiment war streng, die Lebensumstände spartanisch und das Essen fiel stets spärlich aus", erinnert sich ein ehemaliger Schüler. Vor dem Aufstand geriet die Schule in finanzielle Schwierigkeiten. Doch mit den Spenden, die nach der Hinrichtung von Padraig, Willie und zwei weiteren Lehrern 1916 eintrudelten, wurden diese ausgeräumt. Die Schule schloss 1932 ihre Pforten.

DER HELL FIRE CLUB

Ein furchterregender Ort

Montpelier Hill, Dublin Mountains
dublinmountains.ie
Parkplatz: 7–21 Uhr (April bis September) und 8–17 Uhr (Oktober bis März)
Der Eingang zum Parkplatz und zum Hell Fire Forest befindet sich etwa 6,5 Kilometer südlich von Rathfarnham an der R115 nach Glencullen

Die Hölle ist der letzte Ort, an dem man bei einer Wanderung landen möchte. Doch in den Dublin Mountains besteht diese Möglichkeit sehr wohl, wenn man den Geschichten über die Montpelier Lodge Glauben schenken möchte.

Das Gebäude, das gespenstisch auf dem Montpelier Hill thront, wurde von William Conolly, dem Sprecher des irischen Unterhauses, 1725 ursprünglich als Jagdhütte gebaut. Damals war Conolly das reichste Mitglied des Unterhauses in Irland (sein Hauptwohnsitz war das Castletown House in Cellbridge, im County Kildare), und den Ort wählte er aus gutem Grund: Der Ausblick 390 Meter über der Stadt und der Bucht von Dublin ist einfach atemberaubend. Nach Conollys Tod 1729 soll die Hütte von wilden jungen Herren besetzt worden sein, die in einer Kneipe der Stadt Hausverbot erhalten hatten. Legende und Tatsachen lassen sich hier schwer trennen, doch der Hell Fire Club erwarb in der Folge den Ruf einer der schlimmsten Lasterhöhlen Irlands zu sein, in der gespielt, getrunken und dem Satanismus gefrönt wurde.

Geschichten gibt es zuhauf. Eine besagt, dass während des Baus der Jagdhütte ein steinzeitliches Grab zerstört wurde (vor kurzem machte man an eben dieser Stelle bei archäologischen Grabungen einen raren Fund megalithischer Kunst auf einem Stein). Andere erzählen von Hunden, die sich weigerten, das Gebäude zu betreten; von schwarzen Messen, Poltergeistern, die Trinkgelage zu später Stunde unterbrechen, von einem intensiven Schwefelgeruch und manchmal soll der Teufel höchstpersönlich dort erscheinen. Der Hell Fire Club (Motto: „Tu, was du willst") soll auch von einer schwarzen Katze heimgesucht werden, dem Geist einer Kreatur, die, zur schrecklichen Glanzzeit dieses Ortes, rituell mit Scaltheen (einer Mischung aus Whiskey und Butter) verbrüht wurde. Eines der berühmtesten Mitglieder des Clubs war Richard Whaley, der 1740 sogar noch weiter gegangen und einen Diener mit Brandy übergossen und angezündet haben soll. Im darauffolgenden Chaos fing das Gebäude Feuer, Whaley sprang aus dem Fenster, und mehrere betrunkene Gecken verloren ihr Leben.

Ohne Zweifel verleiht der Ruf der Montpelier Lodge dem Besuch einen gewissen Reiz. Das Gebäude ähnelt einem schwarzen Bunker, das sich fast im Gras zu verkriechen scheint. Die klammen Wände in seinem Inneren sind mit alten und neuen Graffiti überzogen, und der Boden ist mit Erde, Zweigen und Glasscherben übersät. Man kann ins Obergeschoss hinaufklettern, wo Kamine sich ihren Weg durch die Wände bahnen und durch Löcher im verkohlten Dach brechen und wo Metallstäbe die offenen Fenster schützen. An einem Besucherzentrum wird gearbeitet, doch im Moment sollte man den Hell Fire Club definitiv bei Tageslicht besuchen.

SPIRITUELLE SCHILDER

„Dieses Schild wird sich verändern. Gottes Liebe bleibt“

St Thomas's Church, Foster Avenue, County Dublin
01-288-7118 – booterstown.dublin.anglican.org
Zu den Sonntagsgottesdiensten (Zeiten auf der Webseite) sind alle willkommen
Die Bushaltestellen Nr. 2009 und 2070 befinden sich ganz in der Nähe an der Stillorgan Road

Befindet sich hier vielleicht die inspirierendste Ampel Dublins? An der Kreuzung der Fosters Avenue mit der Stillorgan Road (N11) hält man bei roter Ampel neben einem blauen Schild mit einer spirituellen Botschaft der etwas anderen Art:. „Sieben Tage ohne Gebet machen schwach", steht hier zum Beispiel. Oder: „Dieses Schild wird sich verändern. Gottes Liebe bleibt." Vor kurzem erfuhren Autofahrer folgendes: „Als Gott dich sah, war es Liebe auf den ersten Blick."

Oder wie wäre es mit: „Jesus ist mein Fels (engl.: rock) und ich bin bereit loszurollen …"?

Die Schilder gehören zur St. Thomas's Church, die aus dem Jahr 1874 stammt und heute von den anglikanischen Pfarren Booterstown und Mount Merrion geführt wird. Das Kircheninnere, das man an den meisten Sonntagen während der Morgenmesse besichtigen kann, weist einige interessante Merkmale auf. Darunter ein Buntglasfenster von Evie Hone. Doch das, was besonders hängen bleibt, sind die überschwänglichen Schilder an der Straße. „Sie sollen die Menschen zum Nachdenken anregen, zum Lächeln bringen, sie positiv und optimistisch stimmen oder motivieren", erklärt Pfarrerin Reverend Gillian Wharton. Das erste Schild wurde in den 1990ern angebracht, und etwa einmal im Jahr werden sie ausgetauscht. „Verschiedene Botschaften haben unterschiedliche Ziele", sagt Wharton („Jesus der Zimmermann sucht Tischler", ist ihr Lieblingsspruch). „Wir wollen die Leute nicht bekehren – das ist das genaue Gegenteil von dem, was wir beabsichtigen. Doch das Schild steht an so prominenter Stelle, dass Menschen oft eigene Vorschläge in den Briefkasten werfen. Sogar aus Übersee haben uns Leute schon Ideen per E-Mail zukommen lassen."

Aber auch an anderer Stelle dürfen Spaß und Kreativität nicht fehlen. Die Gemeinde hält einmal im Monat einen „Sausage Service" („Wurstmesse") in der St. Philip & St. James' Church ab, wo sie jungen Menschen, die sonntags aktiv Sport betreiben, die Möglichkeit einer kurzen, informellen Messe geben, bevor sie in das Pfarrzentrum hinübereilen, wo Würste und Kartoffelecken auf sie warten. Am vierten Sonntag im Mai findet eine Tiersegnung statt. Gemeindemitglieder bringen Katzen, Hunde, Hasen, Rennmäuse, Meerschweinchen, Wellensittiche, Hennen, Hamster und diverse andere Haustiere vorbei, die gesegnet werden sollen. „Quiet Christmas (dt.: „besinnliche Weihnachten")" ist eine weitere neue Messe, die auf ein Bedürfnis reagiert: Sie wird am Sonntag vor Weihnachten in St. Thomas abgehalten und ist für Gemeindemitglieder gedacht, „die den ganzen Rummel" am Weihnachtstag selbst nicht mitmachen möchten.

Ehe man es sich versieht, schaltet die Ampel auf Grün, und man fährt wieder weiter.

SEEBÄDER

(9)

Die wahren Infinity-Pools

Blackrock, Dun Laoghaire, Sandymount, Clontarf
Blackrock Baths: Blackrock (DART; 2 Min. Fußmarsch); Dun Laoghaire Baths: Dun Laoghaire (DART; 10 Min. Fußmarsch); Clontarf Baths: Clontarf (DART; 10 Min. Fußmarsch); Sandymount Baths: Sydney Parade (DART; 10 Min. Fußmarsch)

An der Eisenbahnbrücke in Blackrock gibt es eine verblasste Bronzetafel. Sie hat sich mittlerweile in ein Türkis verfärbt, wie nur Bronze sich verfärben kann, aber die Inschrift lässt sich immer noch lesen. Sie ist ein Andenken an Eddie Heron (1910–1985), der 35 Jahre der ungeschlagene Tauch-Champion Irlands war.

„Sein Talent, seine Güte und sein Mut sind bis heute unerreicht", erklärt die Tafel. Einige Stufen unterhalb der Brücke liegt der verfallene Schauplatz einiger der großartigsten Tauchgänge von Heron. Die Blackrock Baths, ursprünglich 1839 erbaut und für fast 150 Jahre ein Magnet für Badefreudige und Wassersportfans in der Umgebung, sind heute eine verfallene Ruine. Zu seiner Glanzzeit fasste die Einrichtung bis zu 1000 Zuschauer bei Schwimmgalas, Tauchwettbewerben, Wasserpolo-Spielen und den Tailteann Games. Doch seit Mitte der 1980er liegt sie verlassen da und verlor 2012 schließlich ihren legendären Sprungturm, als der County Council von Dun Laoghaire-Rathdown den Großteil der noch vorhandenen Anlage aus Sicherheitsgründen abreißen ließ. Anhänger hoffen noch immer, dass das Bad wieder eröffnet, doch verschlammt wie es ist, mit Graffiti beschmiert, von Abrissbirnen beschädigt und vom rauen Meer gezeichnet, scheint dieser Tag ferner denn je.

Eine ähnliche Geschichte, jedoch mit einem glücklicheren Ausgang, gibt es in Dun Laoghaire. Die öffentlichen Bäder dort stammen von 1843: Auf ihrem Höhepunkt gab es nicht nur Meer- und Frischwasserpools, sondern auch Kinderangebote und medizinische Behandlungen mit Schwefel, Seetang und heißem Meerwasser (sie befinden sich direkt gegenüber des Holy Hatch bei Teddy's Eisgeschäft). In den letzten Jahren wurde der Pavillon des Bades im Zuge einer Umgestaltung saniert, verfallene Gebäude wurden entfernt und ein neuer Steg sowie ein Gehweg mit Blick auf die Scotsman Bay wurden gebaut – allerdings kein Bad. Dafür muss man auf die Nordseite Dublins fahren, wo die kürzlich restaurierten Clontarf Baths mit einem 900 m^2 großen Meerwasserpool mit fünf Bahnen aufwarten. Informationen zu Veranstaltungen, Kursen und allgemeinen Öffnungszeiten finden Sie auf der Facebook-Seite des Clontarf Outdoor Pools (facebook.com/clontarfoutdoorpool).

Inzwischen gibt es eine weitere Ruine am Sandymount Strand, die nicht gerettet werden dürfte. Dieses Bad war einst über einen 75 Meter langen Pier aus Holz und Eisen mit der Küste verbunden. Doch heute ist nur mehr eine ausrangierte Betonhülle übrig, die dem Sand überlassen wird.

ORATORY OF THE SACRED HEART ⑩

Ein zauberhaftes kleines Mausoleum, versteckt hinter einem Einkaufszentrum

Hinter der Library Road, Dun Laoghaire – dlrcoco.ie
Führungen finden im Rahmen des Kulturprogramms des Dun Laoghaire-Rathdown County Councils im Frühling und Sommer statt
Dun Laoghaire (DART; 10 Min. Fußmarsch); unter anderem halten die Dublin-Bus-Linien 11, 46a, 63, 7, 75, 7a ganz in der Nähe an der Clarence Street

Es entpuppt sich als zauberhaftes kleines Mausoleum. Das Oratory of the Sacred Heart, verborgen hinter einem Einkaufszentrum und in einem eigenen Gebäude versteckt, misst nur 6 x 3,6 Meter. Die Besucher halten inne, während ein weiteres Gittertor und Holztüren geöffnet werden, bevor man eines von Irlands größten Kunstwerken des Celtic Revival betritt. Zuerst weiß man nicht genau, wo man hinsehen soll. Die Masse der Details, Farben und ineinandergreifenden Motive ist fast körperlich spürbar, bevor man die einzelnen Elemente wahrnimmt. Verschlungene Muster und leuchtende Farben. Vögel und Tiere, die aus mittelalterlichen Klosterbüchern stammen könnten, aufwendig gestaltete Keltische Kreuze, nüchterne Figuren auf Buntglasfenstern aus den Harry Clarke Studios und merkwürdige zoomorphe Wesen, die gut in ein Bilderbuch von Axel Scheffler und Julia Donaldson passen würden. Es dauerte 16 Jahre, um die prachtvollen, eindringlichen Arbeiten, die die Wände bedecken, zu erschaffen. „Es ist ein sehr filigranes Monument", meint Deirdre Black, die Council-Beauftragte für Denkmalschutz. „Sie hat nur Fassadenfarben verwendet."

„Sie", das war Schwester Concepta Lynch (1874–1939), eine Dominikanerin, die von ihrer Familie Lily genannt wurde. Die Kapelle wurde als Denkmal für die im Zweiten Weltkrieg gefallenen Männer aus der Gegend errichtet. Die kaum bekannte Künstlerin verbrachte mehrere Stunden pro Tag in dem kalten, schlecht beleuchteten Raum, schmückte ihn immer weiter aus und übertraf damit alle Erwartungen. Zwischen 1920 und 1936 schickte sie bezüglich ihrer Farben Anweisungen an den lokalen Baumarkt (die Dominikanerinnen waren ein geschlossener Orden), skizzierte ihre Entwürfe, schnitt Schablonen aus und malte freihändig auf die Zementmauern. Es ist eine Zeitkapsel im Stil des Celtic Revival, die Spiritualität ausstrahlt, aber Spuren byzantinischer Kunst und Fantasieelemente enthält und manchmal sogar Pointillismus und Jugendstil durchblitzen lässt. Die methodische, sorgfältig kalkulierte Herangehensweise zieht einen förmlich in seinen Bann, wirkt aber gleichzeitig unbeschwert und wild.

Lily ließ sich von ihrem Vater Thomas Lynch (1852–1887), einem Heraldik-Künstler und Buchmaler, inspirieren. Sie verbrachte viel Zeit mit ihm, wurde ermutigt, Keltische Kunst und Manuskripte wie das Book of Kells zu studieren und leitete das Geschäft nach seinem Tod mehrere Jahre lang, als sie gerade einmal 16 war. Die Kapelle selbst, die einige Jahre nachdem das Dominikanerinnenkloster St Mary's 1991 verkauft und durch ein Einkaufszentrum und Kino ersetzt worden war, vor sich hin vegetierte, schien dem Verfall geweiht zu sein. Doch eine Initiative, sie zu schützen und die Sanierung der Kapelle und der sie umgebenden Peace Gardens zu finanzieren, zeigte Erfolg, und jene, die sich heute die Zeit nehmen, sie zu besichtigen, ernten die Früchte dieses Erfolgs.

THE METALS & DER DALKEY-STEINBRUCH

⑪

Auf den Spuren der Standseilbahn

Dalkey Avenue, Dalkey, County Dublin
Dalkey (DART; 10 Min. Fußmarsch); die Dublin-Bus-Haltestellen Nr. 3057 und 3058 befinden sich ganz in der Nähe (5 Min. Fußmarsch) an der Ulverton Road. Die Linien 7d, 8 und 59 verkehren in der Gegend

Fährt man die Dalkey Avenue entlang, kann man The Metals leicht links übersehen. Ein Grund dafür ist der befremdliche Name: Was sich wie ein Industriestandort oder eine Skulptureninstallation anhört, ist tatsächlich nur ein schmaler Fußweg. Seine Granitplatten, die eine Schneise durch diesen grünen Vorort ziehen, sind der einzige Hinweis auf eine Vergangenheit, die bleibende Spuren in der Dublin Bay und auf den Straßen der Stadt hinterlassen hat.

The Metals ist die ehemalige Trasse einer Standseilbahn. Die 1817 erbaute Anlage sollte einst Granit vom Dalkey-Steinbruch zur Dublin Bay transportieren. Zu ihrer Blütezeit legten täglich 250 Wagenladungen mit Gestein die 4,8 Kilometer lange Strecke zurück. Jeder Zug war mit 18 Tonnen Stein beladen, die man auf drei Waggons verteilte. Die leeren Fahrzeuge wurden auf parallel verlaufenden Schienen zurückgeholt. Pferde übernahmen den letzten Abschnitt bis zum Hafen. 1823 lebten etwa 1000 Arbeiter mit ihren Familien in dieser Gegend, und das Dorf hatte 37 Pubs. Doch die Bedingungen waren nicht so bekömmlich wie der heutige Vorort vermuten lässt. Viele Arbeiter wohnten in Hütten ohne fließendes Wasser, es gab Choleraausbrüche, und gefährliche Arbeitsumstände „führten dazu, dass viele ein Auge, Gliedmaßen oder sogar ihr Leben verloren", wie es auf einer Informationstafel heißt. Aber das Ergebnis ihrer Arbeit ist noch heute vielerorts sichtbar: Im Hafen, an den Steinplatten auf Dublins Straßen und sogar in Neufundland in der Basilika von Johannes dem Täufer in St John's.

Folgt man dem Weg hinauf zum Steinbruch, kann man noch immer die Spuren sehen, die die Ketten auf den großen Granitblöcken hinterlassen haben. Aber das ist nicht alles. Die Aussicht vom Hügel ist einfach herrlich und reicht vom Hafen Dun Laoghaire vorbei am South Bull Wall Richtung Howth (sowohl der Hafen als auch der Damm wurden mit Steinen von hier gebaut). Im alten Steinbruch selbst kommt man sich vor wie in einem Mini-Nationalpark. Bei Sonnenschein schimmern die Granitkristalle unter den Füßen, und Kletterer erklimmen die blanken Platten, die aus der Erde ragen.

Der Steinabbau wurde in Dalkey 1917 eingestellt; heute ist das Gelände Teil des Killiney Parks.

DALKEY ISLAND

Die „dornige Insel“

Dalkey, County Dublin
Dalkey (DART; 10–15-Min. Fußmarsch); die Dublin-Bus-Haltestellen Nr. 3057 und 3058 befinden sich ganz in der Nähe (10–15 Min. Fußmarsch) im Dalkey Village

Dalkey Island ist wie ein umgekehrtes Alcatraz. Nur 300 Meter vor der Küste Süd-Dublins – so nah, dass man versucht ist, ins Wasser zu springen und hinüberzuschwimmen. Doch das macht niemand, da die malerische Insel auf der anderen Seite einer tückischen Meerenge liegt.

Natürlich gibt es Mittel und Wege, um dorthin zu gelangen. Im Sommer kann man lokale Fischer am Coliemore Harbour für eine Bootsfahrt hin und zurück anheuern. Es werden auch Kajaktouren von Bulloch Harbour aus angeboten, wo man durch unglaublich klares Wasser paddelt und den Martello-Tower, die St. Begnet's Church sowie eine alte Geschützbatterie auf der Insel erkundet. Obwohl nur 16 Hektar groß, gab es auf Dalkey Island einige der ersten Steinzeitsiedlungen an der Ostküste Irlands, und es wurden Objekte wie Pfeilspitzen, Äxte und

Geschirr gefunden, die auf menschliche Aktivität in der Jungsteinzeit und Bronzezeit hindeuten. Beim Freilegen eines neolithischen Abfallhaufens wurde sogar ein männliches Skelett gefunden, dessen Schädel mit den Gehäusen von Strandschnecken gefüllt war.

Der Martello Tower und die Militäranlagen stammen von 1804 und waren Teil einer größeren Küstenverteidigungsanlage zum Schutz vor einer Invasion Napoleons. Die Burgbesatzung blieb noch lange nachdem die Gefahr vorbei war. Tatsächlich soll das britische Militär Soldaten viele Jahre „für den Müßiggang" bezahlt haben. Sie integrierten sich in die Gesellschaft auf Dalkey, heirateten einheimische Mädchen, gründeten Familien und hielten Ziegen, wie eine Informationstafel preisgibt. Die Ruinen von St. Begnet stammen aus dem 10. Jahrhundert (die kleine Kirche ist nach einer irischen Prinzessin benannt, die angeblich vor einem unerwünschten Verehrer floh, um in Großbritannien das Christentum anzunehmen). Die Insel ist auch Heimat von Seeschwalben, Wildziegen, Hasen und Wanderratten. Doch die interessantesten Tiere, die es hier bei einem Besuch zu entdecken gibt, sind Delfine und Robben, die sich regelmäßig in der Meerenge, einem der artenreichsten Gebiete der Ostküste, tummeln. Kein Gefängnis fühlt sich so frei an wie dieses.

Im September 1995 kommt Thomas Jonglez im pakistanischen Peschawar, 20 Kilometer von den Stammesgebieten entfernt, die er wenige Tage später besucht, auf die Idee, die ihm bekannten verborgenen Orte von Paris zu Papier zu bringen. Seine siebenmonatige Reise von Peking nach Paris führt ihn damals unter anderem nach Tibet (in das er ohne gültige Papiere, versteckt unter Decken in einem Nachtbus, einreist), in den Iran und nach Kurdistan. Den gesamten Weg legt er ohne Flugzeug, ausschließlich per Schiff, Anhalter, Fahrrad, Zug oder Bus, reitend und zu Fuß zurück. Er erreicht Paris gerade noch rechtzeitig, um mit seiner Familie Weihnachten zu feiern.

Nach der Rückkehr in seine Geburtsstadt verbringt er zwei Jahre mit der Erkundung praktisch aller Straßen von Paris, um, gemeinsam mit einem Freund, seinen ersten Reiseführer über die Geheimnisse von Paris zu schreiben. Anschließend ist er zunächst sieben Jahre in der Eisen- und Stahlindustrie tätig, bevor ihn erneut die Leidenschaft packt und er sich ganz dem Entdecken widmet. 2003 gründet er seinen Verlag, 2006 zieht er nach Venedig.

2013 zieht es ihn mit seiner Familie wieder in die Welt hinaus. Sechs Monate führt die Reise von Venedig über Nordkorea, Mikronesien, die Salomon-Inseln, die Osterinsel, Peru und Bolivien nach Brasilien.

Nach sieben Jahren in Rio de Janeiro lebt Thomas heute mit seiner Frau und seinen drei Kindern in Berlin.

Die Publikationen des Jonglez Verlags sind in neun Sprachen und 40 Ländern erhältlich.

DANKSAGUNGEN

Für die verschiedenen Ausgaben dieses Buches dankt die Autorin Claire Connolly, Catherine McCluskey (Visit Dublin), dem OPW (mit besonderem Dank an Catherine O'Connor, Patricia Ryan und Dorothea Depner), Dublin Civic Trust, Dublinia, Deirdre Black und James O'Sullivan (Dun Laoghaire-Rathdown County Council), The National Museum of Ireland, Dublin City Council, Harriet Wheelock (RCPI), The National Gallery of Ireland, Dr. Jason McElligott (Marsh's Library), John Mahon (Lucky's), Liam Finnegan (Iveagh Trust), Dr. Mary Clark und Leo Magee (Dublin City Archives), Rhona Delaney, Dennis McIntyre, Rev. Gillian Wharton, Paul O'Kane (Dublin Airport), Jana Gough, Robert Poynton, Niamh Connolly, Prof. Annraoí de Paor, John McKeown und Éanna. Rowe (Waterways Ireland). Der Autor möchte auch Lynnea, Rosa und Sam Connolly danken, ohne deren Liebe und Geduld dieses Buch nicht möglich gewesen wäre.

BILDNACHWEISE

Alle Fotografien sind von **Pól Ó Conghaile**, mit Ausnahme von 14 Henrietta Street (14 Henrietta St/ Ros Kavanagh) ; Bull Island (Fáilte Ireland/Gareth McCormack); Custom House Dublin et Casino de Marino (OPW), Stained Glass Room (Collection: Dublin City Gallery, The Hugh Lane), das Portrait von Doña Antonia Zárate de Goya (National Gallery of Ireland), Windmill Lane Recording Studios (Windmill Lane Recording Studios), Metro Burger Sign (Lucky's) und das Old Terminal Building (Dublin Airport).

Karten: **Cyrille Suss** – Konzeption: **Emmanuelle Willard Toulemonde** – Übersetzung: **Verena Thiard-Laforet** – Lektorat: **Clemens Hoffman** – Korrektorat: **Johanna Kling** – Ausgabe: **Clémence Mathé**

Pflichtexemplar: März 2024 – 1. Auflage
ISBN: 978-2-36195-672-1
Gedruckt in Bulgarien von Dedrax